불교와
섹슈얼리티

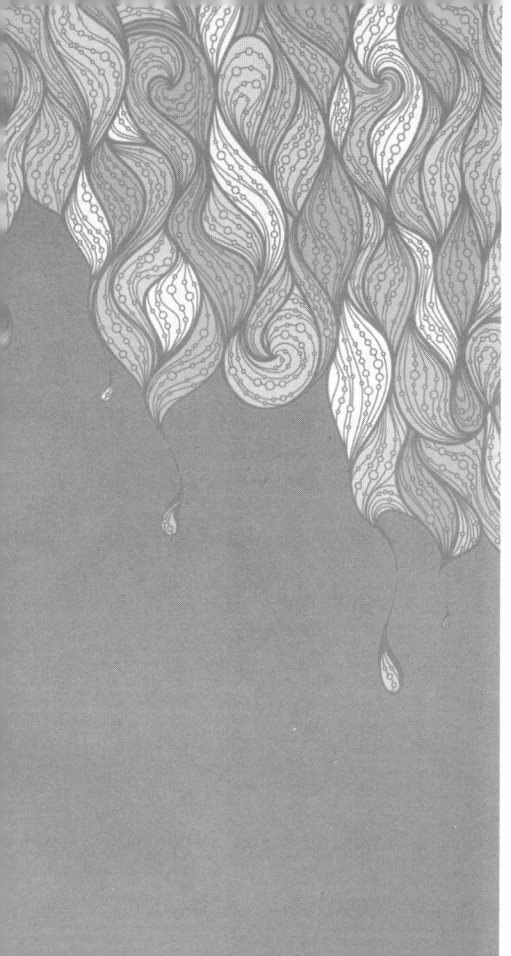

불교와 섹슈얼리티

여성, 붓다를 만나다

Buddhism
and Sexuality:
Women meet
Buddha

옥복연 · 전재성 · 류경희
김정희 · 우혜란 · 조승미 지음

한울
아카데미

머리말

'전생에 업(業)이 많아서 여성으로 태어났다'는 말을 처음 들은 것은 1980년대 대학 시절이었다. 당시만 해도 여성은 직업적인 성공보다 좋은 상대를 만나 결혼하는 것을 더 큰 성공이라 여기는 분위기였기에, 장래 희망을 현모양처라고 말하는 친구들도 있었다. 결혼하면 직장을 그만두는 것이 당연시되었고, 아이들은 방과 후 집에 돌아오면 대문 앞에서부터 엄마를 불렀다. 이처럼 여성은 언제 어디서나 가정을 지키는 존재였기에 아내는 '안사람'이 되었고, 가족 부양을 위해 일터에 나가는 남편을 '바깥양반'이라고 부르기도 했다. 남성 중심 사회에서 남편을 '호주(戶主)', 즉 '우리 집 주인 양반'이라고 부르기도 했으니, 당시만 해도 업 존재로서의 여성이라는 말은 불교의 교리 여부를 떠나 현실적으로 당연하게 여겨졌다.

하지만 그동안 우리 사회는 너무나도 많이 달라졌고, 21세기는 '여성의 시대'라는 말처럼 여성의 삶은 급격하게 변화하고 있다. 대법관, 법무장관에 이어 여성 대통령이 나왔으며, '여성이 행복한 도시'와 '여성이 행복한 화장실'까지 등장했다. 학교나 직장에서 여성차별은 법으로 처벌받고, 가정폭력이 발생하면 경찰이 출동한다. 남녀 성 역할의 장벽이 무너지면서 요리 잘하는 남자는 '요섹남'으로 칭송받는가 하면, 남성 전업주부가 등장하면서 직업 세계의 성별 구분은 별 의미가 없어졌다. 바야흐로 성 평등은 국경을 넘어 전 지구적 과제로 등장했고, 정부나 기업에서 요직에 오른 여성의 비율은 선진국을 가르는 판단 기준이 되기도 한다.

이처럼 성 평등은 우리 사회에서도 거스를 수 없는 필연적 현상으로 보이지만, 안타깝게도 불교계는 사회적 변화를 따라가지 못하고 문화 지체 현상을 보이고 있다. 다수의 신자가 여성임에도 불구하고 여성의 신행을 '기복 불교'나 '치마 불교'로 폄하하는가 하면, 유명 사찰의 주지스님은 여전히 여성에게 현모양처가 되라고 하거나 희생과 봉사가 여성의 미덕이라고 법문한다. 그뿐인가. 여성 출가자인 비구니는 반드시 비구에게 복종해야 하며, 아무리 능력 있는 비구니여도 종단의 최고 지도자가 될 수 없도록 종단법으로 규정하고 있다.

출가자나 재가 신자를 막론하고 여성은 업이 많다며 성차별을 정당화하는 오늘날의 불교 현실에서, '여성 불자'는 종단 분규나 정치적 외압 등 위기마다 앞장서서 종단을 수호하고 교단을 지키지만 불교계에서 여전히 비주류이자 이등 시민이다. 전생에 나쁜 짓을 많이 해서 여자로 태어났다는 것은 진정 붓다의 가르침일까? 여성은 어떠한 성적 특성이 있기에 다음 생에 남자로 태어나서 수행해야만 깨달음을 얻을 수 있다고 할까? 남성과 여성을 구분하는 성(性)은 도대체 무엇이며, 여성은 어떤 삶을 살아야 한다고 누가 어떻게 결정했는가? 이 책은 단순해 보이는 이러한 질문에 대한 답을 찾으려는 의도에서 시작되었다.

갓난아기는 외모로 남녀 구분이 되지 않고, 신체적 특성인 성기의 생김새에 따라 남녀로 구분된다. 속옷을 입히면 남아인지 여아인지 알 수 없기 때문에 성별을 나타내기 위해 남아는 파란색 옷을, 여아는 분홍색 옷을 입히기도 한다. 하지만 남아와 여아는 점차 성장하는 가운데 그 사회에서 요구되는 성적 특성을 배우고 익힌다. 남자는 용감해야 하고 여자는 순종해야 하며, 여성은 가정이라는 사적 영역에서 가사와 육아를 담당하고 남성은 직장이라는 공적 영역에서 가족의 생계를 위해 경제활동을 한다. 성 역할에 대한 이러한 고정관념은 오랫동안 우리 사회를 지배하는 전통적인 가치 체계였다.

그러나 여성의 사회적 진출이 활발해지면서 남녀의 성 의식이나 성 행동, 성적 가치관은 급격히 변화했다. 그리하여 신체적 조건으로 남녀를 나누는 성(sex)에서 사회의 규범이나 관습으로 성적 특성을 나누는 젠더(gender)로 성의 개념이 변화했고, 오늘날 '섹슈얼리티(sexuality)'로 확대되었다. 섹슈얼리티는 인간의 성적 행위나 감정, 환상 등과 같은 성 행동뿐 아니라 성에 대한 태도, 사고, 감정, 가치관 등을 포함하는 한 개인의 '전인격'이라고 할 수 있다. 성의 개념을 '섹슈얼리티'로 규정하면서, 여성주의는 성차별의 원인이 신체적 특성에 기인하는 것이 아니라 남성 중심 사회에서 남성의 관점으로 사회가 구성되었기 때문이라고 본다.

섹슈얼리티의 관점에서 보면, 특정 사회 내에서 성에 대한 규범은 고정된 것이 아니라 사회의 변화나 구성원들의 요구에 따라 바뀌므로 이러한 남성 중심의 성 규범은 변화할 수 있다. 이 과정에서 그동안 소외되었던 여성의 관점을 적극 반영해 기존의 가치관이나 태도 등을 재구성해야 한다. 예컨대 남성은 성 충동이 강하지만 여성은 약하고, 남성은 성적 욕망을 배출해야 하지만 여성은 억제해야 한다는 등의 남녀 이분화된 성 규범은 남성의 관점에서 만들어진 것이다. 그러므로 재구성된 성 규범에서는 남녀를 떠나 인간의 성 충동이 자연스러운 것이며, 성적 욕망은 남녀 모두 조절 가능한 것이 된다. 이처럼 성을 섹슈얼리티로 보면 인간은 기존의 남성다움과 여성다움이라는 고정적 틀에서 벗어나도록 요구된다. 아울러 남성우월적인 가치 체계를 성 평등한 성격으로 변화시킬 수 있다.

그런데 인간평등과 해방 사상을 주창한 붓다의 가르침에도 불구하고 왜 불교계에서는 성차별이 오늘날까지 정당화되고 있을까? 이러한 질문을 섹슈얼리티와 관련해 살펴보면 남성 중심 사회에서 불교의 여성관이 어떻게 구성되고, 정당화되며, 계승되었는지를 좀 더 쉽게 이해할 수 있다. 비구 중심으로 결집되고 남성 중심으로 전해져온 경전의 여성관을 살펴보기 위해서는 여성주의라는 도구가 매우 유용한데, 여성주의는 여성이 차별받는 원인을 분석하고 현재의 실태를 파악하며 이러한 차별을 극복하기 위한 다양한 실천 방안을 제시하기 때문이다. 또한 여성주의와 불교는 인간의 변화와 발전 가능성을 믿으며, 스스로의 노력으로 해방을 성취할 수 있다는 공통된 믿음을 가지고 있기도 하다.

불교와 여성주의는 인간평등이라는 궁극적 목적을 달성하기 위해 상호 보완적인 역할을 할 수 있다. 불교는 여성주의로부터 여성적 관점과 여성 해방을 위한 구체적인 실천 방안을, 여성주의는 불교로부터 공(空) 사상과 연기(緣起) 사상에 기초한 탈이분법적인 인식론을 보완함으로써 남녀의 대립 구조를 극복할 수 있다. 이 때문에 '불교여성주의'가 등장했는데, 불교여성주의는 가부장제하에서 여성이 남성에 비해 차별받고 있다는 현실에 대한 자각과 함께 이러한 차별이 사회적으로 구성되었으므로 변화 가능하다고 본다. 또한 붓다의 가르침을 기반으로 성 평등은 물론, 궁극적으로는 온 생명의 존귀함을 성취하기 위한 실천이론이라고 할 수 있다. 그러므로 이 책은 불교여성주의적 관점에서 전개될 것이다.

오늘날 우리에게 전해오는 경전에는 친여성적 측면과 반여성적 측면이 동시에 존재한다. 붓다의 가르침은 인간평등과 해방 사상이 들어 있다는 점에서 지극히 여성 친화적이지만, '여성 업설'이나 '여성불(不)성불론'처럼 열등한 여성관은 매우 성차별적이다. 이러한 이중적인 가르침은 무엇이 올바른 붓다의 가르침인지에 대해 많은 사람에게 혼란을 가져온다. 만약 공 사상과 연기 사상 등에 기초한 성 평등한 가르침이 사실이라면 이를 널리 알려야 하고, 여성관이 왜곡되었다면 그 원인은 무엇이며 붓다의 가르침과 어떻게 대치되는지를 제시해 성 평등한 불교로 회복해야 한다. 이를 위해 무엇보다 붓다의 가르침을 제대로 알 필요가 있다. 그러나 불교와 섹슈얼리티 관련 경전 연구가 턱없이 부족한 탓에 올바른 여성관을 구축하는 데 늘 안타까움이 있었다.

이 책은 불교 내 성 평등 구축을 목적으로 하는 종교와 젠더연구소가 2012~2013년에 개최한 불교와 젠더포럼 "붓다에게 여성을 물어보다"의 내용을 선별해 책으로 편집한 것이다. 이 포럼은 불교여성주의적 관점에서 섹슈얼리티와 관련된 다양한 주제에 대한 연구를 통해 불교의 성 평등 교리를 널리 알리고, 친여성성을 회복할 수 있는 방안을 모색하며, 현대를 살아가는 여성의 삶 속에 불교가 어떤 방식으로 영향을 미치고 있는지 살펴봄으로써 주체적·실천적 불교 여성의 삶을 찾아보고자 진행되었다.

이 책은 총 3부로 구성되어 있다. 1부에서는 불교라는 종교가 탄생한 시대적 배경과 함께 인도 사회의 성별 역학 관계 속에서 여성의 위치를 살펴보고, 초기 경전 니까야(Nikāya)에 나오는 사례를 통해 여성이 어떻게 탄생하며 이러한 여성관이 어떻게 왜곡·전승되는지 알아본다. 2부에서는 불교 경전에서 드러난 성 평등한 가르침을 살펴보고, 오늘날 유통되고 있는 부정적인 여성관이나 성적 욕구, 임신과 출산 등이 포함된 교리가 가부장적 가치관에 오염되었음을 여성주의적 관점에서 검증하고자 했다. 3부에서는 여성의 삶 속에서 성 평등성을 확립하기 위한 방안으로, 불교 사찰에 들어와 있는 산신각, 칠성각 등을 통해 불교와 무교의 관계를 여성의 관점으로 재해석한다. 또한 여성 특유의 고통에 대한 불교적 접근 사례를 낙태아 천도재를 통해 알아보았다. 그리고 불교사에서 여성이 항상 타자가 아니었다는 사실을 동아시아 여성 선사들을 통해 살펴보며, 붓다가 직접 칭송한 십대 재가여성 제자를 통해서 긍정적·주체적 여성관을 확립하는 데 이바지하고자 했다.

이 책은 불교여성주의적 관점을 견지하지만 일방적으로 여성의 우월성을 주장하기보다 잘못된 여성 신행에 대해서는 비판하며 그 대안을 고민했다. 또한 교리의 재해석과 잊혀진 여성 지도자의 발굴 등은 여성만을 위한 것이 아니며, 남녀의 균형된 발전이 불교의 궁극적 목적인 깨달음으로 나아가는 데 도움이 된다는 점을 말하고자 했다. 이 책은 불교학이나 종교학, 여성학 등 여러 분과 학문의 배경을 가진 학자들에 의해 쓰였기 때문에 다양한 학문적 관점으로 불교와 섹슈얼리티를 이해하는 데 도움이 될 수 있다고 본다. 또한 저자들은 불교 신자와 비불교 신자가 섞여 있기 때문에 불교 내부자적 관점과 외부자적 관점을 함께 드러내며 객관성을 유지할 수 있다는 것도 이 책의 장점이 될 것이다.

이 책은 불교 경전에 나타난 섹슈얼리티에 대한 다양한 주제를 담고자 노력했지만, 경전에 담긴 내용은 너무나도 방대해서 불교와 섹슈얼리티에 관련된 극히 일부분만을 언급했음을 인정하지 않을 수 없다. 그러므로 이 책이 불교와 섹슈얼리티에 대한 입문서 또는 이 분야에 대한 관심을 높일 수 있는 문제 제기 정도로 자리매김할 수 있다면 다행스럽게 생각한다. 이 책이 나오기까지 저자들은 많은 시간과 노력을 쏟았고, 포럼에서 주어진 주제에 대한 발표가 끝난 후에도 그 내용을 녹취해서 다시 듣고 원고를 수정·보완했다. 독자들의 이해를 돕기 위해 사진까지 첨부해준 필자들에게 진심으로 감사의 말씀을 전한다. 그리고 이 책의 출판을 허락하고 집필 작업 과정에서 꼼꼼하게 챙겨준 한울 출판사에 감사드린다.

마지막으로 이 책이 한국 불교 내 가부장성을 해체하고 성 평등한 불교로 나아가는 과정에서 작게나마 도움이 되기를 바라며, 독자 여러분의 애정 어린 관심을 기대한다.

2016년 봄
저자들을 대신해 옥복연

차 례

머리말 · 5

제1부
여성,
붓다를 만나다

제1장 불교 발생의 시대적 배경과 여성 _ 류경희 · 19

1. 들어가기 · 19 | 2. 불교 발생의 시대적 배경과 불교의 등장 · 20 | 3. 초기불교 개혁의 한계: 대중신앙의 수용과 가부장적 여성관의 존속 · 22 | 4. 나가기 · 39

제2장 초기 경전을 통해 본 '여자의 일생' _ 옥복연 · 42

1. 들어가기 · 42 | 2. 초기 경전에 나타난 여자의 탄생 · 45 | 3. 여성 친화적인 교리의 왜곡과 전승 · 57 | 4. 나가기 · 71

제3장 붓다, 여성을 칭송하다
: 붓다의 십대 재가여성 제자 _ 옥복연 · 74

1. 들어가기 · 74 | 2. 붓다와 십대 재가여성 제자 · 79 | 3. 십대 재가여성 제자의 여성주의적 분석 · 86 | 4. 나가기 · 101

제2부
붓다, 섹슈얼리티를 말하다

제4장 초기불교의 반페미니즘적 사유에 대한 고찰 _ 전재성 · 109

1. 브라흐만교의 반페미니즘적 사유의 비판 · 109 | 2. 초기 경전에 나타난 여성에 대한 이해 · 113 | 3. 반페미니즘적인 교리에 대한 이해 · 123 | 4. 나가기: 계율 정신의 올바른 이해 · 141

제5장 초기불교의 친페미니즘적 사유 _ 전재성 · 147

1. 들어가기 · 147 | 2. 성의 본질과 초기불교의 친페미니즘적 관점 · 148 | 3. 초기불교 교리의 성 평등성 · 159 | 4. 나가기: 초기불교의 친여성적 인식 · 168

제6장 초기 경전에 나타난 여성의 섹슈얼리티
: 성적 욕구, 임신, 출산을 중심으로 _ 전재성 · 174

1. 들어가기 · 174 | 2. 초기불교의 성에 대한 관점 · 176 | 3. 섹슈얼리티의 다양한 스펙트럼 · 184 | 4. 초기불교에서의 임신과 출산 그리고 낙태 · 193

제7장 불교와 무속, 여성의 눈으로 다시 보기 _ 김정희 · 213

1. 들어가기 · 213 | 2. 불교와 무속 공존의 경전적 근거 · 214 | 3. 여성의 눈으로 보는 무속 · 221 | 4. 나가기 · 236

제8장 낙태아 천도재와 여성의 삶 _ 우혜란 · 240

1. 들어가기 · 240 | 2. 한국 낙태아 천도재의 역사와 현황 · 241 | 3. 낙태아 천도재와 여성 · 251 | 4. 진정한 여성 의례가 되기 위해서 · 265

제9장 동아시아 불교의 여성 선사들 _ 조승미 · 270

1. 선불교와 여성 · 270 | 2. 초기 선종사 속의 여성 선사들 · 274 | 3. 전등사 속의 여성 선사, 말산요연 · 280 | 4. 임제종 간화선의 비구니들과 여성 전승 · 283 | 5. 일본 선불교와 여성 · 286 | 6. 한국 여성들의 선 수행 역사 · 290 | 7. 나가기: 여성 선 수행의 현대적 과제 · 296

찾아보기 · 301

제3부
불교,
여성의 삶과
함께하다

제1부

여성,
붓다를 만나다

제1장

불교 발생의 시대적 배경과 여성

류경희

1. 들어가기

불교 전공자가 아닌 필자가 불교와 여성 관련 주제를 다루려고 하니 다소 조심스러운 것이 사실이다. 다만 그동안 힌두교를 중심으로 인도의 종교 문화를 연구하고, 또 여신과 여성 관련 주제를 다뤄온 경험을 토대로 '불교와 젠더포럼'에 작은 도움이 되었으면 하는 바람으로 이 주제를 선택했다. 그런 만큼 이 글이 불교의 여성관에 관한 새로운 주장을 펼치거나 새로운 연구 결과를 담고 있는 것은 아니다. 이 책의 주제인 '불교와 섹슈얼리티'의 관계를 이해하는 데 도움이 되도록 불교 발생 당시의 시대적 배경과 초기불교의 여성에 대한 태도를 간략히 소개하는 글이라 할 수 있다.[1]

---

[1] 불교 발생의 시대적 배경과 초기불교 부분은 필자의 기존 저서(류경희, 2013)의 불교 관련 내용 일부를 이 주제에 맞게 정리한 것이고, 초기불교의 여성에 대한 태도 부분은 관련 연구 자료들을 필자의 관점에서 새로 정리한 것이다. 그리고 이 글에서 인도어의 우리말 표기는 국립국어원의 표준국어대사전에 등재되어 있는 단어의 경우(예: 시바, 우파니샤드 등)를 제외하면 인도어 발음에 가깝게 표기했다.

불교는 기원전 6세기 무렵 인도에서 개혁적인 종교운동으로 등장했다. 종교적 측면에서는 기존의 고대 인도 종교인 브라흐만교(Brahmanism)의 근간을 비판하며 무신론적·윤리적 성격을 띠는 대안적 종교로 등장했고, 사회적 측면에서는 불평등한 사회제도인 바르나(Varna, 카스트) 체계, 특히 브라만(Brahman) 사제계급의 권위를 비판하며 평등주의를 지향하는 운동으로 등장했다. 그렇다면 불교가 등장한 시대적 배경은 무엇이며, 불교의 종교-사회 개혁적 성격이 당시 대중신앙과 여성 문제에서는 어떤 양상으로 나타났는지 살펴보기로 한다.

2. 불교 발생의 시대적 배경과 불교의 등장

불교가 발생했던 기원전 6세기 무렵, 인도는 정치·사회·경제 분야에서 큰 변화를 경험하고 있었다. 정치적으로는 많은 군소 부족국가가 자주 충돌하여, 몰락하는 가운데 점차적으로 좀 더 큰 규모의 마가다 제국이 형성되었다. 사회적으로는 노동 분화가 증가하여 카스트가 좀 더 세분화되었고, 크샤트리아 계급이 브라만 계급과 마찬가지로 지적인 삶을 이끄는 지도자 역할을 하기도 했다. 경제적으로도 유목과 목축 형태의 경제가 농경 형태의 경제로 바뀌고, 도시와 상업이 성장하고 길드의 조직과 화폐가 등장하면서 경제적 삶에 중요한 변화가 일어났다(Pande, 1983: 314).

이러한 시대적 상황 변화는 당시의 종교적 상황을 변화시키는 요인으로 작용해 다양한 종교와 사상이 자유롭게 등장하기 시작했다. 이 가운데 가장 강력한 흐름을 형성하며 개혁적인 운동으로 등장한 것이 바로 불교와 자이나교를 중심으로 하는 사문전통이다. 이 전통의 유랑하는 수행자를 슈라마나(Shramana, 빠알리어로는 Samana), 즉 사문이라 불렀기 때문에 이 전통을 슈라마나 전통, 우리말로는 사문전통이라 부른다.

금욕적 고행주의(Asceticism) 전통인 사문전통은 고대에 인도 서북부로 들어온 아리아인들이 형성시킨 기존의 브라흐만교와 그 사제계급의 권위에 도전했다. 새로이 부상한 크샤트리아 지배계급과 부유한 상인계급들이 이 사문전통의 종교들인 불교와 자이나교를 후원했다(Pande, 1983: 314). 당시 인도의 종교적 상황을 좀 더 자세히 살펴보면 다음과 같다.

사문전통이 등장하기 전 이미 브라흐만교 내부에서 브라흐만교가 지나치게 의례 중심적이고 현세적 가치를 중시하는 경향에 이의를 제기하는 우파니샤드(Upanishad) 사상이 나타났다. 이는 인도 해탈전통의 출발이 되었으며 신비적·수행적·탈속적 경향을 띠고 있었다. 또 일반 대중은 브라만 사제계급과 일부 부유 계층이 행하던 의례나, 철학자와 지식 계층에 국한되었던 우파니샤드 사상과 거리를 둔 채 다양한 형태의 대중신앙을 신봉하고 있었다.

이러한 내외적 요인 때문에 영향력이 약화되던 브라흐만교는 대중의 종교 관행 속에 유지되던 선주민들의 신앙과 사상으로부터 많은 영향을 받았다. 그 영향으로 크게 두 가지를 들 수 있는데, 인더스문명에 뿌리를 두는 것으로 추정되는 여러 대중적 종교 관행과, 아리아인들 이전의 기원을 갖는 것으로 추정되는 고행주의 전통의 영향이다.

고행주의 전통은 인도에서 가장 오래된 문헌이자 브라흐만교의 최고 경전인 『베다(Veda)』에서는 무니(Muni), 『우파니샤드(Upanishad)』 이후에는 요기(Yogi), 붓다(Buddha)와 자이나교의 창시자인 마하비라(Mahavira) 시기에는 슈라마나(사문)로 불리는 수행자들에 의해 대표되는 전통이다.

즉, 붓다 시대에 존재하던 주요한 종교적 흐름들로 브라만 사제계급을 중심으로 하는 제의 중심적 종교인 브라흐만교, 브라흐만교 내의 신비주의 전통, 대다수 일반 대중의 방대한 신앙과 관행들, 그리고 고행주의 전통 등이 있었다. 이 가운데 불교나 자이나교는 고행주의 전통을 성장시키고 전파한 대표적인 종교들이었다. 따라서 불교는 근본적으로 이 고행주의 전통에 토대를 두는 무신론적 성격의 종교다. 하지만 대중 차원의 불교는 이와 거리가 있어서 여러 신적 존재를 신봉하는 다신 신앙적 모습을 보이기도 했다.

슈라마나들은 브라흐만교가 가장 권위를 부여하던 경전인 『베다』의 권위를 인정하지 않았다. 특히 『베다』에 토대를 두는 희생제의의 효능, 브라만 사제의 권위, 카스트 제도를 부정했다. 당시 브라흐만교는 희생제의에 중심을 두는 종교로, 희생제의를 치르는 데 많은 비용을 썼고 수많은 동물을 제물로 사용했다. 그러다 보니 희생제의의 비용을 떠맡았던 부유 계층과 농사에 사용할 동물이 부족해 어려움을 겪고 있던 농민 계층 모두에서 희생제의 관행과 사제계급에 대한 불만이 커지고 있었다.

슈라마나들은 이러한 의례에 반대했다. 그들은 무신론적·자기수행적 성격을 띠면서 일련의 윤리적 원리들을 준수하려 했고, 카스트 신분과는 상관없이 모든 이들을 그들의 종교 공동체에 받아들였다. 따라서 불교와 자이나교를 중심으로 한 슈라마나 운동은 종교적 측면에서 의례 중심 종교체계에 대한 대안으로, 사회적 측면에서는 위계적이고 불평등한 사회체계에 대한 개혁적 대안으로 등장한 운동이었다고 볼 수 있다.

3. 초기불교 개혁의 한계: 대중신앙의 수용과 가부장적 여성관의 존속

불교와 자이나교를 중심으로 하는 사문전통이 종교 및 사회 개혁 운동으로 등장하긴 했으나 이전 전통과 완전한 단절을 이룬 것은 아니었다. 대중신앙과 여성 문제에 대한 태도가 이를 잘 보여준다. 불교는 근본적으로 신적 존재를 인정하지 않는 무신론적 종교다. 그러나 붓다 시대에 불교는 인도 고대 대중신앙의 신앙 대상들을 일부 받아들였다. 또한 불교가 사회의 위계적 계급제도인 바르나 체계를 비판하고 평등사상을 주창했지만 여성과 관련해서는 기존의 가부장적 관점과 태도를 상당 부분 견지하고 있었다. 이 두 주제를 중심으로 개혁 운동으로서 불교가 지녔던 현실적 한계를 살펴보기로 하겠다.

1) 초기불교와 고대 인도 대중신앙

(1) 초기불교의 고대 인도 대중신앙에 대한 태도

붓다는 근본적으로 인간 외부에 존재하는 어떤 우월한 힘이나 존재를 인정하지 않았다. 즉, 인간 위에 더 우월한 존재는 없다고 여겼다. 초자연적 존재들에 대한 붓다의 이러한 부인은 인간의 가능성과 존엄성에 대한 확신에서 비롯되었다고 볼 수 있다. 붓다는 인간이 스스로의 힘과 능력으로 자신의 문제를 해결하고, 궁극적으로는 실존적인 모든 한계로부터 해방될 수 있다고 믿었던 것 같다.

붓다는, 자신은 길을 가리키는 스승이자 안내자라 말하며, 자신을 신격화하지 말도록 가르쳤다. 하지만 붓다 사후에 붓다가 신격화되고 과거불, 현재불, 미래불 등 신적 존재로서의 여러 붓다 개념이 등장했다. 그리고 또 다른 초자연적 존재들이 포함되는 불교 만신전(萬神殿, 판테온)이 형성되었다.

불교의 근본 사상과 모순되는 이러한 변화는 조직화된 하나의 종교로 성장하는 과정에서 현실적 적응을 위해 불가피했던 것으로 보인다. 즉, 불교는 인도 내외부로 전파되는 과정에서 전파 지역의 신앙들을 불교에 적합하게 개조해 수용하는 방법을 사용했다. 기존의 토착 신앙들을 배격하거나 타파하는 방식이 아니라 신봉자들이 그들의 종교 생활을 유지하도록 허용하면서 그것을 불교에 적합하게 조정하는 방식으로 수용한 것이다. 붓다 자신도 이런 방법을 사용했다. 이러한 과정은 근본적으로는 무신론이라 할 수 있는 불교가 유신론적, 구체적으로는 다신론적 경향을 수용해나간 과정이었다고 할 수 있다. 이 과정을 초기불교에 국한시켜 살펴보기로 하자.

당시 인도에는 브라만 사제들의 종교와 일반 대중의 종교 사이에 커다란 간격이 있었다. 앞서 언급했듯이 브라흐만교의 희생제의 체계는 사실 브라만 사제계급과 엄청난 희생제의 비용을 댈 수 있는 이들에게만 국한되어 있었다. 우파니샤드 사상도 철학자와 지식 계층에 국한된 것이어서 대다수 일반 대중은 방대한 대중적 신앙과 관행에 의존하고 있었다.

이 대중들의 신앙은 매우 다양하고 복잡한 신앙 대상들을 숭배하는 다신 신앙이었다(Pande, 1983: 319). 브라흐마(Brāhma), 인드라(Indra 또는 Sakka), 빠라미따(Paramita), 스깐다(Skanda), 무쿤다(Mukunda) 등의 천상적 신들(celestial gods), 강(강가와 야무나 강)과 산 그리고 나무[특히 피팔(pipal) 나무는 붓다가 그 밑에서 깨달음을 얻은 뒤 보리수로 불리게 됨]와 동물(황소, 암소, 코끼리, 까마귀 등)과 같은 자연물에 대한 애니미즘적 신앙, 약샤(Yaksha, 야차)·약시(Yakshi, 나찰)·나가(Nāga) 등의 정령에 대한 신앙, 지모신 등 모신에 대한 신앙, 주술·요술·점·주문·점성술·예언·꿈 해석·손금 보기·악마 달래기 등 다양한 주술적 관행들이 행해지고 있었다. 업과 윤회, 그리고 영혼 개념이 있었지만 대중은 여전히 천국과 지옥의 존재를 믿었다.

이러한 대중의 신앙에 대해 붓다와 초기불교는 대체로 온건한 태도를 취했다. 붓다는 다양한 주술적 관행들에 대해서는 '낮은 술수'라 칭하며 불교 공동체인 승가[僧伽, 인도어로는 상가(Sangha)] 구성원들에게 금지시켰지만,

┃붓다의 두상　　　　　　　　　　　┃나가(비하르, 10세기)
자료: 인도 박물관(콜카타).　　　　　자료: 인도 박물관(콜카타).

주술적 관행들을 제외한 나머지 대중신앙(여러 신, 자연물, 정령에 대한 신앙)에 대해서는 좀 더 관용적인 태도를 취했다(Ling, 1973: 70~71). 이는 붓다가 브라흐만교의 지나친 의례 중심주의와 사제계급에 특별한 권한과 혜택을 부여하는 카스트 제도를 강하게 비판하며 개혁적 태도를 취한 것과 좋은 대조를 보인다.

또한 급속히 성장하던 승가는 생존과 번영을 위해 평신도들에게 의존하게 되고 양자 간 유대가 강화되었다. 이러한 상황은 불교 공동체가 평신도들의 종교적 요구에 부응하지 않을 수 없게 만들었다. 이러한 여러 요인이 작용해 초기불교는 고대 인도의 대중신앙 요소들을 받아들이게 된다. 예를 들어 마을과 농경지 수호신, 불교 경전에 자주 나타나는 나가, 야차(夜叉), 나찰(羅刹), 기타 주요 신들이 수용되었다(Murthy, 1991: 9). 따라서 일반 불교 신도들은 붓다의 가르침을 따르면서도 한편으로는 당시 일반인들 사이에 성행하던 다양한 믿음과 관행의 영향을 지속적으로 받고 있었다. 몇 가지 중요한 수용 사례를 살펴보도록 하자.

(2) 초기불교의 고대 인도 대중신앙 수용

초기불교가 수용한 고대 인도 대중신앙의 주요 신앙 대상들로는 범천(梵天)인 브라흐마, 제석(帝釋)인 인드라, 사천왕(四天王)인 차뚬마하라자(Catummaharaja), 마라(Mara, 波旬)를 들 수 있다.

브라흐마에 대해서는 두 가지 견해가 있다. 대중신앙에서 그리 중요한 위치를 차지하지 않았다는 견해와, 붓다 이전 시기에 이미 널리 퍼져 있던 중요한 신이었으나 이후 비슈누(Viṣṇu)나 시바(Siva, Shiva) 등 힌두교의 새로운 주요 신들의 등장과 불교·자이나교의 전파로 약화되었다는 견해다(Ling, 1973: 72). 불교 문헌들에 따르면 이 신이 대중적 기반을 가졌던 것으로 나타난다. 중부(中部, Majjhima-Nikāya)의 한 경전에서 브라만 사제들이 브라흐마의 진정한 후손이고 그들이 그의 입에서 나온 진정한 계승자들이라고 주장되고 있으며, 또 같은 문헌에서 당시 모든 이들이 브라흐마 숭배자들이라고 언급되기도 한다(Bhattacharji, 1988: 52).

초기불교 저술에 반영된 브라흐마에 대한 당시 견해에 따르면, 브라흐마는 우주의 창조자인 최고 존재로서 기원이나 희생제의를 통해 그와 결합하는 것이 최고선으로 간주되는 그런 대상이었다. 힌두 문헌의 경우, 브라흐마는 『리그베다(Rig Veda)』나 『브라흐마나(Brāhmana)』에서는 창조주 쁘라자빠띠(Prajapati)로 나타나고, 붓다 시기를 전후한 『우파니샤드』에서는 비인격적·초월적 실재인 브라흐만으로, 그리고 붓다 시기 이후인 『마하바라따(Mahābhārata)』에서는 인격적 창조주인 브라흐마로 나타난다.

불교에 수용된 브라흐마는 이로운 존재로 받아들여졌지만 앞서 나온 측면들이 다소 간과되고 중요하게 취급되지 않았다. 불교에서 브라흐마는 힌두교에서처럼 하나의 특별한 존재가 아니었고 여러 브라흐마들이 있었다. 그들은 우주의 위계에서 색계사선(色界四禪) 중 초선〔初禪: 여기에는 범중천(梵衆天), 범보천(梵輔天), 대범천(大梵天) 등 3천(三天)이 있다〕에 거주하는 존재들이다. 이들의 우두머리가 대범천(Mahabrāhma)으로 불린다.[2] 이 범천으로의 재생은 최고 상태인 니르바나(Nirvāna), 곧 열반에 이르는 것보다는 상당히 낮은 단계이기는 해도 바람직한 것으로 간주되었다. 또한 브라흐마는 붓다보다 열등하나 제석(Sakka, 인드라의 후기 명칭)보다는 우월한 존재로 믿어졌다.[3]

우리가 불교에서 제석으로 부르고 있는 인드라는 초기불교에서 가장 대중적이던 신으로, 본래는 초기 브라흐만교인 고대 리그베다 종교[4]에서 가장 중요한 신이었다. 그는 뇌우의 신이자 강력한 힘과 용맹을 지니는 무적의 전사

---

[2] 불교의 우주론을 보면 불교 신들의 위치를 알게 해주는, 즉 신적 존재들의 위계를 말해주는 26층의 천(天)에 대한 설명이 나온다. 이들을 흔히 다음과 같은 3등급으로 나눈다. 첫째가 감각적인 욕망에 약한 존재들이 거주하는 천인 욕계(欲界), 둘째가 형태를 갖는 존재들의 천인 색계(色界)로서 이 색계가 사선(四禪)으로 나뉘고 브라흐마는 이 중 초선에 속한다. 셋째가 형태를 갖지 않는 존재들의 천인 무색계(無色界)이다. 이들 천에 머무는 존재들은 불교의 여섯 부류 존재 등급 중 하나이며 붓다나 아라한(阿羅漢)보다 열등한 존재로 인식된다(Williams, 1964: 213~214).

[3] 수쿠마리 밧따차르지(Sukumari Bhattacharji)는 브라흐마가 인드라보다 불교 만신전에서 우위를 차지할 수 있었던 원인으로 비살생을 강조하는 불교에서 폭력적 성격의 인드라보다 브라흐마의 수용이 용이했을 것이란 점, 일원론과 고행주의 철학자들의 영향을 들고 있다(Bhattacharji, 1988).

[4] 인도에서 가장 오래된 문헌인 『베다』는 네 개의 베다로 구성된다. 이 중 『리그베다』가 가장 이른 시기에 작성되었으며(기원전 약 12세기경으로 추정), 이 문헌에 나타나는 신앙 형태는 자연력을 인격화한 여러 신들에게 현세와 사후의 행복한 삶을 기원하며 의례를 드리는 다신 신앙이었다.

로 숭배되었으나 시간이 흐르면서 그의 중요성이 점차 약화되었다. 희생제의를 중시하는 『브라흐마나』 문헌[5] 시기에 이르면 신들도 희생제의의 영향 아래 놓여 있다고 생각되어, 인드라는 스스로의 힘보다는 희생제의나 사제의 도움을 통해 승리하는 것으로 나타난다.[6]

초기불교 시기에 인드라에 대한 신앙은 여전히 널리 퍼져 있었던 것 같다. 불교는 인드라를 수용하여, 가장 낮은 하늘 위 그리고 세계의 축인 메루산(수미산) 맨 꼭대기에 왕좌를 차지하고 있는 제석천이자 33신들이 살고 있는 33천(天)의 지도자로 제시했다. 불교도들은 선한 이들이 그의 도움을 청하면 자신의 천에서 내려와 도움을 준다고 믿었다. 그래서인지 불교도들 사이에서 가장 인기가 있었고 설화에 자주 등장했다. 또한 붓다 자신이 이전 생에서 인드라였다고 믿어지기도 했다. 제석으로서 인드라는 대범천보다 낮은 위치를 차지했다.

또 당시 대중이 신봉하던 초자연적 존재들 가운데 불교가 수용한 대표적인 신앙 대상은 사천왕과 그들의 통제 아래에 있던 야차, 나찰, 나가 등이 있다. 사천왕(또는 사대왕)은 세계의 4방인 동서남북과 26개 천 중 가장 낮은 천에 사는 초자연적 존재들을 통치하는 존재들이다. 동쪽엔 지국천(持國天, 드리따라스뜨라)이 아이들의 출생을 주재하며, 인간을 돕는다고 믿어지는 간달파(간다르바)들을 다스린다. 남쪽엔 증장천(增長天, 비루다까)이 구반다(꿈반다)들을 지배한다. 구반다는 무시무시한 영향력을 행사할 수 있으므로 적절한 방법으로 달래야 한다고 믿어진 존재다. 서쪽에서는 광목천(廣目天, 비루빠크

---

[5] 복잡·다양해진 의례와 그 규정들을 체계화하기 위해 등장한 문헌으로, 신에게 바치던 의례가 신보다 더 중시되는 의례 중심 신앙이 나타난다.
[6] 후에 시바나 비슈누와 같은 새로운 주요 신들이 등장하는 서사시 시기에는 『리그베다』 신들의 세력이 급격히 약화되어 인드라도 쉽사리 패배당하는 약한 신으로 전락한다.

샤)이 반인반수 형태의 뱀인 나가를 지배한다고 믿어졌다.

또 히말라야의 높은 곳에 있는 신비 지역인 북쪽에는 부와 번영의 여신인 비사문천(毘沙門天)〔또는 다문천(多聞天), 바이슈라바나, 꾸베라〕이 야차와 나찰들을 다스린다고 믿었다. 모든 악령 가운데 대개 야차를 가장 두려운 존재로 여겼는데, 그는 종종 나무와 관련되는 정령으로서 인간의 세속적 욕망과 부를 만족시켜준다고 믿어졌다. 이들은 사발처럼 크고 붉은 눈, 거대한 머리, 야자나무처럼 큰 키를 가졌고, 그림자가 없으며, 사막·숲·나무·물에서 출몰한다고 믿어졌다. 야차는 때로 악의적이어서 인간을 사로잡아 발광 증세를 나타나게 할 수도 있는 존재다.

여성 야차인 나찰은 좀 더 무서운 존재로서 자신들의 아름다운 미모와 향기 그리고 음악 등으로 남자들을 유혹해 먹이로 삼는다고 믿어졌다. 야차는 야마(夜摩)와 인드라와도 관련이 있다. 이들 야차들 중 일부(꾸베라, 바즈라빠니)는 불교의 만신전에 받아들여진 것 같다. 이러한 악령들이 인간의 안녕과 복지에 적대적으로 행동한다고 여겼고 이들을 달래는 방법 중 하나가 희생제의였다.

앞에서 다룬 몇몇 예들이 붓다가 관용적으로 받아들인 인도 고대 신앙들로 보인다. 이러한 기존 신앙의 흡수는 불교의 성장과 확산을 위해 불가피한 것이었을 가능성이 크다. 그러나 초기불교는 그들을 불교 체계에 적합하게 수정·변화시켜 수용하는 방식을 택했다. 대표적인 예로 마라를 들 수 있다.

붓다는 인도 고대 신앙의 악신 또는 악령 개념에서 하나의 근원적 악의 존재인 마라 개념을 발전시켰다. 즉, 수많은 악령의 개별적·적대적 성격을 통합해 인간의 안녕과 신성한 삶을 방해하는 하나의 악의 존재로 전환시켰다. 이것이 마라다. 불교도들은 인간이 경험하는 모든 악의 근원이자 인간의 적인 마라를 붓다가 정복한다고 믿었다. 인도 신화와 사상에는 유대-기독교 전통의 사탄(Satan)이나 조로아스터교의 앙그라 마이뉴(Angra Mainyu) 같은 절대 악 개념은 나타나지 않는데, 다만 가장 근접한 것이 불교의 마라 개념이다(Bhattacharji, 1988: 106~107). 이러한 마라 개념의 등장은 불교가 추상화·분석화 과정을 밟았음을 보여준다.

2) 초기불교와 여성

(1) 초기불교의 개혁적 경향과 여성 문제

본질적으로 무신론 종교인 초기불교가 이전 대중신앙의 대상들을 수용한 사례에서 발견되는 개혁의 현실적 한계는 여성의 문제에서도 나타난다. 불교는 계급제도를 타파하고 평등주의를 표방하며 등장했지만 당시 인도 사회가 여성에 대해 가지고 있던 가부장적 관점과 태도를 상당 부분 견지했던 것으로 보인다.

자이나교에서 여성의 해탈 문제에 관해 논의했던 파드마나브흐 S. 자이니(Padmanabh S. Jaini)는 불교와 자이나교가 브라흐만교의 의례 체계와 그것의 사회적 표현인 바르나 체계에 도전했지만, 전통문화에 존재하는 강력한 가부장적 이데올로기에는 관심이 훨씬 덜했다고 지적한다. 그러면서 이들 종교의 승단에서 여성에게 수행자의 삶을 허용하는 문제가 논의된 것은 전통 종교의 권위를 공격하는 다소 개혁적인 경향으로 인해 촉진된 것으로 보고 있다(Jaini, 1992: Forward xi).

요컨대 사문전통이 당시 인도 사회의 남녀 불평등 문제나 가부장적 관점과 태도에 본격적으로 관심을 기울였다고 보기는 어렵다. 특권을 유지하고 있던 브라만 사제계급과 그 권위의 근거를 제공해주던 종교 및 사회체계에 저항하는 과정에서 부수적으로 관심을 기울이게 된 것이라고 할 수 있다. 이는 자이나교와 불교 승단에서 여성을 승단에 받아들이는 문제로 논의가 이루어졌던 일이나, 그들의 초기 경전에서 여성에 대한 기존의 부정적 견해가 강조되는 것에서도 잘 드러난다.

예를 들어 자이니는 여성의 해탈 달성 능력에 대한 불교 경전의 태도를 다이애나 폴(Diana Paul)의 주장에 따라 다음의 세 가지로 정리한다. ① 여성은 붓다의 경지에 들어갈 수 없다. ② 좀 더 낮은 경지인 보디사뜨와(Bodhisattva, 보살)는 될 수 있다. ③ 진전된 보디사뜨와나 붓다에 근접한 존재(imminent Buddha)가 될 수 있다. 또한 첫 번째 태도는 자이나교의 디감바라〔Digambara, 공의파(空衣派)〕, 세 번째 태도는 스웨땀바라〔Śvetāmbara, 백의파(白衣派)〕 입장과 유사하다고 지적한다(Jaini, 1992: Forward xv). 따라서 초기불교가 당시 브라만 사제계급의 지위와 권위를 뒷받침하는 사회체계를 강력하게 비판한 것과 달리 당시의 가부장제를 거부한 것으로 보기는 어렵다.

그럼에도 여성의 지위에 긍정적 변화가 있었다는 점은 부인할 수 없다. 이러한 긍정적 변화를 살펴보기에 앞서, 불교가 등장할 무렵까지 인도 종교가 전개되면서 여성의 지위가 어떻게 변화해왔는지 간략히 살펴보기로 한다.

(2) 초기불교 이전, 인도 종교의 여성에 대한 태도

불교가 발생할 당시 여성은 남성에게 자신의 생애를 의존해야 하는 열등하고 종속적인 존재로 인식되었다. 하지만 인도 사회에서 여성과 여성의 능력이 처음부터 부정적으로만 인식되었던 것은 아니다. 물론 일부 부족 집단을 제외한 인도 사회 전반은 가부장 사회를 유지해왔다. 그렇더라도 초기 베다 시대에는 여성 교육이 존재한 것으로 보이며, 여성의 지위가 후대에서처럼 열악하지는 않았던 것으로 나타난다.

기원전 2500~3000년경 인도인들은 인도 서북부의 하랍빠와 모헨조다로를 중심으로 높은 수준의 도시 문화를 형성했다. 이를 인더스문명이라 부른다. 이 문명의 유물을 통해 당시 인도인들이 주로 농업에 종사했고 지모신을 숭배했음을 알 수 있다. 그 외에도 동식물 숭배, 이후 힌두교에서 중요한 위치를 차지하는 시바신의 원형도 찾아볼 수 있다. 증명은 어렵지만 일부 학자들은 이 사회를 모계사회로 추정한다.

초기 베다 시대(기원전 1500~1000년)에 이르러 유목민인 아리아인들이 인도 서북부(지금의 펀자브)로 침입해 토착민들을 정복하고 아리아 문화를 지배적인 문화로 정착시켜나갔다. 주로 목축에 종사하던 아리아인들은 부계 중심의 가부장제 아래 부족사회를 이루고 살았다. 남편과 아내는 집안의 공동 주인으로 남편은 목축과 전쟁에 참여하고, 아내는 아들을 낳고 남편이 전쟁에 참가하면 가정과 목축을 돌보는 일을 떠맡았다. 정복자로서 원주민과의 전쟁이 잦은 시기였으므로 아들이 매우 중시되었다.

이들의 중심 신앙은 태양, 폭풍우, 불, 바람 등 자연력을 신격화한 많은 신을 숭배하는 다신 신앙이었다. 아리아인들은 현세의 복과 사후에 천상의 복을 얻기 위해 신들에게 의례를 드렸다. 이 신들 가운데 이후 불교를 통해 우리에게도 전해진 신들로 제석천, 범천, 염라대왕(閻羅大王) 등이 있다. 토착문화에서 여신 숭배의 흔적이 많이 발견되는 것과 달리 남신의 수나 지위가 압도적으로 높은 점은 당시 문화가 가부장 문화였음을 말해준다.

후기 베다 시대(기원전 1000~600년)는 아리아인들이 동쪽으로 이동해 강가와 야무나 강 사이의 대평원에서 정착된 농경 생활을 시작한 시기다. 정치적으로는 국가가 형성되어 왕권이 강해졌고, 이렇게 신장된 왕권은 의례를 중시하는 사상과 관행을 통해 강화되었다. 종교적으로는 의례를 통해 인간이 바라는 바를 얻을 수 있다는 믿음이 생겨나면서 의례가 신들보다 더 중시되었다. 이에 따라 의례에 대한 지식을 독점한 브라만 사제계급의 지위와 권한

이 막대해지고 신분제인 카스트 제도도 좀 더 체계화되었다.

종교가 점차 지나친 형식주의로 흐르고 브라만 사제계급이 종교를 자신들의 기득권 유지 수단으로 삼는 등의 문제가 심각해지자 이에 대응하는 새로운 가치관과 삶의 방식을 제시하는 우파니샤드 사상이 등장했다. 이 사상은 이전의 종교 사상이 현세적 삶에 집착하고 현세적 복을 추구한 것과 달리 해탈의 추구, 욕망을 버리려는 삶의 태도, 요가, 업과 윤회, 모든 존재의 본질이 근원적 본질과 하나라고 보는 일원론적 우주관 등을 제시했다. 이 사상이 제시하는 세계관과 삶의 방식은 이후 인도 문화에 커다란 영향을 미쳤다.

이 시기 여성은 남성에게 종속된 열등한 존재로 인식되었다. 바르나 체계가 좀 더 정착되고 노동 구분이 생겨나면서 여성은 남성보다 열등하고 남성에 의존해야 하는 존재로 인식되었으며 남녀 간 차별도 생겨났다. 여성의 일인 가정사는 가정 밖에서 이루어지는 남성의 일보다 가치가 낮은 것으로 인식되었다. 그러나 여성 교육은 지속되었던 것으로 보이며, 이혼이나 과부 재혼도 허용된 것으로 보인다(김주희 외, 2005: 268).

이후 새로운 종교운동의 등장 시기(기원전 6~4세기)가 이어졌다. 앞서 살펴보았듯이 기원전 6세기에 이르면 아리아인들이 인도 북동쪽, 특히 비하르 지역에 정착하면서 정치적·사회적·경제적 변화가 생겨났다. 좀 더 규모가 큰 군주 국가가 등장하면서 마가다 제국이 전 지역을 통일하고 상업과 도시가 발달했다. 왕권과 상업의 발달로 크샤트리아와 바이샤 계급의 지위가 상승했다. 이러한 변동의 시기에 지배적 종교 세력이 약화되면서 의례를 중시하는 전통 종교에 반발하는 다양한 사상과 종교가 새롭게 등장했다. 이 중 가장 큰 세력을 형성한 종교가 불교와 자이나교였고 크샤트리아와 바이샤가 이들을 후원했다.

이 시기 불교와 자이나교에서는 여성이 출가할 수도 있었지만 힌두 사회에는 가부장적 여성관이 강력하게 존재했다. 여성에게 결혼은 의무였고 조혼, 과부 화장, 다우리 등 여성 억압적 관습들이 존재했다.[7]

(3) 초기불교의 여성에 대한 태도

① 기존 가부장적 관점의 존속

붓다 시기에 인도 사회의 여성에 대한 관점과 태도는 전반적으로 상당히 부정적이었다. 남성에 비해 여성의 신체적·도덕적·영적 능력을 낮게 인식해 여성이 평생 남성의 보호를 받으며 남성에 의존하는 삶을 살아야 한다고 여겼다. 특히 여성은 남성을 유혹해 수행을 방해하는 존재로 인식되어 수행의 삶을 살아가려는 남성 수행자들이 철저하게 기피해야 할 대상으로 취급되었다.[8] 그렇다면 개혁적 성격의 운동으로 등장한 불교는 여성에 대해 어떤 관점과 태도를 가지고 있었을까?

여성에 대한 초기불교의 태도는 여성을 승가(상가)에 받아들이는 문제에 관한 논의나 경전에 나타나는 여성 관련 기술을 통해 어느 정도 파악될 수 있

---

7 이어지는 시기, 즉 굽타 왕조(320~500년)에 이르러 불교가 쇠퇴하기 시작하고 인도의 전통 종교를 재정비한 힌두교와 힌두문화가 부흥하게 되었다. 이것이 힌두문화의 부흥기(320~500년)다. 이 시기에 카스트 제도가 강화되고 불가촉천민제도 발달하기 시작했다. 많은 경전과 서사시, 법전, 문학작품 등이 이 시대에 작성되어 이후 힌두문화에 중요한 영향을 미쳤다. 그뿐 아니라 언어학, 수학, 천문학, 과학, 예술 등도 발달한 고전 문화의 황금기였다. 현재 힌두교의 주요 신들인 비슈누와 시바가 주요한 신앙의 대상이었고 토착 신앙의 부활이라고도 볼 수 있는 여신 숭배도 나타났다. 그러나 여성의 지위는 여전히 낮았다.

8 어떤 종교 문헌이든 인도의 전통 문헌들은 여성과 그들의 도덕적·영적·신체적 능력을 부정적으로 보았다. 특히 마누 법전은 여성의 전 생애를 남성(아버지, 남편, 아들)의 보호 아래 그들에게 의존하도록 사회 관습법으로 규정했고 심지어 부엌에서조차 자율성을 누리지 못했다(Jaini, 1992: Forward xvi).

다. 우마 차끄라바르띠(Uma Chakravarti)는 초기불교가 여성을 교단에 받아들였다는 점에서 전체적으로는 그 시기의 여성 지위가 이전보다 높았던 것으로 추정되지만, 비구니를 승가에 받아들이는 문제에 대한 기술이나 초기불교 문헌에 여성과 관련한 가부장적 가치들이 반영된 점은 모순으로 보인다고 언급한다. 그리고 사문 문화는 카스트, 계층, 성별과 무관하게 누구나 해탈에 이를 수 있는 가능성을 갖는다고 인식했지만 이런 원리와 별도로 사회의 여성에 대한 태도는 전반적으로 부정적이었다고 평가한다(Chakravarti, 1966: 31).

실제로 처음에 붓다는 여성을 승가에 받아들이는 것을 원하지 않았던 것으로 보인다. 여성을 받아들이도록 붓다에게 청한 사람은 오히려 그의 제자인 아난다(Ananda)였다. 차끄라바르띠는 초기불교 문헌들에서 아난다만이 진정으로 남녀의 불평등 관계에 관심을 기울이고 남녀평등 원리를 믿은 것으로 보인다고 지적하면서, 초기불교 승단이 여성을 승가에 받아들이게 된 공을 아난다에게 돌리고 있다(Chakravarti, 1996: 32). 아난다가 여성도 남성처럼 해탈할 수 있는 능력이 있다고 붓다를 설득한 결과라는 것이다.

붓다가 여성을 승단에 받아들이는 것을 꺼린 이유는 분명하지 않다. 다만 자이니는 당시 인도 문화가 여성에 대해 가지고 있던 관념, 즉 여성의 성적 열정이 남성보다 더 강하며, 따라서 여성이 남성 수도승을 유혹하는 존재라는 관념을 붓다도 가지고 있어서 승단에 남녀가 함께 있으면 불가피하게 승단이 쇠퇴하게 된다고 우려했을 것으로 추정한다(Jaini, 1992: Forward xv). 그러나 필자는 개인적으로 여성에 대한 이러한 관념은 엄밀히 말해 여성 자체의 문제가 아니라 여성에게 쉽게 자극되는 남성 자신의 취약함에 대한 두려움이 여성에게 부과된 것이라고 생각한다.

초기불교의 사회적 차원들을 다룬 차끄라바르띠의 연구에 근거한다면 초기불교의 여성에 대한 전반적 관점은 결코 우호적인 것이라 보기 어렵다. 여성을 점차 상가에 받아들이긴 했어도 그들을 철저히 비구의 권위 아래 두었고, 비구니에게는 많은 제약이 가해져서 심지어 그들이 받은 보시를 비구에게 주도록 요구받기도 했다. 규율을 어겼을 때도 비구니는 비구보다 훨씬 강한 처벌을 받았다. 여성의 존재는 남성을 중심으로 기술되고, 남편에 순종적인 아내가 이상적으로 여겨졌으며, 여성은 왕·승가·길드(seni)의 통제 아래 있었다. 딸, 아내, 어머니로서의 삶을 살아가는 여성은 전적으로 남성의 권위에 종속되어 있었고 사회적 성격을 지니지 않는 승가에서조차 마찬가지였다는 것이다(Chakravarti, 1996: 32~33).

초기불교 경전의 여성에 대한 관점도 상당히 부정적인 것으로 나타난다. 차끄라바르띠의 분석에 따르면 여성을 남성을 유혹하는 존재로 비난하고, 여성은 욕망이 많고 쉽게 화를 내며 공적 역할을 할 수 없고, 또 통제가 어렵고 시기가 많으며 탐욕스럽고 어리석어서 비즈니스를 할 수도, 직업을 가지고 돈을 벌 수도 없다고 생각했다(Chakravarti, 1996: 33).

따라서 초기불교 경전의 지배적인 경향은 여성에 대한 인도 사회의 기존 태도를 상당 부분 반영한다고 볼 수 있다. 붓다에 따르면 여성은 사회적 영역에서나 비사회적 영역인 승가에서도 우두머리가 될 수 없었다. 여성에 대한 이러한 차별에도 불구하고 적지 않은 여성이 승가에 가담했다. 아마 승가 입문자와의 친족 관계로 들어온 이들이 더 많았지만, 고통스러운 삶에서 벗어나기 위해 들어온 이들도 많았다. 또 평생을 남성에게 의존하는 삶을 살아야 하는 것에 동의할 수 없는 일부 여성에게 승가는 해방구 역할을 했다. 또 다른 이들은 고난의 시기에 승가를 찾았다. 사실 세상을 일시적이고 고통으로 가득 찬 곳으로 보는 불교의 기본 교의는 질병과 죽음의 고통을 깊이 느끼는 여성에게 좀 더 가슴에 와 닿는 것이었다(Chakravarti, 1996: 34).

차끄라바르띠는 초기불교도들에게 여성에 대한 공감이 부족했던 것은 인도만의 독특한 현상이 아니라 전 세계 수도승들이 지녔던 전형적 정서였고, 기원전 6세기 인도 사회의 전형적 정서이기도 했다고 지적한다. 또 아난다와 같은 견해를 가진 남녀들이 분명 있었을 테지만 여성차별에 실제적 영향을 끼칠 만큼의 수는 되지 못했다고 말한다(Chakravarti, 1996: 35).

② 여성 지위의 향상: 여성의 승가 입문

그러나 일부 학자들은 초기불교가 당시 인도의 여성 지위에 미친 영향을 긍정적으로 평가하기도 한다. 호너(Isaline Blew Horner)의 연구가 그런 예다. 다음 설명은 주로 그의 연구와 주장에 근거한 것이다.

호너는 불교 이전 시기에 인도 여성의 지위가 전체적으로 낮았고 존경의 대상이 되지 못했지만, 붓다 시기에 여성이 전보다 많은 자유와 권위를 누리는 변화가 일어났다고 분석한다. 여성의 활동이 여전히 주로 가정과 종교 영역에 국한되기는 했지만 전반적으로 지위가 개선되기 시작했다고 보고 있다. 여성이 일상의 삶에서 헌신적 봉헌과 자기희생, 그리고 용기와 인내를 지속적으로 보여주면서 남성이 절대적 권위와 권한을 가지고 여성을 대하던 태도를 바꾸어 남녀 간 유사점을 인식하게 되었다고 지적한다(Horner, 1990: 1).

사문전통을 통해 여성의 지위가 신장된 것을 보여주는 대표적 현상은 여성이 남성과 같이 종교 수행자가 되어 승단에 들어갈 수 있게 된 것이다. 불교의 승단인 승가는 붓다가 수행을 통해 깨달음을 얻은 뒤 처음으로 그 깨달음의 내용을 설법한 초전법륜(初轉法輪) 직후 형성되었다.

호너에 따르면 초전법륜 직후 비구 승단이 빠르게 성장하고, 5년 뒤에 비구니 승단이 만들어지는 등 붓다의 생애 동안 승단이 융성했다. 당시 여성이 이전과 비교해 좀 더 자유를 누리고 존중을 받게 되면서 세속을 떠나 비구니

￨붓다의 최초 설법지인 인도의 사르나트(녹야원)

가 되어 승단에 가담하려는 일부 여성이 나타났고 그들이 승가에 받아들여졌다. 그리고 시간이 지나면서 적지 않은 여성이 남성과 마찬가지로 높은 영적 경지에 이를 수 있다는 것을 보여주었다. 그러나 다른 한편으로는 비구니 승단의 여승들에게 부여되는 제약과 금지 사항들이 늘어났는데 이 점은 비구 승단도 마찬가지였다고 지적한다(Horner, 1990: Introduction xxii~xxiii). 호너는 빠알리 경전을 선입견 없이 읽는다면 여성들이 달성한 성과가 적지 않다는 사실과 남녀평등에 근접한 측면을 찾아볼 수 있다고 주장한다(Horner, 1990: Introduction xxiv).

또 호너는 여성들이 비구니가 되어 승단에 들어온 동기에 대해서도 고타마(Gautama) 붓다에게 개인적 매력을 느껴서 들어왔다는 기존의 주장은 쑤자타(Sujata)를 제외하면 문헌에 이런 주장을 뒷받침할 만한 증거가 없다는 점에서 주요 원인이 아니며 전혀 타당하지 않다고 반박한다. 그러면서 대부분의 여성 입문자는 불교 교리를 선호하고 당시 여성에게 주어진 삶의 상황들을 받아들일 수 없어서 입문했으며, 당시 해탈을 추구하는 강한 사회적 분위기 역시 여성들을 승단에 입문하도록 이끌었다고 주장한다(Horner, 1990: 96). 이러한 주장은 기존 견해를 반박하며 승단 입문이 여성 스스로의 주체적 선택으로 이루어졌음을 강조하는 것이라 볼 수 있다.

4. 나가기

결국 초기불교의 여성에 대한 태도는 연구자의 관점과 주안점에 따라 다르게 분석되고 있음을 알 수 있다. 이는 초기불교 경전이나 관련 자료들이 여성에 대한 전통적 관점과 개혁적 관점을 함께 담고 있는 데 기인하는 것으로 보인다. 하지만 인도의 종교개혁 운동사를 살펴보면 여성의 지위를 개선하려는 시도와 관련해서 분명하게 나타나는 한 가지 공통점이 있다. 지금까지 다룬 불교와 자이나교 등의 고대 슈라마나 운동, 그리고 이후 중세의 박띠(Bhakti) 운동과 근대 종교-사회 개혁 운동에서 여성을 교단에 받아들이고 여성 교육을 실시하며 여성 관련 악습 제거 등을 통해 여성의 지위를 향상시키려는 시도들이 이루어졌다. 하지만 이러한 시도는 어디까지나 남성이 주도한 종교-사회 개혁 시도의 부차적인 요소였고, 일정 부분 진전이 있긴 했으나 결과적으로 큰 성공을 거두었다고 보기는 어렵다. 그만큼 인도 사회의 가부장성은 강력하고 지속적인 것이었다.

이러한 한계는 개혁의 주요 타깃이었던 카스트에서도 나타났다. 제한적인 범위에서 카스트 체계에 다소 변화가 있긴 했지만 그 기본 구조는 그대로 유지되었고, 오히려 시간이 지나면서 개혁 운동 집단 안에 유사한 카스트 구조가 생겨나는 모습이 나타났다. 그만큼 인도 사회는 가부장성과 카스트의 고착이 강력히 유지되어온 사회였다고 할 수 있다. 이런 분위기 속에서 불교와 자이나교를 중심으로 하는 사문전통이 비록 제한적이지만 승단에 여성을 받아들이고, 일부 여성이 가부장 사회의 굴레에서 벗어나 종교적 목표를 추구하는 삶을 통해 자신의 삶을 실현하도록 동기를 부여한 점은 평가할 만하다.

끝으로 인도의 종교와 문화에서 여성성, 엄밀히 표현하면 모성을 중시하고 강조하는 관념과 태도가 가부장성과 함께 공존해온 사실을 지적하고 싶다. 인도에서는 강력한 여신 신앙, 특히 모신 신앙이 오랫동안 풍부하게 유지·존속되어왔고 강한 여성 이미지가 풍부하게 나타난다. 인도 문화와 인도인들의 심성 속에는 모성이 강력하게 자리 잡고 있다. 인도인들은 자신들의 나라를 조국이 아닌 모국으로 부르고, 인도를 어머니 인도를 의미하는 '바라뜨(Bharat, 인도) 마따(Mata, 어머니)'로 부른다. 즉, 모성이 모든 것을 낳고 기르며 보호하는 강력한 힘으로서 사랑과 숭배의 대상이 되어왔다.

인도 문화에서 모성 개념은 남성성과 여성성의 구분을 초월하는 근원적 모체로 이해된다. 모성을 중시하는 이러한 인식과 태도는 정서적·신앙적·문화적 차원에서 중요한 위치를 차지하며, 사회적 차원의 강력한 가부장성과 큰 충돌 없이 공존해왔다. 이는 외부인에게 모순으로 보이는 현상이지만 인도 문화는 상반되는 요소나 경향들 사이의 공존을 자연스럽고 익숙한 것으로 받아들이는 전통을 오랫동안 유지해왔다.

그러나 역설적이게도 모성을 중시하는 정서와 문화가 여성의 주체적 삶이나 사회적 지위를 향상시키는 데 기여했다고 볼 수 있는 사례는 극히 일부에 불과하다. 오히려 관점에 따라서는 인도 사회에서 남성 중심의 가부장 사회를 견고하게 유지시키는 데 일조한 측면이 있다고 보기도 한다.

참고문헌

1. 국문 자료

김주희·김우조·류경희. 2005. 『인도여성, 신화와 현실』. 한국외국어대학교 출판부.

류경희. 2013. 『인도의 종교와 종교문화』. 서울대학교출판문화원.

2. 외국 자료

Bhattacharji, S. 1988. *The Indian Theogony*. Delhi: Motilal Banarsidass.

Chakravarti, U. 1996. *The Social Dimensions of Early Buddhism*. New Delhi: Munshiram Manoharlal.

Horner, I. B. 1990(1930). *Women Under Primitive Buddhism*. Dehli: Motilal Banarsidass.

Jaini, P. S. 1992. *Gender & Salvation*. New Delhi: Munshiram Manoharlal.

Ling, T. 1973. *The Buddha*. London: Temple Smith.

Murthy, K. K. 1991. *Mirrors of Indian Buddhism*. New Delhi: Sundeep Prakashan.

Pande, G. C. 1983(1957). *Studies in the Origin of Buddhism*. Delhi: Motilal Banarsidass.

Williams, M. 1964. *Buddhism*. Varanasi: Chowkhamba Publication.

제2장

초기 경전을 통해 본 '여자의 일생'

옥복연

1. 들어가기

이 지구상에 인간은 어떻게 생겨나게 되었을까? 어떻게 인간은 남성과 여성으로 나뉘어 살아가게 되었을까? 왜 남성과 여성이 성적 결합을 하지 않으면 새로운 생명을 만들지 못할까? 기독교의 성서는 이러한 물음에 대해 분명한 답을 제시하고 있다. 성서의 창세기 2장에 따르면 여호와 하나님이 세상을 창조한 후, 아담을 돕는 배필이 없으므로 아담을 깊이 잠들게 해 그의 갈빗대 하나를 취해서 살로 대신 채우고 여자를 만들었다. 그리고 그를 아담에게로 이끌어 오자, 아담이 이르되 "이는 내 뼈 중의 뼈요 살 중의 살이라. 이것은 남자에게서 취했기 때문에 여자라 부르리라"고 하며 하나님이 그 코에 숨을 불어넣으니 드디어 사람 여자가 태어났다.

하나님은 흙으로 남성의 몸을 만들고 생명력을 부여하며, 남성의 갈빗대로 여성의 몸을 만들어서 생명력을 부여한다. 유명한 화가 부오나로티 미켈란젤로(Buonarroti Michelangelo)의 걸작 〈천지창조〉에서도 하나님이 아담의 옆구리에서 이브를 꺼내는 것으로 묘사되어 있는데, 그의 그림에서 벌거벗은 아담은 성기가 그대로 드러나기 때문에 분명히 남자인 것을 알 수 있다. 하지만 여성은 볼록한 가슴이 드러나 있지만 성기는 손이나 나뭇잎으로 가려져 있어 여성의 신체적 특성이 잘 드러나지 않는다. 어쨌든 이브가 하나님의 명령을 어기고 아담을 타락시켜 둘은 낙원에서 추방당하고, 그 결과 오늘날과 같은 인간의 삶이 펼쳐진다. 즉, 여자는 출산의 고통과 남편에의 종속을, 남자는 땀 흘려 일해야 하는 노동의 형벌을 받게 된다. 여성은 출산과 양육, 그리고 남성은 생계를 위한 노동이라는 성 역할이 명확히 구분되고, 남녀 성별 역학 구도에서는 여성이 남성에게 종속되는 관계가 성립한다.

성서는 하나님의 말씀, 하나님의 가르침을 기록하고 있기 때문에 이 가르침을 믿고 따르는 자를 신자라고 한다. 이와 마찬가지로 불교에서 경전은 괴로움을 여의고 행복을 실현하려는 붓다의 가르침을 담고 있다. 그렇다면 경전에서는 남성과 여성이 어떻게 탄생했다고 가르칠까? 불교에서 '가르침(Dhamma)'을 중국에서는 '법(法)'으로 옮겼는데, 이는 붓다라는 존재가 아직 붓다가 되지 못한 인간에게 붓다가 되도록 들려주는 붓다의 말씀을 의미한다. 『쌍윳따니까야(Saṃyutta-Nikāya) 1』의 '환희의 품'에서 가르침의 정의를 보면 다음과 같다(『쌍윳따니까야 1』, 2007: 128).

> 현세의 삶에서 유익한 가르침이며,
> 시간을 초월하는 가르침이며,
> 와서 보라고 할 만한 가르침이며,
> 최상의 목표를 이끄는 가르침이며,
> 슬기로운 자라면 누구나 알 수 있는 것

즉, 아직 다가오지 않은 미래가 아니라 지금 살아가는 현실에서 유익해야 하고, 시간이 지나도 진리로 인정받을 수 있어야 하며, 누구에게든 와서 보라고 할 정도로 가치가 있어야 하고, 누구에게든 권할 만한 것이어야 하며, 최상의 목표인 깨달음으로 나아가도록 도움을 주어야 하고, 지혜로운 사람이라면 누구나 알 수 있는 것이어야 한다.

이처럼 불교에서 말하는 가르침이란 형이상학적이거나 내세 지향적이 아니라 매우 현실적이고 실용적이며 분명한 것이다. 이러한 가르침을 베푼 붓다를 믿고 따르는 사람을 불교 신자라고 한다. 그렇다면 불교는 여자가 어떻게 태어났다고 말하며, 또한 남녀의 성별 역학 관계는 어떠해야 한다고 가르치고 있을까?

2600여 년 전에 등장한 불교는 오랜 세월 동안 각국에 전래되는 과정에서 특정 시대나 사회에 따라 붓다의 기본 교리는 동일해도 그 교리에 대한 해석에 조금씩 차이가 생기면서 초기불교에서부터 부파불교(部派佛敎), 상좌불교(上座佛敎), 대승불교(大乘佛敎) 등으로 전개되었다. 초기불교(원시불교)는 인간 싯다르타 고타마(Siddhārtha Gautama)가 깨달음을 얻고 45년 동안 설한 가르침과, 그의 사후 100여 년이 지나 불제자들이 모여서 정리한 그의 가르침을 기본으로 성립된 불교를 말한다. 니까야는 이 초기불교의 경전 모음으로, 붓다와 그 직계 제자들의 가르침이 붓다가 직접 사용한 언어라 할 수 있는 빠알리어로 기록되어 있다. 니까야는 『디가니까야(Dīgha-Nikāya)』, 『맛지마니까야(Majjhima- Nikāya)』, 『앙굿따라니까야(Aṅguttara-Nikāya)』, 『쌍윳따니까야』, 『쿳다까니까야(Khuddaka-Nikāya)』 등 총 5부로 구성되어 있는데, 이는 불교의 시점이자 표준이며 잣대라고 할 수 있다(각묵, 2010: 24).

이 글은 여성이 어떻게 태어나며 생애주기별로 어떻게 살아야 할 것인가에 대한 붓다의 가르침을 초기 경전인 니까야를 통해 살펴본다. 또한 남성 중심의 가부장제로 인해 붓다의 가르침이 어떻게 왜곡되었는지를 초기불교

■중국 서안의 대안탑

652년 당나라 현장(玄奘) 법사가 인도로부터 불경과 불상을 가져와 이를 보존하기 위해 세운 7층 자은사대안탑(慈恩寺大雁塔). 자은사는 648년 당 고종이 그의 어머니 문덕황후를 위해 지었다.

경전인 『앙굿따라니까야』와 중국 불교의 『증일아함경(增壹阿含經)』, 그리고 한국 불교의 『옥야경(玉耶經)』을 통해 알아보고자 한다. 이를 통해 여성을 대상으로 하는 초기불교의 경전이 중국 불교와 한국 불교로 전파되면서 어떻게 왜곡되는지를 중심으로 살펴볼 것이다.

2. 초기 경전에 나타난 여자의 탄생

1) 여자의 탄생

기독교 성서의 창세기 1장은 "태초에 하나님이 천지를 창조하시니라"로 시작된다. 하나님이 7일 동안 지(地), 수(水), 화(火), 풍(風)은 물론 온갖 종류의 동식물을 창조해 낙원과도 같은 세상을 만들었다. 그리고 남자 인간 아담과 여자 인간 이브를 만들었으니, 여자는 천지만물 가운데 가장 늦게 창조되었다고 할 수 있다.

불교 경전에서는 창세기가 없다. 붓다는 천지를 창조하는 신의 존재를 부정하고, 만물이 인연과 조건으로 생성과 소멸을 반복한다고 생각하기 때문이다. 또한 붓다 자신은 신적 존재가 아니라, 인간으로 태어나 괴로움으로부터 해탈하는 방법을 깨달은 자이다. 깨달은 존재이지만, 그는 다른 인간들과 똑같이 늙고 병들어 고통을 겪다가 결국에는 열반에 들었다. 하지만 그는 세상 돌아가는 이치에 대한 명확한 이해를 바탕으로 세상이 어떻게 만들어졌고, 또 남녀가 어떻게 생겨났는가에 대해 『디가니까야』 제3품 '세계의 기원에 대한 경'에서 설명하고 있다(『디가니까야』, 2011: 1164~1185). 이 경에 따르면 인간이 살고 있는 이 우주의 생성·파괴·소멸에는 셀 수 없을 정도의 오랜 세월이 걸렸다.

경전에서 종종 등장하는 시간 단위인 '겁(劫)'을 생각하면 우주의 생성과 소멸이 얼마나 긴 시간인지 상상할 수 있다. 즉, 사천 리나 되는 돌산에 백 년에 한 번씩 부드러운 옷을 입은 하늘사람이 찾아와 한 번 그 돌산을 스치는데, 그 돌산이 닳아 없어져도 끝나지 않는 시간이 '겁'이라고 한다. 또한 이 우주가 생겨나는 기간을 '성겁(成劫)', 생겨난 그 모습 그대로 존재하는 기간을 '주겁(住劫)', 파괴되거나 변해가는 기간을 '괴겁(壞劫)', 파괴되어 텅 빈 채로 있는 기간을 '공겁(空劫)'이라 한다. 즉, 불교에서의 시간 개념은 너무나도 길고, 우주는 생성·파괴·소멸의 과정을 거치므로 우주의 시작과 끝은 알 수 없다고 한다(이미령, 2013: 145~160).

'세계의 기원에 대한 경'에 따르면, 처음 우주가 생기고 수십억 년이 지나며, 또 어떤 생명체가 생기고 수십억 년이 지나며, 하늘과 땅이 생기고 수십억 년이 흐른다. 그 후 인류의 조상이라고 할 수 있는 생명체가 등장하지만 이는 오늘날의 인간과 다른 모습으로, 음식을 먹지 않고 온몸에 빛을 발하며 공중을 날아다니며 성별 구분이 없는 존재였다. 그런데 어느 때인가 문득 우유의 얇은 막과 같은 맛있는 흙이 땅에서 저절로 생겼는데, 어떤 중생 하나가 이 흙을 한 입 먹어보고 그 맛에 반하게 된다. 그리하여 다른 중생들도 이것을 먹기 시작했고, 흙을 먹으면 먹을수록 이들의 몸에서 나오던 빛은 사라지고 몸은 거칠어졌다.

그뿐만이 아니었다. 중생들 사이에 외모 차이가 생기게 되었는데, 이들 가운데 자신의 외모가 더 낫다고 자만하는 사람이 생기자 그 맛있는 흙이 어느 순간 사라졌다. 그 후 질 좋은 버터 같은 색깔을 띤 꿀처럼 달콤한 땅 조각이 생겨났다. 중생들이 그것을 먹을거리로 삼고 살아가면서 또 외모 차이가 생겼고, 일부 중생들이 자신의 외모가 다른 중생보다 더 낫다고 교만심을 가지자 땅 조각이 사라졌다. 그 후 바달라타 풀이 생겨났다가 똑같은 이유로 사라졌다. 그리고 나서 경작하지 않아도 저절로 여문 쌀이 나타나 중생들은 쌀을 먹을거리로 삼아 오랜 세월을 살았다. 그 후는 다음과 같다(『디가니까야』, 2011: 1174).

그런데 중생들이 저절로 여문 쌀을 먹으며 오랜 세월 살아갈수록 그들의 몸은 더욱 딱딱해지고 용모에 차이가 생겨났다. 그리고 여자에게는 여자의 특징이, 남자에게는 남자의 특징이 나타났다. 그러자 여자와 남자는 서로를 오랜 시간 물끄러미 지켜보게 되었다. 그렇게 한참을 물끄러미 지켜보는 가운데 그들에게 탐욕이 생겨났다. 몸은 뜨겁게 달아오르기 시작했고 그들은 달아오르는 열 때문에 성관계를 갖기 시작했다.

이처럼 초기 경전에서는 먹는 음식에 의해 인간이 출현하게 되고, 시간이 지나며 사람들의 외모에 차이가 생긴다. 시간이 더 지나면서 어떤 사람에게는 남자의 특징이 생기고, 또 어떤 사람에게는 여자의 특징이 생겨나 드디어 남녀가 탄생한다. 즉, 창조주가 남자를 만들고 그 남자의 배우자로 여자를 만든 것이 아니라, 먹거리에 의해 외모와 성별의 구분이 생겼다는 것이다.

이때 성별은 우열 관계가 아니라 남녀의 특징을 바탕으로 만들어졌다. 남자에게는 남자의 성기가, 여자에게는 여자의 성기가 생겼다. 그리하여 중생들은 이성의 몸에 관심을 가지게 되며, 만져보게 되고, 결국 서로의 몸을 탐하며 성행위를 하게 된다. 하지만 아직 성행위에 익숙하지 않았던 중생들이 공개적인 장소에서 이러한 행위를 금하면서 담과 지붕 있는 집이 생겼다고 한다.

성적 욕구와 함께 또 다른 탐욕이 나타나면서 남녀의 탄생은 계급의 탄생으로까지 이어진다. 즉, 인간은 매일 필요한 만큼만 쌀을 가져가서 먹었는데 이를 귀찮아하면서 한꺼번에 많은 쌀을 가져가 집에 쌓아두게 된다. 인간의 이기심과 탐욕, 어리석음이 생겨난 것이다. 당장 필요하지도 않은 쌀을 쌓아두며 욕심을 부리자 저절로 열리던 쌀은 사라지게 되고, 사람들은 해마다 땀 흘려 씨를 뿌리고 농사를 지어야만 했다. 그러자 내 땅과 남의 땅의 구분이 생기면서 모든 물건에 주인이 생기고, 탐욕은 경쟁을 불러와 세상이 혼란스러워졌다. 또한 나쁜 행동을 하는 사람들을 가려내고 감시·감독하는 사람이 생겨나 결국 권력자가 등장하게 된다.

이처럼 먹을거리를 통해 외모 차이와 남녀의 몸이 생겨났으며, 성적 욕구와 탐욕으로 사적 소유물과 계급이 탄생했다고 전해진다. 남녀는 서로 다른 신체 구조를 가지게 되었지만, 단지 신체 구조가 다를 뿐이었다. 이는 결코 우열의 문제가 아니었음을 '세계의 기원에 대한 경'은 설명하고 있다.

2) 여성들에 대한 붓다의 가르침

(1) 결혼할 딸들을 위한 가르침

붓다 생존 당시 비구니 승가는 비구 승가로부터 교육받는 경우가 많았다. 이는 석가족(釋迦族, Sākiya) 여성들이 있었기 때문으로 추정된다. 당시 비구니 교단에는 붓다의 어머니, 부인, 제수씨 등 혈연으로 맺어진 관계도 많았기에 붓다를 스승이 아닌 사적 관계로 바라볼까 봐 염려했을 수도 있다.

하지만 경전에는 재가여성이 붓다로부터 직접 가르침을 받는 경우가 종종 나온다. 이때 붓다는 왕족이든 하녀이든 신분 고하를 막론하고 항상 정중하며 자상한 방식으로 가르치거나 대화하면서 잘못된 점을 스스로 깨닫게 했으며, 깨달음에 대한 어떠한 의심이나 의혹도 질문하라고 권했다. 재가여성은 붓다를 찾아와 자신의 처지를 한탄하거나, 붓다가 공양에 초대받을 때면 여성의 관점에서 여성을 위한 법문(法問)을 하거나 게송(偈頌)을 읊기도 했다. 심지어는 자신의 뛰어난 출가 제자들 앞에서 재가여성 제자들을 "나의 뛰어난 우바이제자"라고 칭송하기도 했다(『앙굿따라니까야 1·2』, 2007: 208).

재가여성을 향한 그의 가르침에는 매우 현실적이고 감동적인 내용들도 많았는데, 예를 들면 뛰어난 재가여성인 비사카(Visākha)가 데려간 500여 명의 재가여성들은 붓다의 가르침을 듣고 그 자리에서 깨달음의 첫 번째 단계인 수다원과(須陀洹果)에 들기도 했다. 그렇다면 혼기에 접어든 여성에게는 어떻게 살아야 한다고 가르쳤을까? 『앙굿따라니까야』의 '쑤마나의 품'에 나오는 '욱가하의 경'에는 시집보낼 딸을 가진 욱가하(uggaha)가 어느 날 붓다를 공양에 초대했고, 공양을 마친 붓다에게 그는 딸들이 행복하게 살 수 있도록 가르침을 달라고 청했다. 그러자 붓다가 그 딸들에게 가르침을 설하는 내용이 나오는데, 그 내용은 다음과 같다(『앙굿따라니까야 5』, 2007: 92~95).

딸들이여,

그대들은 '어떤 남편이든지, 남편의 부모들은 우리의 이익과 행복을 바라고 측은해하고 가엾게 여기는데, 우리는 아침에 일찍 일어나고 저녁에 늦게 취침하고 무슨 일이 있으면 돕고, 마음에 드는 아내가 되고, 사랑스러운 말을 건네는 사람이 되겠다'라고 배워야 한다.

그리고 딸들이여,

그대들은 '우리는 부모나 수행자나 성직자와 같은, 남편이 존중하는 사람을 섬기고 존중 공경하고 그들이 방문하면 자리와 물을 제공하겠다'라고 배워야 한다.

그리고 또한 딸들이여,

그대들은 '남편을 위해 양털이나 면화와 같은 집안일을 행할 때, 숙련되고 부지런하고 거기에 올바른 수단을 고안해 갖추고, 훌륭하게 작업하고 훌륭하게 관리하겠다'라고 배워야 한다.

그리고 또한 딸들이여,

그대들은 '남편의 집안사람들, 하인이나 일꾼이 있다면, 그들이 행한 일은 그들이 행한 줄 알고, 행하지 않은 것은 행하지 않은 줄 알며, 그들이 병이 나거나 기력이 있는지 없는지를 알고, 여러 음식을 적당하게 나눠 주겠다'라고 배워야 한다.

그리고 또한 딸들이여,

그대들은 '남편이 재물, 즉 곡식이나 금은을 벌어오면 그것을 잘 지키고 속이지 않고 훔치지 않고 열광하거나 망실하지 않겠다'라고 배워야 한다.

딸들이여, 이와 같은 다섯 가지를 갖추면 여인이 몸이 파괴되어 죽은 뒤 마음에 드는 몸을 지닌 신들(화락천)의 무리에 태어난다.

지금으로부터 2600여 년 전, 인도 사회에서 여성은 열등하고 부족한 존재였기 때문에 반드시 아버지, 남편, 아들과 같은 집안의 남성에게 의존해 살아야만 했다. 하지만 붓다는 여성들을 사리분별하지 못하는 어리석은 존재로 여기지는 않았다. 아내의 첫 번째 의무인 "아침에 일찍 일어나고 저녁에 늦게 취침하고 무슨 일이 있으면 돕고……"는 남편과 시부모에게 무조건적으로 복종하고 의존하는 삶이 아니라 남편과 시부모를 돕는 조력자가 될 것을 가르치고 있다.

두 번째 의무인 "남편이 존중하는 사람을 섬기고 존중 공경하고……"는 부모·형제는 물론 수행자나 성직자도 존중해야 함을 가르친다. 또한 성직자나 수행자에게 물과 자리 등을 제공하는 행위를 통해 여성이 종교 활동에서 소외되는 것이 아니라 수행을 지원하는 협력자가 될 수 있다고 가르친다.

세 번째 의무인 "집안일을 행할 때, 숙련되고 부지런하고 거기에 올바른 수단을 고안해……"는 여성이 단순하고 반복적인 일을 하는 것이 아니라 숙련되어야 하며, 올바른 수단을 고안하고 적용하는 전문가가 되기를 강조한 것이다. 만약 여성을 열등한 존재로 인식했다면 남편이나 시부모가 시키는 대로 순종할 것을 요구했겠지만, 집안일에 필요한 올바른 수단을 만들어서 작업하고 관리할 것을 요구한 것은 여성이 창조적인 가정관리자가 되어야 함을 가르친다.

네 번째 의무인 "하인이나 일꾼이 있다면, 그들이 행한 일은 그들이 행한 줄 알고……"는 하인이나 일꾼 등 아랫사람에 대한 관심과 애정은 물론, 그들의 공과를 분명히 알 정도로 현명해야 함을 보여준다. 또한 하인들의 건강을 챙기고 나누는 삶을 살아야 한다는 것은 위계나 권위가 아닌 자애심과 존중의 마음으로 아랫사람들을 돌봐야 한다고 강조한 것이다. 이는 여성이 이성적이고 현명한 지도자가 될 수 있음을 보여준다.

다섯 번째의 의무인 "남편이 재물, 즉 곡식이나 금은을 벌어오면 그것을 잘 지키고 ……"는 여성의 경제관념이 철저해야 함을 가르친다. 남편이 많이 벌어와도 열광하지 않는 것은 적게 벌어오더라도 실망하지 않는다는 의미이며, 남편이 벌어온 재물을 잘 지킨다는 것은 남편보다 아내가 재물을 낭비하지 않는다는 의미도 된다. 즉, 집안 경제는 남편보다 아내가 더 잘 운영할 수 있다는 의미도 포함되므로, 붓다는 여성이 가정경제의 운영자가 되어야 함을 가르친다고 할 수 있다.

경전에는 여성이 차별받는 현실을 벗어나기 위해 집에서 뛰쳐나와 개혁을 해야 한다거나 잘못된 현실을 거부하라는 등의 가르침은 없다. 이는 남성의 경우도 유사한데, 경전에 나오는 범부중생(凡夫衆生)에 관한 안타까운 이야기들은 처자식을 먹여 살리기 위해 돈을 벌어야 하는 남자와 출산·육아·가사 노동의 고통을 겪는 여자의 고단한 삶에 대한 내용이 대부분이다. 이는 성별을 떠나 실존적인 현실이자 고통이라는 것이 붓다의 가르침이다.

(2) 행복한 결혼생활을 위한 가르침

남성 중심 사회였던 당시 인도 사회에서 붓다는 결혼한 부부가 어떠한 마음가짐으로 살아가야 한다고 가르쳤을까?『앙굿따라니까야』의 '결혼생활의 경'에서는 남편과 아내의 역할을 다음과 같이 설명한다(『앙굿따라니까야 4』, 2007: 161~165). 즉, 어느 날 붓다가 지나가던 장자들과 아내들을 우연히 만나 함께 대화를 나누는데, 이때 행복한 결혼생활에 대해 말한다.

장자들이여,
결혼생활에 네 종류가 있습니다. 보잘것없는 남자와 보잘것없는 여자의 결혼생활, 보잘것없는 남자와 가치 있는 여자의 결혼생활, 가치 있는 남자와 보잘것없는 여자의 결혼생활, 가치 있는 남자와 가치 있는 여자의 결혼생활입니다.

장자들이여, 보잘것없는 남자와 보잘것없는 여자의 결혼생활이란 어떤 것일까요?

남편은 살아 있는 생명을 죽이고, 주지 않은 것을 빼앗으며, 그릇된 성관계를 갖고, 거짓말하고, 술을 마셔 취하고, 계를 지키지 않고 성품이 악하며, 인색한 마음으로 지내며, 수행자나 성직자를 비난하고 비방합니다.

그런데 그의 아내 또한 그러하면, 이것이 보잘것없는 남자와 보잘것없는 여자의 결혼생활이라 합니다.

(중략)

장자들이여,

가치 있는 남자와 가치 있는 여자의 결혼생활이란 어떤 것일까요?

남편은 살아 있는 생명을 죽이지 않고, 주지 않은 것을 빼앗지 않으며, 그릇된 성관계를 갖지 않고, 거짓말하지 않고, 술에 취하지 않으며, 계를 지키고 성품이 착하고, 인색하지 않은 마음으로 지내면서 수행자나 성직자를 비난하지도 비방하지도 않습니다. 그의 아내 또한 살아 있는 생명을 죽이지 않고, 주지 않은 것을 빼앗지 않으며, 그릇된 성관계를 갖지 않고, 거짓말하지 않고, 술에 취하지 않으며, 계를 지키고 성품이 착하고, 인색하지 않은 마음으로 지내면서 수행자나 성직자를 비난하지도 비방하지도 않습니다.

이것이 가치 있는 남자와 가치 있는 여자의 결혼생활이라 합니다.

붓다에게 보잘것없는 남자와 가치 있는 남자의 구별 기준은 분명하다. 불살생(不殺生), 불투도(不偸盜), 불사음(不邪婬), 불망어(不妄語), 불음주(不飮酒)의 오계(五戒)를 지키는가이다. 그렇다면 보잘것없는 여자와 가치 있는 여자의 구별 기준은 무엇일까? 이 또한 동일하게 오계의 준수 여부이다. 즉, 가치 있는 남자와 여자의 기준은 동일하다. 남성이라 뛰어나고 여성이라 열등한 것이 아니라 그 행위에 따라 가치 있는 남자 또는 여자가 될 수 있는 것이다.

이러한 붓다의 인식론은 계급관에서도 잘 드러난다. 붓다는 좋은 행위나 나쁜 행위를 저지르는 데는 출신 성분이나 신분의 차이가 없다고 한다. 『디가니까야』의 제3품 '세계의 기원에 대한 경'에는 '네 가지 계급의 평등'이라는 가르침이 있는데, 왕족, 브라만, 평민, 노예의 네 계급 가운데 신분이 높다고 해서 행복한 결과가 있는 것이 아니며, 신분에 관계없이 선한 행위를 하면 행복한 결과가 온다고 가르친다(『디가니까야』, 2011: 1166~1171).

> 살아 있는 생명을 죽이지 않고, 주지 않은 것을 갖지 않으며, 그릇된 성관계를 맺지 않고, 거짓말과 이간질과 거친 말과 꾸밈말을 하지 않으며, 탐욕과 성냄과 그릇된 견해를 품지 않는 자가 있다.
> 이런 행위는 선한 것이어서 전혀 비난받을 일이 없고, 성자들에게 어울리며 행복한 결과를 가져온다.

즉, 출생 신분이 아니라 그 행위에 의해 좋은 결과를 가져온다고 한다. 이처럼 붓다는 성별은 물론, 출신 성분이나 계급도 극복하는 철저한 인간평등 사상을 가르친다.

(3) 여성의 특수한 고통에 대한 붓다의 가르침

그렇다면 당시 여성에게 고통을 준 현실은 어떠한 것일까? 『법구경(法句經)』 주석서에 전해오는 이야기 속에서 붓다 생존 당시 여성의 삶을 엿볼 수 있다(『법구경 1』, 2001: 497~498). 그 내용은 어느 재일(齋日), 비사카가 500여

명의 여자 신도와 함께 사원으로 향하며 이들에게 던지는 질문으로 시작된다. 여성 불자들이 왜 이처럼 절에 와서 재를 지내고 계를 열심히 지키려 하는지 궁금해진 비사카는 그들에게 왜 재일을 지키고 절에 오는지 물었다.

그러자 노부인들은 "천상에 태어나고 싶어서"라고 말했고, 중년 여인들은 "남편의 지배에서 벗어나고 싶어서"라고 말했으며, 젊은 여성들은 "빨리 임신하고 싶어서"라고 답했다. 아직 결혼하지 않은 젊은 여성들은 "혼기를 놓치기 전에 좋은 남자를 만나 결혼하고 싶어서"라고 대답했다. 이러한 대답은 여성에게 생애주기에 걸친 특수한 고통이 있음을 보여준다. 젊은 여자는 좋은 남자를 만나 결혼하고 싶어서, 결혼한 여성은 임신하고 싶어서, 나이 든 중년 여성은 남편의 지배에서 벗어나고 싶어서, 그리고 나이 든 여성은 천상에서 태어나고 싶어서 재일을 지킨다는 것이다.

이러한 여성의 고통은 남성에게 종속된 여성의 삶을 잘 보여준다. 여성의 고통은 여성의 몸으로 태어나서 겪는 고통이라기보다는 남성 중심 사회에서 여성에게 요구되는 역할 때문에 겪는 고통인 것이다. 즉, 여성의 특수한 고통은 늙고 병들며 죽는 것과 같은 신체적 이유가 아니라, 가부장제라는 사회제도하에서 겪는 고통이라고 할 수 있다.

일부 경전에서는 여성의 성품이 잡스럽고 악독해서 제석천이 될 수 없고, 음란하고 방자해서 범천이 될 수 없으며, 경박하고 불순해서 마왕이 될 수 없고, 거짓말을 잘해서 성스러운 제왕이 될 수 없으며, 색욕이 강해서 성불할 수 없다는 '여인오장설'을 주장하기도 한다(마성, 2007: 7~34). 그러나 붓다의 가르침에 따르면 여성과 남성 모두 상대를 향한 강한 열정에 묶여 있기 때문에 고통을 겪는 것은 동일하다. 『앙굿따라니까야』의 '남자의 묶임에 대한 경'과 '여자의 묶임에 대한 경'에는 각각 다음과 같은 내용이 나온다(『앙굿따라니까야 8·9』, 2008: 107~108).

여덟 가지 형태를 통해서 여자는 남자를 묶는다.

여덟 가지란 무엇인가? 여자는 외모로 남자를 묶는다.

웃음으로, 언설로, 노래로, 울음으로, 자태로, 꽃과 과일로, 감촉으로 남자를 묶는다.

여덟 가지 형태를 통해서 남자는 여자를 묶는다.

여덟 가지란 무엇인가? 남자는 외모로 여자를 묶는다.

웃음으로, 언설로, 노래로, 울음으로, 자태로, 꽃과 과일로, 감촉으로 여자를 묶는다.

이처럼 남녀는 서로에게 유혹자이며, 세속은 어떻게 해서든 남녀에게 묶이고 집착하는 바람에 괴로움을 겪을 수밖에 없는 곳이다. 인간의 몸을 지녔기 때문에 생로병사는 물론 원증회고(怨憎會苦), 애별리고(愛別離苦), 구부득고(求不得苦), 오온성고(五蘊盛苦) 등의 고통을 겪는다. 그러므로 이 세상을 고해(苦海)라고 부르기도 한다.

그러나 붓다에 따르면 인간이 겪는 괴로움의 원인은 탐욕·성냄·어리석음이고 이 괴로움을 벗어날 방법〔팔정도(八正道)〕이 있으므로 수행을 통해 결국 깨달음에 이를 수 있다고 가르친다. 붓다에게는 현실의 괴로움을 회피하거나 참는 것이 아니라, 다시 이러한 고통을 경험하지 않을 수 있는 방법이 더 중요한 관심사이다. 모두에게 똑같이 적용되는 실존적인 고(苦)를 극복하기 위한 수행은 남녀 모두에게 동일하므로 불교에서 남녀의 차이란 본질적으로 무의미하다고 할 수 있다.

3. 여성 친화적인 교리의 왜곡과 전승

경전은 붓다의 가르침을 담고 있다. 전해오는 가르침들은 한편으로 남녀평등의 가르침을 담고 있지만, 다른 한편으로 여성을 차별하는 가르침을 담고 있기도 하다. 예를 들어 여성도 깨달음을 얻을 수 있다며 여성 교단을 설립했지만, 동일한 경전에는 교단이 여성 수행자를 받아들여 불법(佛法)의 지속 기간이 500년 감소할 것이라는 가르침도 있다. 왜 그럴까? 여성 불자의 입장에서는 도대체 무엇이 붓다의 진심이며, 붓다의 가르침 중 무엇이 진실인지 혼란스러울 뿐이다. 붓다가 열반에 든 지 2600여 년이 지났고, 이제 그 가르침을 직접 들은 제자도 없으므로 누구에게 물어볼 수도 없다.

이처럼 전해오는 경전 내용의 옳고 그름을 판단하기 위해서 어떻게 해야 할까? 『앙굿따라니까야』의 '깔라마의 경'에서 붓다는 이러한 혼란에 대해 대답한다(『앙굿따라니까야 3』, 2007: 193~194).

> 세존이시여, 우리는 수많은 종교인들 가운데 누가 진리를 말하고 누가 거짓을 말하는지 의심스럽고 혼란스럽습니다.
>
> 깔라마인들이여,
> 그대들이 의심하고 혼란스러운 것은 당연한 일이다.
> 의심스러운 것을 대하면 그대들의 마음속에 혼란이 일어나기 마련이다.
> 그대 깔라마인들이여,
> 거듭 들어서 얻은 지식이라 해서, 전통이 그렇다고 해서, 소문이 그렇다고 해서, 성전에 써 있다고 해서, 추측이 그렇다고 해서, 일반적 원칙에 의한 것이라 해서, 그럴싸한 추리에 의한 것이라 해서, 곰곰이 궁리해낸 견해로 인해

생긴 편견 때문에, 다른 사람의 그럴듯한 능력 때문에 그대로 따르지는 말라.

   그대 깔라마인들이여,

   스스로 이것들은 나쁜 것이고, 이것들은 비난받을 일이며, 이것들은 지혜로운 이에게 책망받을 일이고, 이것들은 행해서 그대로 가면 해롭고 괴롭다는 것을 알았을 때, 이것들을 버리도록 하라.

붓다는 거듭 들어서 얻은 지식, 전통, 소문, 성전의 기록, 추측, 일반적 원칙, 그럴싸한 추리, 편견, 그리고 타인의 그럴듯한 능력만 믿고 진리로 따르지 말 것을 가르친다. 심지어 경전에 있다고 해도 그대로 믿지 말라는 붓다의 말 속에는 현세의 삶에서 유익한 것이 아니고, 시간을 초월하는 것이 아니며, 와서 보라고 할 만한 것이 아니고, 최상의 목표로 이끄는 것이 아니며, 슬기로운 자라면 누구나 알 수 있는 것이 아니라면 가르침(Dhamma)이 될 수 없음을 강조한다고 볼 수 있다. 붓다의 입장을 정확히 파악하려면 경전을 직접 읽어야 하고, 경전에 비추어 관찰·사색·해석해야 한다. 오늘날까지 전승되어오는 경전은 오랜 세월을 거치면서 불교가 전파된 나라의 사회문화적 배경에 따라 첨가 또는 삭제되었을 수도 있기 때문이다.

이 장에서는 여성과 관련된 경전의 내용이 특정 시대와 문화에 따라 어떤 방식으로 변하는지 구체적으로 알아보기 위해 여성의 규범이나 가치관에 대한 내용을 자세히 기록한 『옥야경』을 살펴볼 것이다. 『옥야경』은 여인이 주인공으로 등장하는 대표적 경전으로서 불교의 여성관을 보여주기 때문이다. 초기 경전인 『앙굿따라니까야』의 '일곱 가지 아내의 경'에는 쑤자따(Sujātā, 玉耶)라는 여성의 이야기가 나온다. 인도 불교가 중국으로 전파될 때 『앙굿따라니까야』는 『증일아함경』으로 번역되었는데, 『증일아함경』 제49권 '비상품(非常品)'에 '선생(善生)'이라는 여인이 등장한다. 오늘날 한국 불교에서 쉽게 접할 수 있는 『옥야경』에서는 옥야(玉耶)라는 여인이 주인공이다.

그런데 『앙굿따라니까야』 '일곱 가지 아내의 경'의 쑤자따, 『증일아함경』 '비상품'의 선생, 그리고 『옥야경』의 옥야는 '부유한 집안 출신의 예의 없는 며느리'라는 여주인공의 신분, 시아버지가 붓다에게 며느리의 버릇을 고쳐달라고 부탁하는 배경, 그리고 붓다의 가르침을 통해 여인이 깨달음을 얻게 된다는 내용이 유사하다. 이는 동일한 가르침이 초기불교와 중국 불교, 그리고 한국 불교에서도 나타난다고 짐작할 수 있다. 그러므로 세 가지 형태의 경전을 비교함으로써 여성관이 어떻게 변화해왔는지 비교·분석할 수 있다. 또한 이를 통해 여성과 관련한 내용이 경전에 기록되어 있더라도 그 내용이 붓다의 가르침에 합당한지 의심·비판하고, 붓다의 올바른 의도를 찾아 오늘날에 맞게 재해석해야 함을 알 수 있다.

1) 『앙굿따라니까야』의 '일곱 가지 아내의 경'

붓다 생존 당시 많은 재산을 가진 부호이자 불교 신자인 장자 아나타삔디까(Anāthapiṇḍika)가 있었다. 그는 싸밧티 시 제따 숲에 있는 아나타삔디까 승원에 있는 붓다를 찾아, 부잣집에서 시집온 며느리 쑤자따에 대해 고민을 털어놓는다. 며느리의 본분인 시부모와 남편 모시는 일을 하지 않을 뿐만 아니라 세존을 공경하지도 않아서 어떻게 하면 좋을지 붓다에게 조언을 청한 것이다. 그러자 붓다는 쑤자따를 불러 일곱 가지 유형의 아내에 대해 설명한다(『앙굿따라니까야 7』, 2007: 185~189).

> 쑤자따여, 남편을 연민하지 않고, 다른 남자에 빠져서 남편을 경멸하고, 악한 마음으로 재물을 사서 살해하고자 열망하는, 이런 아내는 살인자와 같

은 아내라고 부른다.

기술, 상업, 농사에 종사하며, 남편이 아내를 위해 노력해 얻은 재물을, 조금이라도 아내가 빼앗고자 한다. 이런 아내는 도둑과 같은 아내라고 부른다.

일하기를 좋아하지 않고 게으르고 게걸스럽고, 거칠고 포악하고 조악한 말을 하고, 열심히 노력하는 남편을 제압하며 지낸다. 이런 아내는 지배자와 같은 아내라고 부른다.

항상 남편의 이익을 위하여 연민하고, 어머니가 아들을 돌보듯 남편을 돌보고, 그리고 남편이 저축한 재산을 수호한다. 이런 아내는 어머니와 같은 아내라고 부른다.

어린 누이가 손윗누이를 섬기듯, 자기의 주인으로 존경하고, 부끄러워하며 남편에게 순종한다. 이런 아내는 누이와 같은 아내라고 부른다.

친구가 멀리서 오면 친구를 보고 기뻐하듯, 여기 아내가 남편을 보고 기뻐한다. 고귀한 계행을 지닌 그녀는 남편에 충실하다. 이런 아내는 친구와 같은 아내라고 부른다.

폭력으로 위협을 받아도 분노하지 않고, 악한 마음 없이 남편에 대하여 인내한다. 분노하지 않은 그녀는 남편에게 순종한다. 이런 아내는 하인과 같은 아내라고 부른다.

여기 살인자 같은 아내, 도둑 같은 아내, 지배자 같은 아내라고 불리는, 계행을 지키지 않고 거칠고 불경스러운 아내는 몸이 파괴되면 지옥에 떨어진다.

여기 어머니 같은 아내, 누이 같은 아내, 친구와 같은 아내, 하인 같은 아내라고 불리는, 계행을 지키고 오랜 세월 자제하는 아내는, 몸이 파괴되면 좋은 곳으로 간다.

쑤자따여, 이와 같은 일곱 가지 아내가 있다. 그대는 이들 가운데 어떠한 아내인가?

┃마니차를 돌리며 극락왕생을 기원하는 티베트 여성들
손에 들고 돌릴 수 있는 마니차도 있다. 만드라(mantra)로 불리는, 영적으로 영향을 주는 글귀나 경문이 마니차에 적혀 있기 때문에, 마니차를 한 번 돌리면 경전을 한 번 읽은 것과 같다고 생각한다.

세존이시여, 오늘부터 저를 남편에 대하여 하인과 같은 아내로 새겨주십시오.

당시 인도 사회에서 여성은 신분고하를 막론하고 어릴 때는 아버지, 결혼하면 남편, 나이 들면 아들에게 의존함에 따르는 것이 불문율이었다. 하지만 부유한 가문에서 시집온 쑤자따는 달랐던 것 같다. 시부모나 남편을 존중하지 않는 것은 물론, 시부모가 존경하고 따르는 붓다도 공경하지 않았으니 아집이 대단한 여성이었음을 짐작할 수 있다. 얼마나 걱정되었으면 시아버지가 붓다에게 하소연을 했을까?

붓다는 이러한 쑤자따를 불러 아내의 종류를 살인자, 도둑, 지배자, 어머니, 누이, 친구, 하인이라는 일곱 가지로 나누어 설명하고 있다. 일곱 가지의 아내의 유형 중 살인자, 도둑, 지배자는 오늘날의 기준에서도 나쁜 아내라고 할 수 있다. 반면 남편을 항상 연민심으로 돌보며, 분노하지 않고 순종하며, 주인으로 존경하고, 고귀한 계행을 지닌 친구 같은 아내는 좋은 아내이다. 좋은 아내는 죽으면 좋은 곳으로 가고, 나쁜 아내는 죽으면 나쁜 곳으로 간다.

붓다는 쑤자따에게 이러한 아내의 유형 중 어떠한 아내인지 물었다. 어떤 아내가 되라고 가르치며 설교하기보다는 쑤자따 스스로 어떤 아내가 될 것인지 생각하고 결정하라며 되물은 것이다. 이처럼 붓다는 재가여성을 대할 때 권위를 내세운다거나 무섭게 꾸짖고 강요하기보다는 대화를 통해 스스로 깨닫게 했다. 이러한 붓다의 가르침에 승복한 쑤자따는 분노하지 않고 인내하며 순종하는 하인과 같은 아내가 되겠다고 스스로 결심한다. 이는 아마도 과거 자신의 모습을 참회하기 때문일 것이다.

2) 『증일아함경』에 기록된 '옥야경'

동일한 이야기가 인도를 거쳐 중국으로 가면 어떻게 변할까? '일곱 가지 아내의 경'은 중국으로 건너가서 『옥야경』 또는 『옥야녀경』 등의 이름으로 번역된다.[1] 『증일아함경』 제49권 '비상품' 제9경에는 『앙굿따라니까야』에서 등장한 쑤자따가 '선생'이라는 이름의 여인으로 번역되어 주인공으로 나온다 (『증일아함경 4』, 2004: 381~385). 어느 날 붓다가 사위국(舍衛國, srāvasti) 기수

---

1 중국 동진 시대의 축담무란(竺曇無蘭)이 381년에서 395년 사이에 번역한 『옥야경』, 265년에서 317년 사이에 번역된 역자 미상의 『옥야녀경』, 구나발타라(求那跋陀羅)가 435년에서 443년 사이에 번역한 『불설아속달경(佛說阿遬達經)』, 397년에서 398년 사이에 동진의 승가제바(僧伽提婆)가 번역한 『증일아함경』 제49권 '비상품'에 포함되어 있는 '옥야경' 등으로 전해오고 있다(김지예, 2014: 13~14).

급고독원에 있을 때, 붓다를 따르는 아나빈기 장자는 '선생'이라는 이름의 며느리를 보게 되었다. 그녀는 파사닉왕(波斯匿王) 대신의 딸로서 집안이 좋을 뿐 아니라 외모도 빼어났다. 하지만 친정의 배경만 믿고 시부모와 남편을 공경하지 않았고, 불법승(佛法僧) 삼보(三寶)를 공경하지도 않았다.

그래서 아나빈기 장자는 붓다에게 고민을 털어놓았고, 붓다는 선생이라는 여인을 불러 아내의 유형으로서 어머니, 친척, 도적, 종〔婢〕과 같은 부인을 설명한다(『증일아함경 4』, 2004: 383~384).

> 어머니와 같은 부인이란, 수시로 남편을 보살펴 모자람이 없게 하여 받들어 섬기고 공양하나니, 그때 모든 하늘들은 곧 그를 보호해주고, 인비인(人非人)들은 그 틈을 엿보지 못하며, 죽으면 곧 천상에 태어난다.
>
> 친척과 같은 부인이란, 남편을 보고 나서는 마음에 변동이 없이 고락을 같이하는 사람이다.
>
> 도적과 같은 부인이란, 남편을 보면 곧 성을 내고 미워하며, 또한 받들어 섬기거나 공경하거나 예배하지도 않고, 남편을 보면 곧 해치려고 한다. 마음이 다른 곳에 있기 때문에 남편은 아내와 친하지 않고 아내는 남편과 친하지 않으며, 남의 사랑과 공경을 받지 못하고 모든 하늘이 옹호하지도 않으며, 나쁜 귀신이 침해한다. 그리고 죽으면 지옥에 떨어진다.
>
> 종과 같은 부인이란, 현명하고 어진 부인은 그 남편을 보고는 수시로 보살피고 말을 참아 끝내 되돌려 갚지 않으며, 추운 고통을 참아내고 항상 사랑하는 마음을 가지며, 거룩한 3존에 대하여 이렇게 생각한다. '이것이 존재하므로 내가 존재하나니, 이것이 사라지면 나도 사라져 없어진다.' 그러므로 모든 하늘들이 옹호하고 인비인들도 모두 사랑하고 생각하며, 몸이 무너지고 목숨이 끝난 뒤에는 천상과 같은 좋은 곳에 태어난다.

그리고 붓다는 장자의 며느리에게 "지금 너는 어떤 아내에 해당하느냐?"고 되묻는다. 그러자 그 여인은 붓다의 발에 예배하고, "저는 이제부터 과거의 잘못을 뉘우치고 미래를 닦아 항상 예법을 행하여 종과 같이 되겠나이다"라고 말한다. 그러고는 남편에게 가서 그 발에 머리를 조아려 예를 올리고서 종과 같은 아내가 될 것을 다짐한다.

이러한 그녀를 위해 붓다는 보시, 지계, 그리고 천상에 태어날 수 있는 가르침을 설하고, "탐욕은 깨끗하지 못한 생각이요, 음행은 크게 더러운 것"이라고 말한다. 그리고 불교의 가장 성스러운 네 가지 진리(사성제), 즉 괴로움(고통으로 가득 찬 현실을 바로 봄)·괴로움의 발생(무명과 집착이 괴로움의 발생 원인임을 아는 것)·괴로움의 소멸(모든 번뇌를 벗고 괴로움이 소멸될 수 있음)·괴로움의 소멸에 이르는 길(괴로움을 극복하는 수행 방법으로서 구체적으로는 팔정도를 의미함)에 대해 가르친다. 그러자 그 여인은 바로 그 자리에서 불교에 귀의하게 된다.

이 경전에서 옥야는 대신의 딸로서 시집왔지만 시부모와 남편을 공경하지 않고, 붓다·법·비구승을 섬기지 않았다는 점에서 『앙굿따라니까야』의 쑤자따와 유사하다. 그런데 붓다가 제시하는 아내는 네 가지 유형으로, 남편을 잘 돌보고 공경하는 어머니와 같은 부인, 남편과 고락을 같이 하는 친척과 같은 부인, 남편만 보면 해치려 하는 도적과 같은 부인, 현명하고 어진 종과 같은 부인으로 나눈다. 그리고 어머니와 같은 아내와 종과 같은 아내는 천상에서 태어나지만, 도적과 같은 아내에게는 나쁜 귀신이 침해하며 죽으면 지옥에 떨어진다고 한다. 초기 경전에서 붓다는 대화나 게송, 또는 설법으로 가르침을 설했으며, 잘못을 반복하는 수행자를 호되게 꾸짖지만 재가여성에게 나쁜 귀신이 침해한다거나 죽으면 지옥에 떨어진다는 식으로 가르친 경우는 거의 없다.

┃벽화의 한 장면으로서 비천상

비천(飛天)은 불국토를 날며, 악기를 연주하고 춤을 추며 꽃을 뿌려 붓다를 공양·찬탄하는 천인의 일종으로, 이들은 아름다운 선녀의 모습을 하고 있지만, 원래 고대 인도 신화에서는 인간인지 짐승인지, 남성인지 여성인지 구별할 수 없는 건달바(乾達婆)나 긴나라(緊那羅) 등이 원형이다. 불교가 중국에 전래되면서 비천은 도교의 여선녀처럼 우아하고 아름다운 모습으로 변한다.
자료: 중국 장성박물관.

    이 경에서 제시된 네 가지 유형의 아내 가운데 가장 바람직한 것은 현명하고 어진 부인으로, 남편을 사랑하는 마음이 거룩한 3존에 대한 마음과 같은 '종과 같은 아내'이다. 이러한 아내는 '이것이 존재하므로 내가 존재하나니, 이것이 사라지면 나도 사라져 없어진다'는, 불교의 핵심 사상인 공 사상과 연기 사상을 체득할 수 있으므로 모든 하늘이 옹호하고 사후에는 천상과 같은 좋은 곳에서 태어난다고 한다. 또한 여인이 붓다는 물론 남편의 발아래에도 머리를 조아려 예를 올렸다고 서술하고 있는데, 이는 남편에게 철저히 순종하도록 요구하고 있음을 알 수 있다.

아울러 붓다는 '음행은 크게 더러운 것'이라고 말했는데, 옥야에게 왜 음행하지 말 것을 강조하는지 그 맥락은 알 수 없다. 이처럼 『앙굿따라니까야』의 '일곱 가지 아내'는 『증일아함경』에서 '네 가지 아내'로 축소되었고, 남편에 대한 순종이 더욱 강조되었으며, 음행을 하지 말라는 붓다의 가르침이 첨가되었다.

3) 한글로 전해오는 『옥야경』

한글로 전해오는 『옥야경』은 그 옮긴이를 알 수 없지만 불교 관련 서적이나 스님들의 법문에서도 종종 등장하는 경전이다. 이 경은 한문본의 『옥야경』이나 『증일아함경』의 번역본일 것으로 추정되는데, 두 가지 경과 그 내용이 유사하기 때문이다. 즉, 붓다가 사위국 기수급고독원에 계셨을 때 급고독(給孤獨) 장자가 옥야(玉耶)라는 이름의 며느리를 보았지만, 집안도 좋고 얼굴도 아름다운 옥야가 시부모와 남편을 존중하지 않아 고민한다. 급고독 장자 부부는 매를 때려서라도 며느리를 가르칠 것인지 고민하다가 붓다에게 도움을 청한다.

다음날 붓다가 급고독 장자의 집을 방문해 경을 설하시는데도 옥야는 나오지 않았고, 이에 붓다는 신통력을 발휘해 온 집안이 투명하게 보이도록 했다. 그러자 놀란 옥야가 붓다에게 예를 올리는데, 붓다는 옥야에게 여자로 태어나서 열 가지 나쁜 점〔여인십악사(女人十惡事)〕을 설명한다(『옥야경』, 1991: 11~23). 첫째는 태어났을 때부터 부모가 양육하기 어렵고, 둘째는 임신을 해도 딸이라서 부모가 걱정하게 만들며, 셋째는 태어났을 때부터 부모가 기뻐하지 않고, 넷째는 키우는 재미가 없으며, 다섯째는 부모에게 잠시도 떨어지지 않으려 하고, 여섯째는 항상 사람을 두려워하며, 일곱째는 시집을 보내야 하므로 항상 부모에게 걱정을 끼치고, 여덟째는 결혼하면 다시 부모를 만날 수 없으며, 아홉째는 남편을 항상 두려워해야 하고, 열째는 일생 동안 자유롭지 못하다는 것이다.

그리고 붓다는 아내가 남편과 시부모를 섬길 때 착한 행위와 나쁜 행위를 가르친다. 아내로서의 다섯 가지 착한 행위는 다음과 같다. 첫째, 제일 늦게 자고 제일 일찍 일어나 맛있는 음식을 챙겨드린다. 둘째, 아무리 때리고 꾸짖어도 참아야 한다. 셋째, 오직 남편만을 위하며 음란한 행위를 하지 않는다. 넷째, 남편이 오래 살기를 원하며 받들어 섬긴다. 다섯째, 남편이 먼 길을 떠나면 성실하게 집안을 잘 돌본다. 반면 남편과 집안 어른에게 불순하고 게으르며, 남편에게 순종하지 않고, 남편을 보아도 기뻐하지 않고 반항하며, 남편이 빨리 죽어서 다시 시집가기를 원하는 것이 아내의 세 가지 나쁜 행위라고 설명한다.

이어서 붓다는 일곱 가지 유형의 아내를 설명한다. 즉, 남편을 사랑하고 생각하기를 어미가 자식 사랑하듯 돌보고 받드는 어머니 같은 아내, 남편을 피와 살을 나눈 혈육처럼 정성을 다해 소중히 여기는 누이 같은 아내, 남편을 지성으로 공경하고 착한 일로 서로 가르쳐서 지혜를 더욱 증장시키는 친구 같은 아내, 공경과 예의를 갖추고 복종하며 항상 집안을 위해 화합하고자 하는 며느리 같은 아내, 충과 효 사상으로 임금을 떠받드는 신하처럼 항상 남편을 섬기는 종 같은 아내, 가정 살림과 자녀에게 무관심하며 남편을 미워하고 저주하는 음탕한 원수 같은 아내, 다른 남자와 정을 통하고 그를 시켜 남편을 해치고 다시 시집가려 하는, 생명을 빼앗는 아내의 유형을 든다.

그리고 붓다는 착한 아내와 나쁜 아내의 최후에 대해 다음과 같이 말했다 (『옥야경』, 1991).

착한 아내는 집안사람들이 모두 그 영광을 누리게 하고, 횡액을 당하지 않으며 죽은 뒤에는 소원대로 천상에 태어나 행복하게 산다. 악한 아내는 항상 몸이 아프고 악몽을 꾸고 횡액을 많이 당하며 죽은 뒤에는 아귀와 축생이 되어 몸은 난쟁이가 되고 목구멍은 바늘구멍 같으며, 몸이 무쇠 평상에 눕혀져 수천만 겁을 지낸다. 죄를 다 받고 나면 다시 악한 집에 태어나는데 빈궁하여 옷도 없이 벌거벗고 지내야 하며, 부지런히 일을 하여도 때리기만 하니, 나서부터 죽을 때까지 영화라고는 없다.

그제야 옥야는 붓다 앞에서 자신의 잘못을 뉘우치고 눈물을 흘리며 종 같은 아내가 되겠다고 다짐한다. 그리고 붓다의 제자가 되어 붓다로부터 재가 여성 불자(우바이)로서 지켜야 할 십계를 받는다. 이 우바이 십계는 기존의 오계에 더해 여섯째, 악한 말을 하지 않는다. 일곱째, 꾸며서 공교한 말을 하지 않는다. 여덟째, 질투하지 않는다. 아홉째, 눈 흘기고 성내지 않는다. 열째, 착한 것을 믿어 착한 응보를 얻도록 한다. 이것이 우바이의 열 가지 계율이다.

이처럼 한글판 『옥야경』에서도 옥야는 장자의 딸로 시집을 왔지만 아내의 예를 지키지 않고 시부모와 남편을 가볍게 여기는 것으로 나타난다. 그리하여 급고독 장자 부부는 때려서라도 며느리를 교화할지 고민하다가 붓다와 의논한다. 이는 당시 며느리는 때려도 되는 존재임을 보여주고 있다. 또한 붓다가 장자의 집을 방문했을 때 옥야는 교만을 부리며 나오지 않다가 붓다가 신통력을 발휘하자 '소름이 돋고 떨리고 황공하여' 붓다에게 오는 것으로 그려진다. 한글판 『옥야경』에서 옥야는 앞서 나온 '쑤자따'와 '선생'보다 더 교만해서 붓다가 신통력을 써야 할 정도의 나쁜 여성으로 묘사된 것이다.

이러한 옥야에게 붓다는 여인의 몸으로 태어나는 것에 '열 가지 악'이 있으며, 그럼에도 여인은 어리석어서 이를 스스로 알지 못하는 열등한 존재라고 말한다. 이 내용은 오늘날까지 전해지면서 여성의 몸으로 태어난 것은 전생의 나쁜 업 때문이라는 주장의 근거가 되기도 한다. 이는 당시 인도 사회의 여성상이 그대로 반영된 것임에도 붓다가 설했다고 전해진다. 하지만 이러한 가르침은 초기 경전에서의 인간평등사상과 상반된다.

'아내로서의 다섯 가지 착한 행위'는 어떤 일이 있어도 아내가 남편이나 시부모에게 희생·봉사하며 무조건 복종해야 한다고 가르친다. 또한 여자가 본질적으로 악한 존재라는 말은 모든 인간이 깨달음에 이를 수 있다는 불교의 기초적인 교리마저 부정하는 가르침이다. 이는 경전이 인도에서 중국, 그리고 한국으로 전승되는 과정에서 경전의 기록자나 전승자에 의해 왜곡·변형되었음을 짐작할 수 있다.

이 경에서는 아내의 유형을 어머니, 누이, 친구, 며느리, 종, 원수, 생명을 빼앗는 아내라는 일곱 가지 유형으로 나눈다. 그리고 착한 아내는 그 이름이 널리 알려져 일가친척이 영광을 누리고 횡액을 당하지 않으며 재물이 쌓이고, 죽은 뒤에는 천상에 태어나 수명이 다하면 도로 세간에 태어나지만 부귀영화를 누린다고 한다. 반면 악한 아내는 현세에서도 질병과 여러 고통을 겪으면서 편안하지 못하고, 죽으면 지옥에 들어가거나 아귀와 축생이 되어 수천만 겁을 지낸다고 한다. 심지어 죄를 다 받은 후에도 다시 태어나면 가난하고 불행하게 살면서 평생토록 고통에서 벗어나지 못한다고 한다. 참으로 끔찍한 예언이다.

초기 경전에서 붓다는 재가자가 아무리 잘못을 저질러도 그가 세세생생 고통을 받을 것이라고 저주하지 않는데, 『옥야경』에서의 붓다의 가르침은 참으로 끔찍하다. 이러한 말을 들은 옥야는 붓다에게 종과 같은 아내가 될 것을 다짐하고 불법승 삼보에 귀의하는 불제자가 된다. 붓다는 이러한 옥야에게 '우바이로서 지켜야 할 열 가지 계율(우바이 십계)'을 가르친다. 앞서 언급했듯이 우바이 십계는 불자라면 반드시 지켜야 하는 불살생·불투도·불사음·불망어·불음주라는 오계에 다음과 같은 다섯 가지가 더해진다. 즉, 악한 말을 하지 않는 것, 꾸며서 공교한 말을 하지 않는 것, 질투하지 않는 것, 눈 흘기고 성내지 않는 것, 착한 것을 믿어 착한 응보를 얻는 것이다.

대승불교에서 남녀를 불문하고 불자라면 반드시 지켜야 하는 네 가지를 사불괴정(四不壞淨)이라고 한다. 즉, 불법승 삼보에 대한 흔들림 없는 청정한 믿음과 계를 지키는 것이다. 계를 중시하는 이유는 불교가 단순히 믿는 종교가 아니라 그 믿음을 실천해야 하는 종교이기 때문인데, 대승불교에서 이상적인 인간상으로 간주하는 보살(Bodhisattva)은 위로는 붓다의 법을 따르고 아래로는 많은 중생을 구제하기 위해 실천하는 사람을 말한다. 여기서 불교가 실천을 얼마나 중시하는지 잘 알 수 있다. 보살의 마음을 내는 사람들은 출가·재가나 남녀노소의 구분 없이 누구나 열 가지 '보살계'를 받는다(혜남, 2011). 이는 ① 불살생, ② 불투도, ③ 불사음, ④ 불망어, ⑤ 불음주의 오계를 포함해서 ⑥ 다른 사람의 허물을 말하는 것을 금함, ⑦ 자신을 칭찬하고 남을 비방하는 것을 금함, ⑧ 욕심을 내어 구하는 사람에게 수치심을 주는 것을 금함, ⑨ 성을 내어 잘못을 참회하는 사람의 사죄를 받지 않는 것을 금함, ⑩ 삼보를 비방하는 것을 금하는 것이다. 이 '보살계'는 남녀의 구별 없이 불교 신자라면 누구나 지켜야 한다.

하지만 『옥야경』에서는 여성 신자가 반드시 지켜야 할 계율로 '우바이 십계'를 설명한다. 그런데 그 내용에는 오계와 함께 악한 말을 하지 않는 것, 꾸며서 공교한 말을 하지 않는 것, 질투하지 않는 것, 눈 흘기고 성내지 않는 것, 착한 것을 믿어 착한 응보를 얻을 것이 포함된다. 대승불교의 계율 어디에도 남자 신도에게 질투하지 말라거나 눈을 흘기고 성내지 말라는 등의 계율은 없다. 그러나 여성만이 지켜야 할 특수한 계율을 제시한다는 점은 『옥야경』에 이르러 계율조차 젠더화되고 있음을 보여준다.

4. 나가기

앞서 재가여성 신자와 관련된 경전이 시대와 국가에 따라 초기불교와 중국 불교, 그리고 한국 불교에서 어떤 방식으로 변화해왔는지 살펴보았다. 초기 경전인 『앙굿따라니까야』에 기록된 '일곱 가지 아내의 경'에서 붓다는 살인자, 도둑, 지배자, 어머니, 누이, 친구, 하인과 같은 아내라는 일곱 가지 유형을 설명한다. 붓다가 쑤자따에게 이들 유형 중 어떤 아내가 될 것인지 묻자 그녀는 인내하고 순종하는 하인과 같은 아내가 되겠다고 답한다.

반면 『증일아함경』에서 붓다는 아내의 종류를 어머니, 친척, 도적, 종과 같은 아내라는 네 가지 유형으로 나눈다. 착한 아내는 천상에서 태어나지만 도적과 같은 아내는 죽으면 지옥에 떨어져 고통받는다고 가르치자, 선생은 남편에게 절대복종할 것을 약속한다. 이 경에서 선생은 붓다에게 예경을 올리는 것은 물론, 남편에게도 붓다에게 한 것처럼 예경함으로써 남편을 붓다처럼 존중한다고 강조한다. 그리고 여성의 음행은 크게 더러운 것이라고 하는 등 여성의 부정적인 섹슈얼리티가 첨가되어 전해진다.

한글로 전해오는 『옥야경』에 따르면, 옥야는 붓다가 신통력을 써야 할 정도로 교만하고 나쁜 여성으로 묘사된다. 또한 붓다는 여인의 몸으로 태어나는 것에 열 가지 악한 일이 있으며 여성은 어리석어서 자신이 그런 존재인지조차 모른다고 가르친다. 옥야만 나쁜 여성이 아니라, 여성 일반은 모두 열등하고 부정한 존재인 것이다. 특히 나쁜 아내는 생을 거듭해도 그 죄가 없어지지 않고 고통 속에서 윤회하는, 씻을 수 없는 죄인으로 묘사되어 공포심을 유발한다. 여기서 끝나지 않는다. '우바이(여성 신자) 십계'를 통해 여성의 본성이 악한 말을 하며, 꾸며서 공교한 말을 하고, 질투하며, 눈 흘기고 성내며, 인과응보를 믿지 않는 경향이 있음을 암시한다.

　이처럼 여성을 대상으로 하는 경전은 초기불교에서 중국 불교를 거쳐 한국 불교에 이르기까지 남편과 시부모에 대한 무조건적인 복종을 강요하며, 여성의 섹슈얼리티를 더욱 통제하는 가부장성이 점차 강화된다. 남편 존중하기를 세존 존경하듯 하면서 오로지 순종하고 따르는 하인 같은 아내만이 착한 아내로 인정받는다. 여성은 태어날 때부터 어리석고 열등하며 부정한 존재로 전락한 것이다. 이처럼 여성을 대상으로 하는 붓다의 가르침은 시대와 국가에 따라, 또는 경전이 번역·유통되고 전해지는 과정에서 부정적이고 열등한 여성관이 첨가되어 왜곡되어왔음을 알 수 있다.

참고문헌

1. 원전

『디가니까야』(2011). 전재성 역주. 한국빠알리성전협회.
『맛지마니까야』(2009). 전재성 역주. 한국빠알리성전협회.
『법구경 1』(2001). 거해 편역. 샘이깊은물.
『숫타니파타』(2008). 전재성 역주. 한국빠알리성전협회.
『쌍윳따니까야 1』(2007). 전재성 역주. 한국빠알리성전협회.
『쌍윳따니까야 2』(2007). 전재성 역주. 한국빠알리성전협회.
『앙굿따라니까야 1·2』(2007). 전재성 역주. 한국빠알리성전협회.
『앙굿따라니까야 3』(2007). 전재성 역주. 한국빠알리성전협회.
『앙굿따라니까야 4』(2007). 전재성 역주. 한국빠알리성전협회.
『앙굿따라니까야 5』(2007). 전재성 역주. 한국빠알리성전협회.
『앙굿따라니까야 7』(2007). 전재성 역주. 한국빠알리성전협회.
『앙굿따라니까야 8·9』(2008). 전재성 역주. 한국빠알리성전협회.
『옥야경』(1991). 경전연구모임 엮음. 불교시대사.
『증일아함경 4』(2004). 김월운 옮김. 동국대학교 역경원.

2. 국문 자료

각묵. 2010. 『초기불교 이해』. 초기불전연구원.
김지예. 2014. 「'옥야경'의 여성관 연구」. 동국대학교 대학원 석사학위논문.
마성. 2007. 「불교의 여성성불론에 대한 검토」. ≪한국불교학≫, 48집, 7~34쪽.
이미령. 2013. 『붓다 한 말씀』. 불광출판사.
혜남. 2011. 『혜남스님의 범망경 보살계 이야기: 꽃향기도 훔치지 말라』. 불광출판사.

제3장

붓다, 여성을 칭송하다*
붓다의 십대 재가여성 제자

옥복연

1. 들어가기

　종교는 인류의 역사를 이야기할 때 빼놓을 수 없을 정도로 인간에게 큰 영향을 미치고 있다. 과학과 기술이 급격하게 발전해온 세계가 인터넷으로 소통하는 오늘날에도 종교는 사라지지 않고 일상에 깊숙이 자리하고 있다. 그렇다면 왜 사람들은 종교를 믿을까? 최근 한 조사에 따르면, 응답자의 59.7%가 종교 생활은 개인의 평안과 행복에 긍정적인 영향을 미친다고 답했다. 종교가 개인의 고통과 슬픔, 좌절을 위로할 뿐만 아니라 살아가는 이유와 의미를 부여해준다고 하니, 종교가 가지는 영향력은 앞으로도 변함없을 듯하다(불교사회연구소, 2014: 21~25).

　종교사를 보면 많은 신생 종교가 등장했다가 사라진다. 반면에 어떤 종교는 오랜 세월 동안 많은 신도의 절대적 지지를 받으며 교세를 확장하기도 한

---

* 이 글은 필자가 발표한 논문(옥복연, 2015)의 일부를 수정한 것이다.

다. 그런데 대부분의 종교가 신생 종교로서 교세를 확장·발전시킬 때 여성 제자들의 역할은 막중했다. 예를 들어 불교에서는 마하파자파티(Mahapajapati)는 출가에 대한 간절한 희망과 피나는 노력으로 최초의 비구니가 되었고, 기독교에서 막달라 마리아(Magdalena Maria)는 예수 부활의 최초 증인이었으며, 이슬람교 창시자 무함마드(Muhammad)의 아내 카디자(Khadijah)는 이슬람교의 첫 번째 제자였다(암스트롱, 2002: 101).

하지만 기성종교 대부분에서 종교 창시자의 사후에는 종교 조직이 남성 중심으로 변화했고, 그 결과 여성의 역할은 삭제 또는 왜곡되거나 뛰어난 여성의 이야기가 축소되었다. 종교사에서 여성의 역사가 제대로 기술되지 못한 이유는 첫째, 경전이나 성서를 기록한 주체가 남성이었기 때문이다(러너, 2008: 82; 카모디, 1992: 62). 종교사를 포함해 기록된 역사는 무엇을 역사로 기록할 것인가 하는 '선택'의 문제인데, 가부장제 아래 남성이 기록의 주체였던 역사에서 여성은 그 어떤 집단보다 오랫동안 타자로 규정됨에 따라 여성의 이야기는 소외되거나 배제될 수밖에 없었다.

그리하여 불교 경전 속에는 뛰어났지만 그 이름조차 남지 않은 여성도 있다. 예를 들어 『법구경』에 기록된 한 여성은 스스로 수행을 통해 신통력을 터득했고, 60명의 비구를 도와 아라한에 오르도록 했다. 그리하여 붓다로부터도 그 능력을 인정받았지만 이처럼 위대한 여성은 단지 "마띠까의 늙은 어머니"로만 전해진다(『법구경 1』, 2010: 158). 또 니간타(Nigantha)의 제자 빠띠까(Pāṭika)를 양자로 받아들여 그를 돕다가 붓다의 가르침을 듣자마자 곧바로 수다원과에 오른 여성은 "사왓티에 사는 한 여인"으로만 기록되어 있다(『법구경 1』, 2010: 238).

기독교 성서에서도 잊힌 여성들이 많은데, 예를 들어 『마가복음』에는 예수가 수난을 당할 때 중요한 세 인물인 유다(Judas)와 베드로(Petrus), 그리고

'이름도 모를 여성'이 등장한다. 예수는 "내가 진심으로 너희에게 말한다. 이 세상 어디든지 복음이 전해지는 곳에서는 이 여인이 행한 일에 대해 말하면서 그녀를 기억하게 될 것이다"(『마가복음』 14: 9)라고 말했지만 이 여성은 '이름 모를 여성'으로 남아 있다(최영실, 2003: 77~89).

종교사에서 여성의 역사가 제대로 기술되지 못한 두 번째 이유는 가부장제하 여성혐오 사상의 영향이라고 할 수 있다(류터, 1985: 137; 강남순, 1998: 33). 단지 여성으로 태어났기 때문에 성불할 수 없다는 '여성불성불론'이나 '변성성불론'이 대표적이다(구자상, 2007: 270~276). 이는 여성에게 열등한 여성관을 내면화시키고 남성에게는 남성우월 사상을 정당화시키며 종교 내 가부장성을 강화하는 도구로 작동하기도 한다. 여성혐오 사상은 기독교에서도 나타나는데 성서에서 여성은 '악의 근원', '더러운 존재'(레위기 12: 2~5), '열등한 존재'(전도서 7: 28)로 기록되고 있으며, 중세 시대에는 마녀사냥으로까지 발전했다(맥해피, 1995: 56). 이는 여성이 오랜 세월 동안 남성 의존적이고 순종적인 삶을 내면화하도록 만드는 요인이기도 했다.

기성종교의 경전이나 성서에서 여성과 관련된 정확하고 유용한 내용을 찾는 것은 쉽지 않다. 그러므로 여성 신학자들은 성서가 가부장성에 오염되었다고 주장한다(피오렌자, 1992: 163). 여성 신학자 엘리자베스 피오렌자(Elisabeth Fiorenza)는 성서가 종교적 성찰에 의미 있는 자료일 뿐 성서를 무비판적으로 받아들여서는 안 되며 절대적인 권위를 부여할 수 없다고 지적한다(Ruether, 1983: 53). 예수는 페미니스트였으며 남녀평등을 강조했지만(강남순, 1994: 150), 예수의 사후에 권위의 상징인 신과 추종자인 신자의 관계가 엄격한 위계하에 남성 중심적 상징·법·제도를 생산하며, 신-남성-여성이라는 '상징적 위계주의(symbolic hierarchy)'를 자연의 질서로 만들었다는 것이다(Tillich, 1948: 152).

그런데 경전에 나타나는 여성 관련 내용을 여성의 관점에서 재해석할 때 불교여성주의적 관점은 매우 중요하다. 불교와 여성주의는 억압과 차별에 저항하며 스스로의 노력으로 궁극적 해방에 도달하려는 공통점을 갖는다. 그리고 불교여성주의는 서구 여성주의에서 주장하듯 남성의 지배와 억압에 대항하는 여성의 투쟁이라는 대립과 갈등이 아니라, 공과 연기 등 불교 교리로 성별 위계를 극복하고자 한다.

그리하여 불교여성학자인 리타 그로스(Rita Gross)는 불교여성주의를 "여성과 남성의 공동 인간성에 대한 급진적 수행"으로 정의하는데, 여기서 여성해방은 남녀 간 대립과 투쟁이 아니라 상호공존을 바탕으로 한 인간해방을 궁극적 목표로 삼고 있음을 알 수 있다. 앨런 스펀버그(Alan Sponberg)는 불교 교리가 여성 억압과 고통으로부터의 해방을 위한 출구의 핵심적 논리를 제공한다는 측면에서 불교여성주의의 유용성을 강조한다. 앤 클라인(Anne Klein)은 불교의 공 사상이 여성을 단일 범주가 아니라 다양성과 특수성에 기반을 두고, 즉 포스트모더니즘적으로 인식하게 함으로써 여성에 대한 이해를 확장시키며 성별 위계 극복의 논리를 제공한다고 주장한다(Sponberg, 1992: 24; Gross, 1993: 154; Klein, 1994: 127~134).

불교여성주의를 "여성이 억압받고 있는 현실에 대한 자각과 함께 이러한 억압이 사회적으로 구성되었기 때문에 변화 가능함을 인식하고, 불교 사상을 기반으로 여성해방은 물론 궁극적으로는 온 생명의 존귀함과 평등을 성취하기 위한 실천이론"(옥복연, 2013: 73)이라고 할 때, 이는 여성 억압과 차별이 어떻게 붓다의 가르침과 대치되는지 제시하면서 불교사에서 잊히거나 왜곡된 여성의 삶을 여성의 관점에서 재해석하는 데 효과적인 도구가 된다.

불교여성주의가 1990년대에 한국에 유입된 이래 불교여성주의적 관점에서 불교의 여성 연구가 증가했지만, 주로 근현대 한국 비구니 승가 조명이나 불교의 여성관 등 원론적인 내용이 다수를 차지하고 있다(조승미, 2013: 708). 또한 경전에 근거한 재가여성의 수행 방식에 관한 연구나 붓다와 재가여성의 관계, 그리고 뛰어난 재가여성의 발굴 등도 여전히 부족한 실정이다.

현재 불교계는 신도의 다수가 여성인데, 한 조사에 따르면 2014년 한국인의 종교 분포는 불교 22%, 개신교 21%, 천주교 7%로 불교 인구가 가장 많고, 그중 남성은 20%, 여성은 24%로 여성 신자가 훨씬 많다. 특히 조계종단에 등록된 여성 불자는 전체 신도의 67.8%에 달한다(≪법보신문≫, 2004.8.10). 또한 불교는 기독교와 가톨릭에 비해 어머니·아내와의 종교 일치율이 가장 높았다. 즉, 남편이나 자녀가 종교를 선택할 때 어머니나 아내의 영향을 가장 많이 받는다고 나타나므로 여성 불자의 의미는 매우 크다(한국갤럽, 2015: 31~34).

이러한 현실에서, 경전 속의 뛰어난 여성과 관련된 이야기는 여성 불자에게 매우 중요하다. 이들은 여성 불자의 수행과 생활상의 롤모델이 되며, 여성 스스로가 주체적으로 깨달음을 추구하도록 격려하고, 성 평등을 실현하는 종교 조직의 구성원으로서 자부심을 가지게 한다. 더 나아가 인종, 계급 등 모든 종류의 차별을 거부하며 생명존중 사상을 실현할 수 있도록 만든다.

초기 경전인 총 5부의 니까야에는 부인, 딸, 어머니, 왕비, 공주, 여성 제자 등 약 90여 명의 재가여성이 등장한다. 붓다의 재가여성 제자들에 관한 이야기는 『쌍윳따니까야』, 『맛지마니까야』, 『법구경』, 『디가니까야』 등에서도 등장하지만, 그 내용이 개별적이거나 단편적이기 때문에 여성 제자들의 삶을 전체적으로 이해하기는 쉽지 않다.

하지만 『앙굿따라니까야』의 '제일의 품'은 붓다의 수많은 비구·비구니·재가남녀 제자 가운데 집단별로 특정한 능력을 가진 뛰어난 제자들을 칭송하고 있다. 특히 붓다 스스로 "나의 여제자인 재가의 여자 신도 가운데……"

라며 자신의 제자임을 인정한 10명의 재가여성을 거명하고 칭찬한다. 생애사도 주석에 기술되어 있어 이들의 삶을 이해하기가 용이하다. 또한 이 경전에는 10명의 재가남성 제자도 함께 기술되어 있기 때문에 재가여성 제자와의 특성도 비교·분석할 수 있다. 그러므로 이 글은 『앙굿따라니까야』의 '제일의 품'을 중심으로 붓다의 십대 재가여성 제자를 불교여성주의적 관점에서 분석할 것이다(『앙굿따라니까야 1·2』, 2007: 208~212).[1]

이 글의 목적은 붓다의 십대 재가여성 제자를 분석함으로써 붓다 생존 당시 재가여성들의 교단 내외 역할, 삶과 신행 방식 등을 살펴보고, 붓다와 재가여성 제자들과의 관계를 이해하며, 뛰어난 여성을 발굴해 젠더 이분법적 가치관을 해체하고 긍정적 여성관을 확립하는 데 도움이 되는 것이다. 그리하여 교단 내 성 평등을 실현하는 것은 붓다의 가르침을 실현하는 길임을 인식하고, 성 평등한 교단으로의 재구축이 시급한 과제임을 주장하고자 한다.

2. 붓다와 십대 재가여성 제자

1) 재가여성 제자의 특성 분석

『앙굿따라니까야』의 '제일의 품'에서 붓다는 "나의 비구/비구니 제자 가운데"라며 가장 으뜸인 비구, 비구니를 그 특성에 따라 칭송한다. 그중 비구 제자는 47명, 비구니 제자는 13명에 이른다. 비록 수적으로 비구 제자가 훨씬

---

1 『앙굿따라니까야 1·2』(2007)의 183~204쪽에는 출가 제자, 204~218쪽에는 재가남성 제자, 208~212쪽에는 재가여성 제자와 관련된 내용이 나와 있다. 재가여성 제자의 생애사는 주석 151~160에서 설명하고 있다.

많지만 그 뛰어난 특성을 칭찬할 때는 비구니 제자와 큰 차이가 없었기 때문에 붓다가 비구와 비구니를 차별하지 않으며 그 능력을 인정하고 있음을 알 수 있다. 이어서 "나의 남제자인 재가의 남자 신도 가운데" 또는 "나의 여제자인 재가의 여자 신도 가운데"라며 재가남성 제자와 재가여성 제자를 각각 10명씩 거명하고 특정 분야에서 뛰어남을 칭송하고 있다.

그렇다면 붓다는 재가여성 제자들이 지닌 특성 중 어떤 것을 제일이라고 칭송했으며 그 특성은 남녀 제자별로 어떠한 차이가 있었을까? 붓다가 거명한 순서대로 재가남녀 제자의 특성을 비교하면서 이 글의 주요 연구 대상인 재가여성 제자들의 출신 성분과 특이점을 분석하면 〈표 1〉과 같다. 붓다가 칭송한 남녀의 특성에서 1, 2, 6, 8번은 유사하다고 할 수 있다. 제일 먼저 귀의하고, 보시를 잘하며, 청정한 믿음을 가지는 것은 남녀 제자 모두에게 나타나는 공통된 사항이다.

하지만 두드러진 성별 차이를 보면, 남성은 3번이 설법 제일, 4번이 사섭법으로 대중을 통솔하는 능력 제일, 5번이 음식 보시 제일, 7번이 승가를 가까이서 받든 님 가운데 제일로 거론되고 있다. 10번 지와까(Jīvaka)가 사람들로부터 가장 총애를 받았다고 인정받은 이유는 의사라는 직업으로 인해 출가자는 물론 재가자를 잘 돌보았기 때문이라고 생각된다.

반면 여성의 특성을 보면, 3번이 가장 많이 배운 님, 4번이 자애 제일, 5번이 선정 제일, 7번이 환자 돌봄 제일, 9번이 친근하게 대하는 님 가운데 제일, 10번이 소문만으로 청정한 믿음을 일으키는 님 가운데 제일로 나타난다. 즉, 붓다가 칭송했던 특성은 재가남성 제자의 경우 설법하고 신도 대중을 통솔하며 승가를 가까이서 지원하고 사람들로부터 총애를 받는 것이었으며 재가여성 제자의 경우 불법을 많이 배우고 자애와 선정을 베풀며 환자를 잘 돌보고 사람들에게 친근하게 대하는 것이었음을 알 수 있다.

〈표 1〉 재가남녀 제자의 특성 비교

번호	재가남성 신자			재가여성 신자		
	이름	특성	이름	특성	출신 성분	특이점
1	따빳사/빨리까	제일 먼저 귀의한 남들	쑤자타	제일 먼저 귀의한 님	부부가 신도	야사 장로의 어머니
2	수닷따	보시 제일	비사카	보시 제일	부유한 집안 여성	재가여성 리더, 교단의 어머니
3	짓따	설법 제일	쿳줏따라	많이 배운 님	궁중 하녀	법사·포교사·교육자, 결혼 않음
4	핫타까	사섭법으로 대중 통솔 제일	싸마버띠	자애 제일	우데나 왕의 첫 번째 왕비	오백 시녀를 수다원과 인도
5	마하나마	음식 보시 제일	웃따라	선정 제일	재정관의 딸, 이교도와 결혼	자리이타행
6	욱가, 장자	보시로 마음을 기쁘게 한 님	쑵빠바싸	뛰어난 것 보시하는 님	꼴리야 왕의 딸	쎄발리 장로의 어머니
7	욱가따	승가를 가까이서 받드는 님	쑵빠야	환자 돌봄	부부가 신도	승단 보시
8	수라 암빗타	절대적 신앙 가진 님	쟛띨아	청정한 믿음 지닌 님	좋은 집안 출신, 결혼한 여성	도둑의 무리를 출가시킴
9	나꿀라마	신뢰할 만한 님	나꿀라마따	친근하게 대하는 님	부부가 신도	평등부부
10	지와까	사람들로부터 총애를 받은 님	깔리	소문만 듣고 청정한 믿음 일으키는 님	결혼한 여성	쏘나 장로의 어머니

자료: 『앙굿따라니까야 1·2』(2007)에 기초해 필자가 재구성함.

제3장 붓다, 여성을 칭송하다 81

초기 경전에 등장하는 재가자의 출신 성분은 다양하다. 국왕과 왕비, 브라만이나 의사, 거상 등 정치적·경제적·사회적으로 높은 계급의 출신도 있고, 농부, 유녀, 금속 세공업자나 살인자 등 낮은 계급의 사람들도 있다(이미령, 2013: 141). 십대 여성 제자의 출신 성분도 이와 유사하다. 왕비, 공주, 재정관의 양녀 등 높은 신분도 있지만, 궁녀는 물론 출신 배경조차 알 수 없는 경우도 있다. 이는 붓다가 인종, 계급, 출신 성분, 결혼 여부 등에 관계없이 제자를 받아들였음을 알려준다.

또한 십대 재가여성 중에는 부부가 신도인 경우도 있었는데, 쑤자타는 남편과 함께 삼보에 귀의한 첫 번째 재가여성 신도이다. 쑵뻬야(Suppiyā)의 남편은 붓다에게 아내의 지극한 신심과 뛰어난 수행력을 자랑할 정도로 아내를 존경했다. 나꿀라마따(Nakulamātā) 부부는 남편과 아내가 모두 붓다의 십대 재가 제자로 인정받은 유일한 경우로, 다음 생에도 부부로 만나고 싶어 했다. 이들 부부는 모두 서로 존중하고 배려하며 붓다의 가르침을 따랐다는 공통점을 가졌다고 할 수 있다.

여성 제자 가운데는 아들이 출가해 뛰어난 장로가 된 경우도 3명이 있다. 쑤자타는 야사(Yasa) 장로의, 쑵빠바싸(Suppāvāsā)는 씨발리(Sīvalī) 장로의, 깔리(kālī)는 소나(Sona) 장로의 어머니이다. 10명의 어머니 가운데 3명의 아들이 출가했다는 점에서 어머니의 신심이 아들의 종교 생활에 영향을 미쳤다고 짐작할 수 있다.

이처럼 십대 재가여성 제자는 불법을 많이 배우고 보시, 청정한 믿음, 자애와 선정, 환자 돌봄, 친근함 등의 특성을 붓다로부터 인정받았다. 또한 부부나 모자 등 세속적인 가족 관계가 교단 공동체에서는 붓다의 제자이자 도반이라는 새로운 관계로 발전하는 것을 알 수 있다.

2) 성 평등을 실천한 붓다

붓다가 인간평등사상을 강조했지만, 불교는 여성의 지위 향상에 도움이 되지 않았다는 주장이 있다. 초기불교 문헌을 연구한 차끄라바르띠는 인도 사회의 엄격한 가부장성을 불교가 제대로 극복하지 못했다고 주장한다. 독립된 여성 교단을 만들었지만 팔경계 등의 계율로 비구니를 철저히 비구의 권위 아래 두었고, 아내는 남편의 권위에 순종하며 어머니는 가족을 위해 희생·봉사하도록 강요했다는 것이다(류경희, 2014에서 재인용).[2]

반면 호너(Isaline Blew Horner)는 불교가 여성에게 이전과 비교할 수 없는 지위를 가져다주었다고 본다. 『베다』를 읽는 것조차 금지했던 당시 인도 사회에서 여성이 혼자 출가해 수행자로서 독립된 생활을 하고, 사찰이나 집회에 참석하며, 교리를 가르치기도 한 것은 여성들의 지위가 상상할 수 없을 정도로 향상되었음을 보여준다는 것이다. 비구니 승단의 성립은 여성도 깨달음을 얻을 수 있는 존재임을 인정한 것이며, 여성 출가자도 이부승가(二部僧伽)의 한 축으로서 사람들의 존중을 받았다는 사실은 철저한 남성우월 사회에서 불교가 가져온 여성의 지위 변화라고 본다(Homer, 1930: xix~xxiv).

오늘날 성 평등의 관점에서 볼 때, 붓다 생존 당시의 남녀평등 수준은 그 한계가 분명하다. 그러나 2700여 년 전, 여성의 생사가 남성에 의해 좌우되던 여성 억압적 상황을 생각하면 호너의 주장처럼 불교는 여성 권익의 향상에 도움이 되었다고 할 수 있다.

붓다가 남녀평등을 주창한 내용은 초기 경전의 여러 곳에서 나타난다. 특

2　Chakravarti, U., *The Social Dimensions of Early Buddhism* (New Delhi: Munshiram Manoharlal., 1996).

▎중국 쓰촨박물관에 보관되어 있는 불화의 일부
붓다 주변에 모여 있는 제자 가운데 머리에 아무런 장식이 없는 재가여성 불자들도 앉아 있다.
자료: 중국 쓰촨박물관.

히『디가니까야』의 '세계의 기원에 대한 경'에서 붓다는 모든 인간이 '여성의 자궁으로부터 태어난 존재'임을 가르쳤다(『디가니까야』, 2011: 1166). 브라만 계급이 신의 입이 아니라 여성의 자궁에서 태어났다는 주장은 붓다가 계급 차별이나 인종 차별뿐 아니라 성차별도 거부했음을 보여준다. 또한 여성의 생리가 부정한 것이라며 생리하는 여성을 격리하거나 목욕도 금지시키던 당시에(김주희 외, 2008: 42), 붓다는 생리가 출산을 위한 여성 몸의 자연스러운 현상이라고 가르친다. 부정하고 열등한 여성의 몸이 붓다에 이르러서는 긍정적이고 창조적인 여성의 몸으로 재구성된 것이다. 붓다는 남녀가 신체적 차이로 인해 차별받을 수 없음을 '세계의 기원'으로부터 설명한다. 즉, 인간이 거친 음식을 먹으면서 남녀의 신체 구조가 다르게 만들어졌을 뿐 남녀는 결코 우열 관계나 종속 관계가 아니라는 것이다.

이처럼 남녀평등을 가르친 붓다는 남성 신자는 물론 여성 신자도 자신의 제자로 인정함으로써 성 평등을 몸소 실천했다. 재가여성들에게 직접 설법하며 여성 제자의 교육에 심혈을 기울였고, 그 결과 다수의 여성이 성자의 단계에 들기도 했다. 예컨대 '보시 제일' 비사카가 데리고 간 많은 재가여성이 붓다의 가르침을 듣고 즉시 그 자리에서 수다원과에 들었다(『법구경-담마파다』, 2012: 463: 각주 996). '선정 제일' 웃따라(Uttara)는 자신을 해치려 했던 시리마(Sirima)를 붓다에게 데려갔는데, 붓다의 법문을 들은 시리마는 그 자리에서 곧바로 수다원과를 이루었다(『앙굿따라니까야 1・2』, 2007: 210: 각주 155).

또한 붓다는 재가여성들과 소통하고 그들을 배려하며 그들의 삶을 잘 이해하고 있었다. 예를 들면 '보시 제일' 비사카를 "언제나 착한 행동을 하려고 애쓰는 사람이었으며 전생으로부터 많은 선업을 쌓아왔던 사람"이라고 칭찬했다(『법구경 1』, 2010: 251쪽 게송53). 또한 '친근하게 대하는 님' 가운데 제일인 나꿀라마따를 "다른 사람의 도움이 없이도 스승의 가르침을 닦는" 제자라고 칭찬했으며, 그녀의 남편에게는 이런 아내를 맞이한 것이 "그대에게 유익한 일입니다. 그대를 위해 아주 유익한 일입니다"라고 칭송했다(『앙굿따라니까야 6』, 2007: 66).

이처럼 붓다는 여성을 제자로 받아들여 여성도 깨달음에 이를 수 있는 존재임을 증명했고, 남성 제자와 여성 제자 10명을 동등하게 제시함으로써 성 평등사상을 몸소 실천했다.

3. 십대 재가여성 제자의 여성주의적 분석

1) 존경받는 여성 지도자의 등장

불교사에는 뛰어난 여성에 대한 기록이 흔치 않다. 뛰어난 여성이 없지는 않았을 테지만 역사가 남성에 의해 기록되었기 때문일 것이다. 그런데 특이하게도 '보시 제일' 비사카에 대해서는 어린 시절부터 노년에 이르는 삶이 비교적 자세하게 기록되어 전해온다. 부유한 집안에서 자란 그녀는 일곱 살의 어린 나이에 붓다를 만났는데, 그 자리에서 수다원과에 오를 정도로 뛰어난 성품을 지닌 여성이었다. 그런 그녀도 아버지가 정해준 곳으로 시집을 가게 되었는데, 공교롭게도 이교도 집안이었다. 하지만 뛰어난 여성이 어려운 현실에서 더욱 그 지혜를 발휘하는 것처럼, 비사카는 시아버지에게 붓다의 법문을 듣게 해 불교로 개종시켰다. 당시 인도 사회는 여성이 존재감조차 없던 시절이었지만, 그녀는 시아버지로부터 지극한 존경을 받으며 불자로서 많은 역할을 할 수 있었다(『앙굿따라니까야 1·2』, 2007: 209: 각주 152).

또한 비사카는 동네의 남성 500여 명으로부터 부인을 교육해달라고 요청받을 만큼 사람들로부터도 인정받는 여성이었다. 그녀는 여성 불자들의 신행 패턴을 분석하고 그들에게 맞는 교육 방법을 통해 여성 불자들이 올바른 재가 신자로 거듭나도록 도왔다. 비사카는 재가여성들에게 왜 사찰에 오며 어떤 기도를 하는지 물어보았다(『법구경 1』, 2010: 497쪽 게송 135). 여성들의 대답은 당시 여성의 삶이 어떤 것인가를 짐작하게 해준다. 나이 든 여성들은 내세에 천상에서 태어나 행복하게 살고 싶어 했으며, 다시 인간으로 태어나더라도 절대 여자로 태어나지 않게 해달라고 기도했다. 중년의 여성들은 남편이 다른 여자에게 빠지지 않길 바라면서, 결혼한 젊은 여성들은 딸이 아닌

아들을 낳기 위해, 아직 결혼하지 않은 여성들은 빨리 좋은 남자를 만나서 결혼하게 해달라고 기도했다.

당시 인도 사회의 가부장제에서 여성은 '단지 여자라는 이유만으로' 생애 전반에 걸쳐 특유의 고통을 겪었다. 비사카는 이러한 여성 불자들의 고민과 애환을 붓다에게 전했고, 덕분에 붓다는 그들에게 현실적으로 도움이 되는 가르침을 전할 수 있었다. 이는 재가여성들에게 도움을 주었으며 포교와 수행을 위한 매우 효율적인 방법이었다. 이러한 노력 덕분에 비사카와 함께 붓다를 만난 다수의 여성이 수다원과에 들기도 했다. 따라서 그녀야말로 뛰어난 교육자이자 모범적인 수행자인 동시에 탁월한 여성 리더라고 할 수 있다.

비사카는 일생 동안 붓다와 승가에 대한 재정적 지원을 아끼지 않았기에 붓다로부터 "보시하는 님 가운데 제일"이라고 칭송받았다. 물론 재물이 많았으니 많은 보시를 할 수 있었겠지만, 그녀의 보시가 단지 재물만은 아니었다. 보시물 가운데는 녹자모(鹿子母) 강당도 있는데, 이곳은 붓다의 설법이 행해진 곳이자 훗날 많은 승려가 모여 경전을 편찬하기도 한 뜻깊은 곳이다(『맛지마니까야』, 2009: 333: 각주 459). 또한 그녀는 승가 내에서 논쟁이 발생했을 때 재가자의 대표로서 중재하기도 했다. 붓다 생존 당시 일부 비구들은 계율의 적용 방식 때문에 논쟁을 벌였고, 붓다가 이를 중단할 것을 요구했음에도 따르지 않았다. 그러자 붓다는 혼자 숲으로 들어가 나오지 않았는데, 이에 분노한 재가자들이 붓다의 말씀을 듣지 않고 싸우는 비구들에게 보시를 거부했다. 이것이 불교사에서 유명한 '재가자의 불보시 선언'이다.[3]

비구들은 걸식하면서 생활하므로 재가자의 보시가 없다면 살 수 없다. 결

---

3 '재가자의 불보시 선언'과 꼬삼비 비구에 관한 이야기는 최봉수 편역, 『마하박가 3』(시공사, 1998)을 참고하기 바란다.

▮(왼쪽) 중국 막고굴의 한 보살상
▮(오른쪽) 보살 아발로키테스바라상(캄보디아, 11세기)
아발로키테스바라(Avalokitesvara)는 인도의 남성 보살로, 중국으로 건너와 관세음보살로 번역되면서 여성의 모습으로 묘사되었다.
자료: 중국 장성박물관.

국 비구들은 잘못을 뉘우치고 붓다를 모시러 숲으로 갔는데, 붓다와 가장 가까운 제자인 아난다와 함께 간 재가자 중에 비사카도 있었다. 남편의 말 한 마디에 여성이 집에서 내쫓기던 그 시절에, 붓다를 모시러 갔다는 사실은 당시 교단에서 여성의 지위가 소외된 것이 아니었음을 짐작하게 한다. 이처럼 아낌없는 보시와 공존의 리더십을 발휘해 붓다를 지원함은 물론, 교단의 화합과 발전을 위해 적극적인 역할을 수행했기에 그녀가 '교단의 어머니'로 칭송받는 것은 어찌 보면 당연한 일이라고 할 수 있다(원나 시리, 2011: 263).

싸마바띠(Sāmāvatī) 왕비는 붓다로부터 재가여성 불자 가운데 '자애 제일'

로 칭송을 받았다. 자애란 나뿐 아니라 모든 사람이 행복하기를 바라는 마음으로, 신의 나라에 갈 수 있는 사무량심(四無量心) 가운데 첫 번째일 정도로 중요한 마음이다. 자애롭다는 말로 붓다가 칭찬한 사람은 출가 비구와 비구니, 재가남녀 신자들 가운데 싸마바띠가 유일하니, 그녀가 얼마나 붓다로부터 인정을 받았는지 알 수 있다. 어린 시절 그녀는 마을 사람들이 전염병 때문에 극심한 고통을 겪다가 죽어가는 것을 보았으며, 타지에서 부모가 병들어 죽고 홀로 살아남았다. 배급품으로 하루하루를 살아가면서 지독한 고(苦)를 겪었지만 그녀는 절망하지 않았고, 가난하며 병들고 소외된 사람들의 고통을 자신의 고통인 양 함께 아파하면서 자애심을 발휘했다(『앙굿따라니까야 1·2』, 2007: 210: 각주 154).

싸마바띠의 자애심은 궁중 하녀인 쿳줏따라(Khujjuttarā)와의 관계에서도 드러난다. 낮은 신분의 하녀에 불과했던 쿳줏따라를 붓다의 가르침을 전해주는 스승으로 대우했고, 오랜 노력 끝에 남편인 왕을 불교 신자로 교화했다. 훌륭한 스님들을 궁궐로 초대해 많은 왕실 여성도 법문을 듣게 했으니, 그녀는 뛰어난 포교사이기도 했다. 또한 후궁 마간디야(Magandiya)의 모함으로 궁궐에 갇혀 500명의 궁녀들과 함께 죽어가면서도 마간디야를 원망하지 않았다. 그녀는 마지막 순간까지 평정심을 잃지 않고 궁녀들을 선정에 이르도록 이끌었기에 죽음을 눈앞에 둔 순간 오백 궁녀들이 수다원과에 오를 수 있었다(『앙굿따라니까야 1·2』, 2007: 210: 각주 154). 왕비와 궁녀들의 관계가 복종하고 지배하는 관계가 아니라 수행을 서로 돕고 지지하며 이끄는 도반이 되었으니, 싸마바띠야말로 진정한 영적 지도자라고 할 수 있다.

이처럼 붓다의 여성 제자들은 조력·지원하는 공존의 리더십으로 여성들을 이끌었고, '교단의 어머니'로 인정받거나 '영적 지도자'로서의 역할을 수행하며 붓다에게 그 뛰어난 능력을 인정받았다.

2) 성 역할 고정관념의 극복

종교의 제도화 과정을 보면, 종교 조직이 관료화되면서 초기의 혁명적인 사상은 보수적으로 변하게 되고, 성별 위계가 구축되면서 성 역할 고정관념이 고착화된다(맥과이어, 1994: 154~169). 그러나 붓다의 십대 여성 제자는 전통적인 성 역할 고정관념에 얽매이기보다는 그 역할을 가정에서 교단으로 확대하면서 깨달음을 위해 나아갔다.

'많이 배운 님' 쿳줏따라는 궁궐의 시녀였으며 신체적으로 척추 장애인이었으니 당시 시대적 상황에서 볼 때 가장 억압받는 삶이었을 것이다. 그럼에도 수행을 통해 자신의 장애를 극복하고 붓다의 인정을 받았다. 그녀는 궁녀였지만 아이러니하게도 매일 궁궐 밖을 나와 아침 꽃을 사러 가는 것이 자신의 일이었기 때문에 붓다의 법문을 들을 수 있었다. 신분도, 계급도 미천한 그녀였지만 붓다와 스님들의 법문을 열심히 듣고 배우며 지혜를 쌓아갔다.

쿳줏따라는 법문을 전해달라는 싸마바띠 왕비에게 자신을 시녀가 아니라 붓다의 가르침을 전하는 전법사로 예우해줄 줄 것을 요구할 만큼 당당한 여성으로 성장했다(『앙굿따라니까야 1·2』, 2007: 209: 각주 153). 남들에게 멸시받고 무시당하기 일쑤였던 쿳줏따라가 자신이 상전으로 모시던 궁궐 여성들에게 붓다의 가르침을 전하게 되었으니 포교사로서의 그녀의 역할이 뛰어났음을 짐작할 수 있다. 붓다는 이런 쿳줏따라를 '재가여성 불자 가운데 표준이며 척도'[4]라고까지 칭송했다.

또한 그녀는 붓다의 가르침을 충분히 이해하고 암송했는데, 그녀가 전한

---

[4] 붓다는 "쿳줏따라와 난다(Nanda)의 어머니 벨루깐다끼야(Velukandakiya)는 나의 재가의 여자 신도들 가운데 표준이고 모범"이라고 칭송했다(『쌍윳따니까야 2』, 2007: 675~676).

┃국보 78호 반가사유상　　　　　　　　　┃국보 83호 반가사유상

내용을 누군가 기록한 것이 오늘날 『이띠붓따까(Itivuttaka)』라는 경전으로 전해오고 있다.[5] 불교사에서 그녀는 유일한 여성 경전 암송자인 것이다. 이처럼 붓다의 가르침을 통해 그녀는 성차별, 신분 차별, 장애인 차별이라는 세 가지 장벽을 뛰어넘고 뛰어난 법사, 전법사, 경전 암송자로 거듭났다.

'보시 제일' 비사카는 승가 내에서 새로운 계율을 제정하는 동기를 제공하기도 했다. 계율은 불교인이라면 누구나 따라야 하므로 강제성을 띠는 일종의 생활 규범이라고 할 수 있다(대한불교조계종 교육원불학연구소, 2011: 29). 붓다는 교단의 유지를 위해서, 또한 출가자와 재가자의 수행에 도움이 되고자 계율을 제정했다(박정록, 2003: 241~278). 그런데 붓다 생존 당시 한 비구가 여성 신도와 단둘이 만나 너무 친하게 지내자 대중 사이에서 논란이 일었고, 비

5　『이띠붓따까』를 한글로 번역한 전재성에 따르면, 기존 경전은 "여시아문(如是我聞)", 즉 붓다로부터 "이와 같이 나는 들었다"라고 시작하지만 이 경전은 "여시어경(如是語經)", 즉 "이와 같이 세존께서 설하셨고 거룩한 님께서 설하셨다고 나는 들었다"라는 대목이 반복해서 나온다(『이띠붓따까 해제』, 2012: 15).

제3장 붓다, 여성을 칭송하다　91

사카는 출가자의 생활 규범에 대해 공개적으로 문제 제기를 했다. 그녀는 붓다에게 이러한 상황을 방지하기 위해서 출가자가 재가자를 만날 때 지켜야 할 계율을 정해달라고 요청했는데, 그녀의 제안을 들은 붓다는 새로운 계율(아니야타금계)을 제정했다(원나 시리, 2011: 263). 이처럼 그녀는 계율 제정에까지 영향을 미쳤으니, 교단 내에서 그녀의 역할이 얼마나 컸는지 알 수 있다.

2600여 년 전, 엄격한 신분 사회이자 남성 중심의 가부장 사회였던 인도에서 붓다의 여성 제자들은 이처럼 계율 제정의 조력자, 경전 암송자, 교단의 지원자로서 포교에 큰 역할을 했다. 여성 불자들은 지극한 신심으로 명실상부하게 사부대중(四部大衆)의 한 축이 되었고, 성 역할 고정관념과 전통적인 남성우월 사상을 극복했음을 알 수 있다.

3) 주체적인 여성관의 내면화

불교 경전에는 곤경에 처한 사람을 구원하는 자비로운 보살과 같은 여성도 나오고, 수행자를 남몰래 돕거나 스스로 뛰어난 수행력을 보이는 여성도 나온다. 반면에 경전은 여성을 악독하고 성욕을 조절할 수 없는 부정적이고 열등한 존재로 묘사하기도 한다. 그 대표적인 예는 여성의 몸으로 태어났기 때문에 다섯 가지의 단계를 이룰 수 없다는 '여인오장설'이다. 이는 『불설초일명삼매경(佛說超日明三昧經)』이라는 경전에 「여인오장설」로 실려서 오늘날까지 전해오는데(구자상, 2007: 274~276; 백도수, 2008: 125), 그 내용이 고대 인도의 마누 법전에서 묘사되는 여성상이나 전통적인 유교적 가치관에서 요구되는 여성상과 매우 유사하다.

「여인오장설」의 내용을 보면, 여성은 태어날 때부터 잡스럽고 감정에 치우쳐 이성적인 판단을 할 수 없기 때문에 '제석'이 될 수 없고, 성욕을 조절하지 못하고 음란하므로 범천이 될 수 없으며, 행동이 경망스럽고 불순해서 불법을 훼손하므로 '마왕'이 될 수 없고, 거짓말을 잘하고 청정하지 못하기 때문에 성스러운 '제왕'이 될 수 없고, 색욕에 탐착하고 감정에 치우치므로 '성불할 수 없다는 것이다(Faure, 1998: 129; 안옥선, 2008: 185; Finley, 2000: 17). 이러한 여성관은 붓다의 친설이라기보다는 경전의 집필과 전승 과정에서 가부장적 가치관에 오염된 것으로 보인다. 그러나 경전으로 기록되어 전해지는 탓에 불교가 성차별적인 종교라고 비판받는 근거가 되고 있다.

경전에는 이처럼 여성혐오적인 내용이 전해오는가 하면, 붓다가 많은 대중 앞에서 여성 제자들의 뛰어난 수행력과 성취 단계를 높이 칭송하는 이야기도 기록되어 있다. 이는 붓다가 여성이 경박하고 색욕에 탐착하며 거짓말을 한다는 등의 부정적 여성관이 아니라 여성도 수행하고 정진한다면 누구든지 깨달음에 이를 수 있다는 긍정적 여성관을 가졌기 때문에 가능한 것이다. 남녀와 신분 고하를 막론하고 모든 인간이 고귀한 존재라는 그의 가르침을 생각한다면 그는 결코 성차별주의자가 아닌 것이다.

또한 여성은 붓다의 탄생에 결정적인 도움을 주었다. 쑤자타는 6년 고행 후 깨달음 직전에 있는 싯다르타에게 정성스럽게 끓인 우유죽을 보시했는데, 이는 그가 고행으로 잃어버린 기력을 회복하게 하고 마침내 깨달음을 이룰 수 있게 한 음식이었다(『앙굿따라니까야 1·2』, 2007: 208: 각주 151). 그러므로 쑤자타야말로 인류 역사상 가장 위대한 선각자이자 스승인 붓다의 탄생을 도운 여성이다. 붓다의 탄생을 도운 사람이 이교도 수행자나 뛰어난 브라만, 부유한 상인 남성이 아니라 '여성'이라는 것은 매우 의미가 있다. 만약 여성이 음란하고 감정을 억제하지 못하며 거짓말을 하고 청정하지 못한 존재라면 붓다의 탄생을 돕는 엄청난 의미의 공양을 할 수는 없었을 것이다. 여성은 붓다의 탄생을 도울 정도로 지극한 신심과 청정한 품성을 지닌 존재였음을 알 수 있다.

　아울러 쑤자타는 최초로 삼보에 귀의한 제자이다. 초기 경전에서는 따뿟사(Tapussa)와 발리까(Bhallika)가 가장 먼저 귀의한 남성재가 신자라고 말하지만(『앙굿따라니까야 1·2』, 2007: 204: 각주 141),[6] 이들은 '붓다'와 '법'에 귀의한 것이다. 그런데 쑤자타와 그 남편은 불법승 삼보에 귀의했으므로, 이들이야말로 삼보에 귀의한 첫 번째 남녀재가 신자라 할 수 있다. 그런 의미에서 붓다는 쑤자타를 '제일 먼저 귀의한 님' 이라고 칭송했을 것이다.

　'친근하게 대하는 님' 나꿀라마따는 부부로서 일생동안 서로에게 충실하며 행복한 삶을 살았기에 다음 생에도 부부로 만나고자 했다(『앙굿따라니까야 4』, 2007: 169~171). 무조건적 순종만이 아내의 미덕이던 당시에 병들어 죽음 직전에 있던 남편에게 그녀가 한 다짐은 그녀가 어떤 삶을 살았는지 짐작하게 해준다. 그녀는 가정적으로 자녀 양육은 물론 집안 살림을 잘 꾸리고, 밖으로는 신앙생활을 더욱 확고히 해 두려움 없는 경지에 이르겠다고 남편에게 약속한다. 즉, 여성이라 할지라도 가정경제의 책임자이자 재가여성 수행자로서 살겠다는 주체적인 삶의 태도를 보여준다. 이때 여성이 음탕하고 거짓말을 잘하므로 남성의 감시와 감독을 받으면서 살아야 한다는 근거는 찾을 수 없다.

　'선정을 닦는 님 가운데 제일'인 웃따라는 붓다와 승가를 위한 공양을 준비하는 동안 남편의 시중을 들어줄 기녀 시리마를 집으로 데려왔다(『앙굿따라니까야 1·2』, 2007: 210: 각주 155). 그런데 시리마는 웃따라에게 순간적으로 질투를 느껴 펄펄 끓는 기름을 그녀의 얼굴에 끼얹으니, 여주인의 입장에서는 참을 수 없는 봉변이었다. 하지만 웃따라는 남성의 성적 쾌락을 위해 비참한

---

[6] 이 둘은 붓다가 깨달음을 얻은 8주째에 붓다에게 귀의한 첫 번째 신도이다.

┃중국의 한 사원에서 종을 치는 노비구니

기녀의 삶을 살아간 시리마를 남성 중심 사회의 희생자로 이해하고, 같은 여성으로서 연민심으로 그녀를 포용했다. 그리고 시리마를 붓다에게 데려가 그의 가르침을 듣도록 했는데, 시리마는 그 자리에서 곧바로 수다원과를 이루었다. 웃따라는 '여성의 적(敵)은 여성'이 아니라 여성이 서로에게 '운명 공동체이자 도반(道伴)'임을 온몸으로 보여준다.

실존철학자 시몬 드 보부아르(Simone de Beauvoir)는 남성이 제시한 여성상을 여성이 무비판적으로 받아들이면서 스스로 남성 의존적인 삶을 살게 된다고 경고한다. 여성은 가부장제의 희생자이지만 남성이 정해놓은 '착한 여성'과 '나쁜 여성'의 구분을 그대로 받아들이면서 가부장제의 공모자가 되기도 한다는 것이다(드 보부아르, 2009: 39). 즉, 여성이 순종·희생하는 여성상을 무비판적으로 받아들이면서 독립적이고 적극적인 여성을 적대시하거나 스스로 현실에 안주하며 남성에게 의존하는 삶은 가부장제가 유지되도록 남성과 '뿌리 깊은 공모'를 하는 것이라고 본다. 그러므로 여성 스스로 열등하고 부정한 여성관을 극복하고 독립적인 한 인격체로 성장할 수 있어야 하는데, 쑤자타와 나꿀라마따, 그리고 웃따라와 같은 여성에게는 긍정적·주체적 여성관이 내면화되어 있음을 알 수 있다.

4) 여성주의 영성의 실천

불교에 따르면 인간은 누구나 부처가 될 수 있는 씨앗을 가지고 태어난다. 누구나 수행을 통해 부처가 될 수 있는 '불성(佛性)'을 가진 존재라는 것이다. 기독교에서는 '영성(靈性, Spirituality)'을 중시하는데, 이는 "자신이 믿는 종교 지도자의 가르침을 따르며 종교 지도자와의 합일의 과정을 통해 자기 초월적인 사랑, 헌신의 능력을 실현하는 것"을 말한다(한국여성신학회 엮음, 1999: 15~34). 이 용어는 최근 기독교적인 차원을 넘어서 불교로도 확대되어 사용되고 있는데,[7] 어떤 종교에서든지 영성은 자신이 선택한 종교 지도자를 믿고 따르며 계율을 지키고, 자신이 속한 교단의 발전을 위한 실천 행위를 요구하기 때문이다.

---

[7] 예를 들면 김호귀(2013)는 "조사선이란 본래 성불의 사상에 근거하여 그것을 일상생활에서 구현하는 것을 기치로 내세우고 있는 까닭에 불성과 평상심과 같은 용어가 그대로 소위 영성이라는 개념으로 통한다"고 본다.

그런데 최근 여성주의 내부에서는 종교 내부의 가부장성을 비판하면서 종교의 상징과 의례도 남성 중심적이라고 주장한다. 특정 종교의 여성들은 자신이 속한 종교의 안팎을 여성의 관점으로 바라보고 남성 중심성을 비판하며 여성의 관점을 관철시키는 '여성주의 영성'을 강조한다. 즉, 여성이 종교 내 남성 중심성을 비판할 뿐만 아니라 이를 성 평등하게 개선하면서 주체적인 종교 활동을 해나갈 때 진실한 믿음이 더욱 강건해진다는 것이다. 붓다의 여성 제자들은 남녀를 포함해 인간 중심이었던 붓다의 가르침을 실천하면서 자리이타(自利利他)의 여성주의를 실천한 여성이라고도 할 수 있다(≪여성신문≫, 2009.7.15).

'소문만 듣고 청정한 믿음 일으키는 님'인 깔리는 두 야차가 붓다에 대해 이야기 나누는 것을 듣고 스스로 붓다에 대한 믿음을 일으켜 수다원과를 이루었다(『앙굿따라니까야 1·2』, 2007: 212: 각주 160). 당시 사회에서 여성이 독자적으로 종교를 선택하거나 신앙생활을 하는 것은 쉽지 않았을 것이고 여성의 종교 활동은 대부분 제한적이었을 것이다. 하지만 깔리는 붓다에 대한 동경과 존경심 때문에 스스로 종교를 선택했고, 또 신행 활동을 이어갔다. 900명이나 되는 도둑들을 불심 하나로 감화하고 출가까지 하도록 만든 그녀는 여성의 영성이 얼마나 뛰어난지 보여준다.

'청정한 믿음 지닌 님'인 깟띠야니(Katiānī)는 절에서 법문을 듣던 중 자신의 집에 도둑떼가 들었다는 소리를 듣고서도 동요하지 않았다(『앙굿따라니까야 1·2』, 2007: 211: 각주 158). 재산보다는 법문을 선택한 그녀의 믿음은 도둑들을 감탄시켰고, 이어 그들이 붓다의 가르침에 관심을 갖도록 만들었다. 그녀는 도둑들을 사원으로 데려가 붓다의 법문을 듣게 했고, 결국 그들은 모두 출가해 훗날 아라한이 되었다. 이처럼 흔들리지 않는 깟띠야니의 믿음은 아라한의 탄생을 도왔을 뿐 아니라 세속의 물질적 가치와 신분 차별, 성차별을 넘어서는 여성주의 영성을 보여준다.

'환자를 돌보는 님 가운데 제일'인 쑵삐야(Suppiyā)는 승가에서 아픈 수행자들을 지극정성으로 보살피는 여성이었다(『앙굿따라니까야 1·2』, 2007: 211: 각주 157). 그런데 마침 병이 든 수행자에게 고기가 필요했고, 그녀는 꼭 바치겠다고 약속했지만 구할 수 없자 자신의 신체 일부를 수행승에게 보시했다. 수행자를 회복시키기 위해, 또 수행자와의 약속을 지키기 위해 자신의 몸을 내어줄 정도로 지극한 믿음을 보인 것이다. 그리하여 쑵삐야는 출가·재가를 막론하고 환자를 가장 잘 돌본다고 붓다로부터 칭송받은 유일한 제자이다. 고통받는 중생을 돌보는 일은 지혜와 자비의 화신인 보살에게도 가장 중요한 실천행인데, 그녀는 중생을 고통에서 구제하려는 붓다의 가르침을 온몸으로 실천한 여성이라고 할 수 있다.

종교사를 돌아보면 특정 종교 내 여성의 역할은 자신의 수행을 위해 노력하거나 사회를 위해 종교성을 실현하기보다는 뛰어난 종교인의 조력자 또는 보조자의 역할에 머무는 경우가 종종 있다. 물론 이 또한 중요하지만 붓다의 여성 제자들은 진리를 올바르게 사유하고 계율과 수행을 중시하며 중생을 위해 실천하는 여성주의 영성을 통해 자신의 수행을 자신뿐 아니라 타인과 공동체로 확대했다.

5) 모성 신화의 극복

남성 중심 사회에서 여성은 부정하고 열등한 존재로 묘사되지만 그나마 가장 존중받는 특성은 모성이라고 할 수 있다(김영경, 2008: 17~22). 모성을 찬양하는 것은 여성이 가족을 위한 희생과 봉사를 마다하지 않게 하고 남성의 권위에 절대복종하도록 만들기 때문인데, 이는 가부장적 가족제도를 유지시키는 이데올로기로 작동한다. 그러므로 남성은 모성을 칭송하는 것에서 나아가 모성을 '신화'로 만들기도 하고, 종교 내에서는 가장 바람직한 여성상으로 제시되기도 한다. 예컨대 기독교 찬송가에서 '어머니'는 진실·존경·신앙·사랑으로써 가정을 하나로 지켜주는 긍정적 존재로 묘사되는데, 이는 신에 대한 찬양과 유사할 정도로 숭배되는 특성이다(강남순, 1994: 128).

┃자녀들과 함께 있는 모신(9세기, 인도)
자료: 둔황박물관.

그런데 모성을 숭배하면 할수록 여성은 모성을 통해서만 자신의 존재 가치를 확보할 수 있게 되고, 결과적으로 자신의 삶에서 온전한 주체가 될 수 없다. 모성은 여성 존중의 기재인 동시에 여성 억압의 상징으로 나타나는데, 이는 남아선호 사상과도 연결된다. 붓다 생존 당시 인도 사회에서 아들은 노후를 보장하고, 집안에서 여성의 지위를 강화하며, 부모가 죽으면 좋은 곳으로 인도하는 존재이다. 그러므로 아들을 낳는 것은 결혼한 여성의 가장 중요한 의무였다. 하지만 뛰어난 재가여성 제자들은 자신의 아들을 중생을 위한 출가로 이끌며 진정한 모성을 실현했다.

'뛰어난 것 보시하는 님' 가운데 제일인 쑵빠바사(Suppāvāsa)는 붓다의 가르침을 처음 듣는 자리에서 수다원과를 얻었다. 출산 당시에는 죽음과도 같은 고통을 겪다가 붓다의 축복 덕분에 무사히 아들을 낳았고, 그 후 승단에 열심히 음식을 공양했다(『앙굿따라니까야 1·2』, 2007: 211: 각주 156). 음식을 보시하는 행위는 여성 불자들에게 종종 나타나는데(『앙굿따라니까야 6』, 2007: 173~174), 쑵빠바사가 뛰어난 것을 보시했다는 것은 자신에게 가장 소중한 것을 승단에 보시했다는 의미이다. 그러므로 그녀의 보시물은 그녀가 귀하게 얻은 아들을 말하는 것으로 추측된다. 그토록 힘들게 얻은 아들의 출가를 적극 지원했기 때문이다.

경전에 따르면 그녀의 아들 씨발리(Sīvalī)는 태어나자마자 말을 했고, 심지어 어린 나이에도 직접 물주전자를 들고 승가에 물 공양을 올렸다고 한다(『앙굿따라니까야 1·2』, 2007: 190: 각주 101). 어릴 때부터 지극히 승가를 공양한 것은 아마도 신심이 충만한 어머니를 보고 배운 것으로 짐작된다. 그는 출가한 직후 아라한이 되었으니, 쑵빠바사는 아라한을 키워낸 어머니이다. 엄청난 산고 끝에 얻은 귀한 아들을 출가시킨 그녀는 뛰어난 것을 보시했을 뿐만 아니라 자신의 종교적 신념과 수행으로 모성 신화를 극복한 위대한 여성이라고 할 수 있다.

'제일 먼저 귀의한 님'인 쑤자타도 지극정성으로 기도해 귀한 아들을 낳았는데, 그가 야사(Yasa)다(『앙굿따라니까야 1·2』, 2007: 208~209: 각주 151). 그녀는 아들이 모든 부귀영화를 누릴 수 있도록 해주었지만, 아들이 출가를 결심하자 기꺼이 받아들였다. 자신의 권위와 노후의 안락보다는 깨달음을 더욱 중시했기 때문이다. 아들의 출가를 허락하는 그 자리에서 그녀 자신도 붓다의 제자가 되었으니, 그녀는 어머니에서 법우(法友)로 다시 태어난 것이다.

'소문만 듣고 청정한 믿음 일으키는 님'인 깔리는 소나(Sona) 장로의 어머니이다(『앙굿따라니까야 1·2』, 2007: 212: 각주 160). 깔리는 소문만 듣고 수다원과에 올랐던 그날 밤에 아들 소나를 낳았다. 출산 후 그녀는 마음으로 마하깟짜나(Mahākaccāna) 장로의 가르침을 들으며 승가를 정성껏 후원했고, 아들 소나가 붓다의 가르침을 받으러 갈 때마다 공양물을 챙겨주면서 붓다의 말씀을 하나도 빠뜨리지 않고 듣도록 아들에게 신신당부했다. 어머니의 지극한 신심을 보면서 자란 아들 소나 또한 믿음이 더욱 강해져 결국 출가를 했는데, 깔리는 이를 기꺼이 받아들이며 더욱 청정한 믿음을 가지게 되었다.

이처럼 지극한 신심으로 전통적인 남아선호 사상을 극복하고 아들이 출가해 수행에 전념할 수 있도록 지원한 여성들은 모성 신화라는 가부장제에 공모하기를 거부한 진정 위대한 어머니라고 할 수 있다.

4. 나가기

2700여 년 전 엄격한 가부장제 사회에서 붓다의 십대 재가여성 제자는 젠더 위계를 거부하고 여성도 깨달음을 얻을 수 있는 존재임을 증명하며 붓다의 인간평등사상을 실현했다. 남녀의 신체적 차이는 인정하지만 그것이 차별의 근거가 될 수 없다는 붓다의 성 평등사상은 붓다가 여성을 제자로 받아들이고 또 깨달음에 이르도록 적극적으로 지원하게 했다. 붓다는 신분이나 연령, 결혼 여부에 관계없이 여성을 제자로 받아들였으며, 고무하고 격려하며 이들이 성장하도록 도왔다.

십대 재가여성 제자의 특성을 살펴보면 첫째, 위계나 권위가 아닌 공존과 상생을 바탕으로 하는 여성 지도자가 교단의 어머니이자 영적 지도자로서의 역할을 인정받았다. 둘째, 계율 제정의 조력자와 경전 암송자로 활동하며 교단 운영에도 개입하는 등 가부장적인 성 역할 고정관념을 극복했다. 셋째, 여성은 부정하고 열등한 존재라는 인식을 거부하고 여성도 깨달음에 이를 수 있다는 긍정적·주체적 여성관을 내면화했다. 넷째, 여성주의 영성으로 진리를 바르게 사유하고 계율을 지키며 자리이타행을 실천했다. 다섯째, 전통적인 모성 신화를 거부하고 아들의 올바른 수행을 지원하며 자신의 영성을 발전시켰다.

현대사회로 접어들면서 여성운동의 발전과 여성주의의 확산으로 인해 여성의 권리에 대한 요구가 적극적으로 표출되고 있으며, 종교 내 성 평등에 대한 요구도 증가하고 있다. 하지만 그 변화의 속도나 내용이 사회적 수준에도 미치지 못해 많은 종교 안에서 여성들의 비판에 직면하고 있다. 그런데 최근 종교 내 가부장성에 미비하지만 변화의 흐름이 감지된다. 불교의 조계종단 비구니들은 비구니도 호계위원이 될 수 있도록 끊임없이 요구해왔으며, 번번이 좌절되었음에도 종단 내 성 평등 이슈를 공식 담론으로 만들고 있다. 기독교에서는 여성 목사가 등장했는데, 기독교한국침례회가 목사 자격을 '만 30세 이상의 가정을 가진 남자'에서 '만 30세 이상의 가정을 가진 자'로 개정함에 따라 여성 목사의 확산에 대한 기대가 높다(윤소정, 2013; 강이덕주, 1991: 354). 영국 성공회는 1992년에 여성 사제를 인정하면서 시대적 변화를 받아들이고 있으며(Ecklund, 2003: 515~524), 이슬람 국가인 이집트는 결혼한 여성이 남편의 동의 없이도 이혼소송을 할 수 있는 이혼 제도인 '쿨으법'을 2000년에 통과시켰다(하현정, 2007).

여성 신학자 로즈메리 래드퍼드 류터(Rosemary Radford Ruether)는 남성 중심의 성서나 고전적 텍스트들에서 나타나는 여성에 대한 이해를 '세 겹의 이데올로기(a three-layered ideology)'로 묘사한다. 즉, 여성은 소유물이자 위험스러운 성적 존재로 간주되며 도덕적·영적으로 우월한 존재로서 낭만화되었다는 것이다. 이로 인해 종교 내 젠더 위계가 강화되고, 교리가 왜곡되어 성차별의 이데올로기가 되며, 여성의 경험은 종교사에서 삭제되거나 왜곡

또는 축소된다. 류터는 이것이 종교 여성 이야기가 제대로 전해지지 않기 때문이라 보며 '생략에 의한 성차별(sexism by omission)'이라고 명명한다(강남순, 1994: 53에서 재인용).[8]

붓다의 십대 재가여성 제자를 오늘날 다시 되새기는 것은 이러한 세 겹의 성 장치를 극복하고 성차별은 붓다의 가르침이 아님을 선포하기 위해서다. 또한 여성 제자의 신행과 역할을 재조명함으로써 붓다가 어떤 방식으로 인간평등사상을 실현했는지 배워야 하기 때문이다. 많은 사람의 이익과 안락을 위해 전도해야 하는 불교인이라면 인류의 절반인 여성에 대한 차별을 극복하는 것은 물론, 인종·계급·신분 등 모든 종류의 차별도 거부해야 한다.

---

[8] Rosemary Radford Ruether, *New Women / New Earth: Sexist Ideologies and Human Liberation* (New York: Seabury, 1975).

참고문헌

1. 원전
『디가니까야』(2011). 전재성 역주. 서울: 한국빠알리성전협회.
『마하박가 3』(1998). 최봉수 편역. 서울: 시공사.
『맛지마니까야』(2009). 전재성 역주. 서울: 한국빠알리성전협회.
『법구경-담마파다』(2012). 전재성 역주. 서울: 한국빠알리성전협회.
『법구경 1』(2010). 거해 편역. 서울: 샘이깊은물.
『쌍윳따니까야 2』(2007). 전재성 역주. 서울: 한국빠알리성전협회.
『앙굿따라니까야 1·2』(2007). 전재성 역주. 서울: 한국빠알리성전협회.
『앙굿따라니까야 4』(2007). 전재성 역주. 서울: 한국빠알리성전협회.
『앙굿따라니까야 6』(2007). 전재성 역주. 서울: 한국빠알리성전협회.
『이띠붓따까 해제』(2012). 전재성 역주. 서울: 한국빠알리성전협회.

2. 국문 자료
강남순. 1994. 『현대여성신학』. 서울: 대한기독교서회.
_____. 1998. 『페미니즘과 기독교』. 서울: 대한기독교서회.
강이덕주. 1991. 『한국 감리교 여선교회의 역사 1897-1990』. 서울: 기독교대한감리회 여선교회 전국연합회.
구자상. 2007. 「대승불전에 나타난 여성성불론」. ≪한국불교학≫, 48집, 270~276쪽.
김영경. 2008. 『여성과 문화』. 서울: 학문사.
김주희 외. 2008. 『인도여성: 신화와 현실』. 서울: 한국외국어대학교 출판부.
김호귀. 2013. 「불교의 평상심 실천이 곧 영성의 완성」. 불교와 심리연구원 개최 제4회 불교심리심포지엄(2013.10.25).
대한불교조계종 교육원불학연구소. 2011. 『계율과 불교윤리』. 서울: 조계종출판사.
드 보부아르, 시몬(Simone de Beauvoir). 2009. 『제2의 성』. 이희영 옮김. 서울: 동서문화사.
러너, 거다(Gerda Lerner). 2008. 『왜 여성사인가』. 강정하 옮김. 서울: 푸른역사.
류경희. 2014. 「불교 발생의 시대적 배경과 여성」. 불교와 젠더포럼(2014. 03. 21).
류터, 로즈마리(Rosemary Ruether). 1985. 「기독교는 여성혐오의 입장에 서 있는가?」. 이우정 엮음. 『여성들을 위한 신학』. 서울: 한국신학연구소.
맥과이어, 메러디스(Meredith Mcguire). 1994. 『종교사회학』. 김기대·최종렬 옮김. 서울: 민족사.

맥해피, 바버라 J.(Barbara J. MacHaffie). 1995. 『기독교 전통 속의 여성』. 손승희 옮김. 서울: 이화여자대학교 출판부.
박정록. 2003. 「계율에의 불복종」. ≪불교평론≫, 15호, 241~278쪽.
백도수. 2008. 「불교여성관의 대립구조에 관한 연구」. ≪젠더와 문화≫, 창간호, 121~153쪽.
불교사회연구소. 2014. 『한국의 사회·정치 및 종교에 관한 대국민 여론조사 결과보고서』. 대한불교조계종 불교사회연구소.
안옥선. 2008. 『불교와 인권』. 불교시대사.
암스트롱, 카렌(Karen Armstrong). 2002. 『마호메트 평전』. 유혜경 옮김. 서울: 미다스북스.
옥복연. 2013. 「한국불교 조계종단 종법의 성차별성에 관한 여성주의적 연구」. 서울대학교 대학원 박사학위논문.
_____. 2015. 「붓다의 십대 재가여성제자에 대한 불교여성주의적 분석」. ≪한국불교학≫, 74권, 73쪽.
원나 시리. 2011. 『아난존자의일기 2』. 범라 옮김. 서울: 운주사.
윤소정. 2013. 「오늘날 한국교회 여성목사 안수와 교회 현장에서의 문제들」. ≪기독교사상≫, 651호(2013년 3월), 354쪽.
이경숙. 1997. 『구약성서의 여성들』. 서울: 대한기독교서회.
이미령. 2013. 『붓다 한 말씀』. 서울: 불광출판사.
이정연. 2006. 「한국 개신교회 내 여성지위와 여성안수제 운동에 관한 연구」. 서울대학교 대학원 석사학위논문.
조승미. 2013. 「한국의 불교와 여성연구: 회고와 전망」. ≪한국불교학≫, 68집, 708쪽.
최영실. 2003. 『신약성서의 여성들』. 서울: 대한기독교서회.
카모디, 데니스 라드너(Denis Lardner Carmody). 1992. 『여성과 종교』. 강돈구 옮김. 경기: 서광사.
피오렌자, 엘리자베스 S.(Elizabeth S. Fiorenza). 1985. 「여성해방을 위한 성서해석 방법」. 이우정 엮음. 『여성들을 위한 신학』. 서울: 한국신학연구소.
하현정. 2007. 「이집트의 가족법 변화와 여성운동: '이슬람 페미니즘'의 가능성과 한계」. 서울대학교 대학원 석사학위논문.
한국갤럽. 2004. 「2004 한국인의 종교와 종교의식」, Special Release(2004. 5. 30), 2쪽.
_____. 2015. 『한국인의 종교 1984~2014』. 한국갤럽조사연구소
한국여성신학회 엮음. 1999. 『영성과 여성신학』. 서울: 대한기독교서회.
한정숙. 2008. 『여성은 이렇게 말했다』. 서울: 길.
≪법보신문≫, 2004.8.10. "'여성불자 신행패턴 현황' 조사·분석".
≪여성신문≫, 2009.7.15. "여성운동의 새로운 의제 '여성주의 영성'".

3. 외국 자료

Benneth, Judith. 1989. "Feminism and History." *Gender and History*, Vol.1, No.3, pp.251~272.

Ecklund, Elaine Howard. 2003. "Catholic Women negotiate feminism: A Research Note." *Sociology of Religion*, Vol.64, No.4, pp.515~524.

Faure, Bernard. 1998. *The Red Thread: Buddhist Approaches to Sexuality*. Princeton University Press.

_____. 2003. *The Power of Denial: Buddhism, Purity, and Gender*. NJ: Princeton University Press.

Finley, Lucinda M. 1989. "Breaking Women's Silence in Law: The Dilemma of the Gendered Nature of Legal Reasoning." *The Notre Dam Law Review*, VOl.64, No.5, pp.569~571.

Fiorenza, Elisabeth. 1988. "The Ethics of Biblical Interpretation: Decentering Biblical Scholarship." *Journal of Biblical Literature*, Vol.107, No.1, pp.3~17.

Gross, Rita. 1993. *Buddhism after Patriarchy: A Feminist History, Analysis, and Reconstruction of Buddhism*. NY: State University of New York Press.

Homer, I. B. 1930. *Women under Primitive Buddihism: Laywomen and Akmswomen*. London: Routledge & Sons, LTD.

Klein, Anne. 1994. *Meeting the Great Bliss Queen*. MA: Beacon Press.

Ruether, Rosemary Radford. 1983. *Sexism and God-Talk: Toward a Feminist Theology*. Beacon Press.

Sponberg, Alan. 1992. "Attitude toward Women and the Feminine in Early Buddhism." in Jose Ignacio(ed.). *Cabezon, Buddhism, Sexuality, and Gender*. NY: State University of New York Press.

Tillich, Paul. 1948. *The Protestane Era, trans. James Luther Adams*. Chicago: University of Chicago Press.

제2부

붓다,
섹슈얼리티를
말하다

제4장
초기불교의 반페미니즘적 사유에 대한 고찰

전재성

1. 브라흐만교의 반페미니즘적 사유의 비판

1) 브라흐만교의 의례 중심과 반여성성

붓다 생존 당시 인도의 정통 종교는 브라흐만교(Brahmanism)였다. 브라흐만교는 제사를 매우 중시했고 붓다 당시에는 제사 의식이 극도로 성행했다. 이때 제사는 천공지상계가 모두 동원되는 광대한 제례로 이루어졌다. 즉, 제사를 지낼 때는 하늘에 있는 모든 존재, 허공계에 있는 모든 존재, 땅에 있는 모든 존재가 다 동원된다. 브라흐만교는 태초에 신이 죽어서 우주가 생겼다고 믿었다. 죽은 신의 눈은 태양이 되고 귀는 사방 방위의 공간이 되는 등 우주가 생겨났다는 것이다. 이는 서양에서 신이 우주를 창조한 것과는 정반대의 사상이라고 할 수 있다.

이처럼 브라흐만교는 신이 죽어서 우주가 탄생했다고 믿었기에 제사는 우주를 죽여서 신을 살려내는 형식으로 전개된다. 하늘도 죽어야 하고 공간의 공계도 죽어야 하고 땅에 있는 모든 존재도 죽어야 하므로 우주의 모든 것이

희생제에 동원된다. 희생물은 가장 소중한 것을 바쳐야 하므로 실상은 자기 자신의 목숨을 바쳐야 한다. 하지만 자신이 죽는 대신 가장 소중한 것을 바쳐왔다. 예를 들면 동네에서 가장 예쁜 처녀를 제물로 바치기도 하고 살아있는 동물을 죽여서 피를 뿌리며 희생제를 하기도 했다. 동물을 죽여 제사지낸 후, 그 피를 마을 공동체에 뿌림으로써 모두의 죄를 씻는 것이다. 유대 기독교적인 전통관에서도 죄를 사함받고자 염소를 죽여 피를 뿌리며 제사를 지냈고, 터키에서도 염소의 피를 뿌려 제사를 지내고 지붕을 빨갛게 칠했기 때문에 오늘날까지도 집의 지붕이 빨간색이다. 이는 하늘에서 빨간 피를 뿌린 것처럼 보이게 함으로써 신에게 인간의 죄를 사해달라는 의미다. 피를 뿌려 참회하는 것처럼 보이면 인간의 죄가 사함을 받는다는 것이다.

　인도에서 브라흐만교의 의한 제례도 이와 유사했다. 원래 제사는 자기 자신의 죄를 참회하는 것이 목적인데, 사상이 점차 발전하면서 이미 죽은 신을 살리기 위해 희생제를 치르게 된 것이다. 이때는 온 우주를 다 죽이기 위해 천공지상계를 모두 동원해야 하므로 제사 과정도 매우 복잡하게 변할 수밖에 없었다. 우주를 다 동원해야 하는데 우주를 다 죽일 수는 없으니 상징체계를 만들 수밖에 없다. 심지어 제단을 천공지상계로 쌓아서 제단 벽돌에 이름을 새기기도 했다. 여기에는 황소, 산, 바람, 심지어 들숨·날숨과 같은 추상적인 것도 포함되었다. 이렇게라도 해서 제사를 지내고 신을 부활시켜 자신의 죄를 용서받기 위함이다.

　그리하여 의례가 점차 복잡해졌고 전문 지식을 가진 제관이 등장했는데, 이러한 제사를 위한 절차나 방식은 두꺼운 책으로 열 권에 이를 만큼 복잡하고 방대했다. 제사 비용도 엄청났다. 왕이 제사를 지낼 때는 황소 500마리, 말 700마리 등 많은 동물이 동원되면서 제사 문화가 거대해졌다. 각종 의례까지 행하다 보니 매우 형이상학적인 철학도 발전했다. 예를 들면 범아(梵我)

사상이나 일여(一如) 사상, 즉 '우주와 나는 하나'라는 사상까지 등장하고, 자기의 진아(眞我)가 우주의 중심이라는 등 다양한 방식을 통해 종교가 형이상학적으로 발전하게 된다. 또한 사회적으로는 제사를 주관하는 사람들의 권위가 매우 높아지고, 이들을 상위 계층으로 하는 계급이 생겨나게 된다.

이러한 의례는 남성만이 주관할 수 있었고, 남성 중심 사회에서 등장한 브라흐만교는 남성 내에서도 브라만, 크샤트리아, 바이샤, 수드라의 네 계급으로 나누어 차별하는 카스트 제도를 철저하게 적용했다. 또한 남성은 여성에게 적용되는 규범을 만들고 이를 지키게끔 강요하는 권위를 가지고 있었다. 여성은 의례에 참여할 수 없을 뿐 아니라 가정 내에서 출산과 육아만을 담당했으며, 사후에 더 좋은 세계에서 태어나려면 아들을 낳아야 한다는 남아선호 사상이 기정사실화되었다. 그러므로 여성은 남성에게 무조건적인 복종을 할 수밖에 없었다. 그 결과 여성은 모든 권리를 그 집안의 남성에게 의존하는 철저히 예속적인 삶을 살아야만 했다. 당시 인도 사회에서 여성의 지위란 생사여탈권조차 남성에게 위탁된, 참으로 보잘것없는 것이었다.

2) 브라흐만교의 반페미니즘적 사유에 대한 붓다의 비판

붓다 생존 당시에 브라흐만교는 임신, 출산, 수유 등을 부정(不淨)한 것으로 보았다. 심지어 여아는 초경 이전, 즉 '몸이 더럽혀지기' 전에 시집을 보내야 한다고 여겨졌다. 이는 브라흐만교의 정·부정(淨·不淨) 사상에서 출발한 것이다. 브라흐만교의 성직자는 초자연계의 신성하고 거룩한 존재의 화신 또는 대리인으로서, 상층계급의 성직권은 하늘로부터 받았다는 신수설(神授說)이나 왕권신수설을 바탕으로 한다. 『리그베다』의 「뿌루샤찬가(Puruṣasūkta)」는 창조신에 의한 사회제도의 기원에 관해 다음과 같이 언급하고 있다. "그

(절대신)의 입이 성직자 계급(브라만)이고 두 팔은 귀족 계급(크샤트리아)이며 두 다리는 평민 계급(바이샤)이고 두 발은 노예 계급(수드라)이라는 것이다"(Rg. X. 90. 12).

이는 브라흐만교에서 절대적 권위를 갖는 『리그베다』에 언급된 최초의 명문화된 계급 서열이다. 여기서 절대신은 범신론적인 신으로, "뿌루샤신은 과거에 존재했고 또 앞으로 존재할 모든 것이다"라고 묘사된다. 또한 사회의 모든 현상이 그에게서 인과적으로 나왔고 청정한 상층계급부터 부정한 하등 계급까지 이런 식으로 성립되었음을 설명한다. 이러한 이데올로기는 남성 중심적인 가부장제와 맞물려 성립된 것이다. 그러나 붓다는 브라흐만교의 이러한 주장에 대해 반론을 제기하며 계급신수설을 부정한다.

붓다는 브라만 계급의 계급적 우월성을 부정하면서, 인간은 누구나 월경, 임신, 출산, 수유를 하는 신체적 특성을 가진 여인에게서 태어난다는 사실을 환기한다. 붓다가 '월경, 임신, 출산, 수유를 하는 여인'이라는 말을 강조한 것은 당시 브라흐만교의 정·부정 사상의 부당성을 지적한 것일 뿐만 아니라 생리나 임신, 출산, 수유 등이 여성의 신체적 현상임을 강조한 것이다. 또한 인간은 누구나 여인에게서 태어난다는 주장은 상층계급이 지닌 성직권의 신수설이나 왕권신수설을 부인하는 것이다. 인간은 결코 신으로부터 태어나지 않으며 그것을 본 사람이 아무도 없다. 따라서 범신론적인 자연법사상은 허구이며 이에 근거한 상층계급의 특권적 또는 선민적 사상은 거짓이다. 인간은 신으로부터 자유로우며, 명백한 것은 인간이 어느 계급이건 인간적인 여인에게서 태어난다는 사실임을 붓다는 강조한다.

『맛지마니까야』의 '앗쌀라야나의 경'은 다음과 같이 반론한다(『맛지마니까야』, 2009: 1042).

그런데 앗쌀라야나여, 그 성직자들의 아내에게도 월경, 임신, 출산, 수유가 존재합니다. 이렇게 그 성직자들이 동일한 자궁으로부터 태어났는데도, "바라문(브라만)들이야말로 최상의 계급이고, 다른 계급은 저열하다. 바라문들이야말로 밝은 계급이고, 다른 계급은 어둡다. 바라문들이야말로 청정하고, 다른 계급은 그렇지 못하다. 바라문들이야말로 하느님의 적자이고, 그의 입에서 태어난 자이고, 하느님이 만든 자이고, 하느님의 상속자이다"라고 말합니까?

브라만 계급은 하늘에서 태어난 것이 아니라 다른 출신 계급과 똑같이 월경하는 여성의 자궁에서 태어났다는 것이다. 이는 여성의 월경이 결코 부정한 것이 아니며 생명을 만드는 토대임을 주장하고, 이러한 소중한 능력을 가진 여성은 열등한 존재가 아님을 가르친다. 더 나아가 최상 계급인 브라만도, 하층계급인 수드라도 여성의 몸에서 태어난 존재이므로 모든 인간은 평등하다는 절대적 평등성을 강조한 것이다.

2. 초기 경전에 나타난 여성에 대한 이해

1) 여성 특유의 고통에 대한 이해

초기불교에서는 남성이 선천적으로 지배주의적·폭력적이라든가 여성이 선천적으로 모성적·외호적이라고 주장하지 않는다. 남성과 여성은 본질적으로 별개의 이원론적 존재가 아니라 생명체들과 더불어 업력에 따라 윤회하는, 존재론적으로 상호 전환이 가능하고 인식론적으로 상호 이해가 가능한 인간이다. 붓다는 『쌍윳따니까야』의 '어머니의 경'과 '아버지의 경'에서 다음과 같이 말한다(『쌍윳따니까야』, 2014: 475).

> 수행승들이여, 이 윤회는 시작을 알 수 없다. 무명에 덮인 뭇 삶들은 갈애에 속박되어 유전하고 윤회하므로 그 최초의 시작을 알 수 없다. 수행승들이여, 이와 같이 오랜 세월을 거쳐서 일찍이 한 번도 어머니가 아니었던 사람을 쉽게 찾을 수 없다. 그것은 무슨 까닭인가? 수행승들이여, 이 윤회는 시작을 알 수 없다. 무명에 덮인 뭇 삶들은 갈애에 속박되어 유전하고 윤회하므로 그 최초의 시작을 알 수 없다.
>
> 수행승들이여, 이 윤회는 시작을 알 수 없다. 무명에 덮인 뭇 삶들은 갈애에 속박되어 유전하고 윤회하므로 그 최초의 시작을 알 수 없다.
> 수행승들이여, 이와 같이 오랜 세월을 거쳐서 일찍이 한 번도 아버지가 아니었던 사람을 쉽게 찾을 수 없다. 그것은 무슨 까닭인가? 수행승들이여, 이 윤회는 시작을 알 수 없다. 무명에 덮인 뭇 삶들은 갈애에 속박되어 유전하고 윤회하므로 그 최초의 시작을 알 수 없다.

이러한 이해를 전제로 한 통찰 위에서 초기불교는 기본적으로 당시 여성만이 겪는 고통에 대해 명확한 인식을 갖고 있었는데, 『쌍윳따니까야』의 '특수한 고통의 경'은 다음과 같이 설명하고 있다(『쌍윳따니까야』, 2014: 1292).

> 수행승들이여, 남자들과는 달리 여인에게는 여인이 겪어야 하는, 여인에게만 주어진 특수한 다섯 가지 고통이 있다. 다섯 가지란 무엇인가?
> ① 수행승들이여, 세상에 여인들은 나이가 어릴 때에 시집가서 친족과 떨어

저 지낸다. 수행승들이여, 이것이 남자들과는 달리 여인이 겪어야 하는, 여인에게만 주어진 특수한 첫 번째 고통이다.

② 수행승들이여, 세상에 여인들은 월경을 한다. 수행승들이여, 이것이 남자들과는 달리 여인이 겪어야 하는, 여인에게만 주어진 특수한 두 번째 고통이다.

③ 수행승들이여, 세상에 여인들은 임신을 한다. 수행승들이여, 이것이 남자들과는 달리 여인이 겪어야 하는, 여인에게만 주어진 특수한 세 번째 고통이다.

④ 수행승들이여, 세상에 여인들은 분만을 한다. 수행승들이여, 이것이 남자들과는 달리 여인이 겪어야 하는, 여인에게만 주어진 특수한 네 번째 고통이다.

⑤ 수행승들이여, 세상에 여인들은 남자에게 봉사한다. 수행승들이여, 이것이 남자들과는 달리 여인이 겪어야 하는, 여인에게만 주어진 특수한 다섯 번째 고통이다.

붓다는 인도의 현실을 정확히 관찰하고 묘사했다. 붓다 생존 당시 브라흐만교와 힌두교의 계급론자들은 물론 희랍 사람들도 인도 북부에 와 있었는데, 붓다는 희랍 사람들에 대해서도 정확히 알고 있었다. 붓다는 계급과 관련해 희랍 사회에는 귀족과 평민이라는 두 가지 계급뿐인데 인도에서는 신이 네 가지 계급을 만들었다고 하는 건 모순이 아니냐며 브라흐만교도들에게 반문했다. 당시 인도 서북부 지방의 종족들에는 계급이 두 개밖에 없었는데, 브라흐만교도들이 네 개의 계급을 만들어놓고 신이 만들었다고 하면 그게 올바른 것이냐며 되물은 것이다.

마찬가지로 여성에 관해서는 '당신들도 월경, 임신, 출산을 하는 여인에게서 태어나지 않았느냐?'며 반문한다. 당시에 여성을 초경 전에 시집보낸 것은 여성에게 순결한 몸이 제일 중요하다고 보았기 때문이다. 그런데 월경을 시작했다는 것은 이미 부정한 몸이 되었으므로 시집을 갈 수 없을 정도라고 보았다. 하지만 붓다는 이러한 남성 중심의 전통적인 사고방식을 거부한 것이다.

그런데 붓다가 제시한 여인의 특수한 고통에서 ② 월경, ③ 임신, ④ 분만은 자연적 본질로서 여성의 신체적 조건에 의한 고통이다. 반면에 ① 시집가서 본가를 떠나는 것, ⑤ 남자에게 봉사하는 것은 남성 중심 사회에서 전통이나 관습 등에 의해 여성에게 주어진 사회적 고통이다. 당시 인도 사회에서 여자는 혼인할 때 같은 마을보다는 다른 마을의 사람들과 했는데, 그 혼처는 주로 아버지나 오빠 등 집안 남자가 결정했다. 또한 여자는 남자보다 부정한 존재이므로 지참금을 가지고 시집가야 했으며, 언제 다시 자신의 마을로 돌아오거나 가족들을 만날지 기약이 없었다. 그러므로 시집가서 본가를 떠난다는 것은 여자로서 매우 고통스러운 일이었는데, 이러한 고통은 당시의 전통이나 문화 등 사회적 조건으로 만들어진 것이다. 즉, 여성의 고통은 절대적인 것이 아니라 사회문화적인 것임을 알 수 있다.

브라흐만교 사회에서 여성의 억압이 보편적 현상으로 일반화되었다고 본다면 초기불교 또한 반페미니즘에 포함된다는 오해를 살 수 있다. 그러나 초기불교가 여성의 억압을 사회적으로 일반화하기보다는 당시 시대적 상황에서 여성의 고통을 있는 그대로 기술한다는 측면에서 봤을 때, 비록 반페니즘적 사회였더라도 붓다의 가르침은 친페미니즘적 이해를 대변한다고 보아야 한다. 아울러 사성 계급의 보편성을 주장하던 브라흐만교에 대해 계급의 절대성을 부정하며 가부장제적 브라흐만교의 주장이 보편적 진리가 될 수 없다고 주장한 것은 남녀평등을 넘어 인간평등을 강조한 것이라고 할 수 있다.

2) 여성의 깨달음에 대한 이해

(1) 여성의 깨달음의 가능성

경전은 붓다가 직접 쓴 것이 아니다. 붓다는 여러 지역에 설법하면서 돌아다녔는데, 붓다 사후 100년이 지나 법문을 들은 붓다의 제자들이 동굴에 모여 붓다의 말씀을 기억해 경전으로 기록하는 결집을 했다. 당시 아난다는 특히 기억력이 좋아서 자신이 들은 얘기를 500여 명의 대중 앞에서 암송했고, 그것을 듣던 대중이 맞거나 틀리다고 확인해주었다. 개인의 기억력은 틀릴 수도 있지만, 여러 사람의 기억을 바탕으로 아난다의 암송이 붓다의 말씀으로 증명되면 그것을 외워 후대에 전달하고 또 전달했다. 이처럼 초기에는 아난다의 암송으로 경전이 결집되어 '빠알리어 대장경'이 생겨났다.

이 경전이 후대에 문자로 확실하게 기록된 것은 붓다 사후 500년이 지나서였는데, 문자로 기록되었어도 엄밀히 말하면 그 정확성에는 한계가 있다. 인도어는 고유의 악센트나 단어의 톤 같은 것이 있어야 정확하게 전달되는데, 글자는 악센트나 톤을 표현할 수 없는 한계가 있기 때문이다. 그 결과 문장이나 단어의 뜻이 완전히 달라지거나 와전될 수도 있다. 또한 붓다 사후 500년이 지나 붓다의 말씀이 글자로 기록된 것이기 때문에 이 시기의 경전 기록은 암송자 또는 기록자의 주관적 견해나 기록 당시의 사회상이 반영될 여지가 있었다. 그러므로 여성차별적인 여러 발언이 경전에 기록되어 있다고 해도 이것이 과연 붓다의 말씀인지는 사실상 그 누구도 완전하게 주장할 수 없다.

붓다가 여성의 생물학적 조건이나 임신과 출산 등을 언급한 것을 보면 붓다가 여성의 생물학적 조건 또는 삶의 특수성을 분명히 인식하고 있었음을 알 수 있다. 이러한 현실적 조건 아래 수행 과정에서의 남녀 구별이 어느 정도 있었을 것으로 짐작할 수 있다. 또한 당시 여성의 열악한 지위를 어떻게 개선할 것인가에 대해서 보수적인 사회 분위기를 감안해 혁명적 개혁보다는 점진적 변화를 추구했을 것이다. 그러므로 여성에 대한 배려는 분명 신체적·사회적 측면 모두가 고려되었을 것이고, 여성의 특수한 조건에 따른 신체 조건적 배려와 사회적 배려는 오늘날 우리 사회의 관점에서 볼 때 성차별적이라고 인식할 수도 있다.

또한 붓다의 말씀으로 전해진다고 해서 경전을 문자 그대로 받아들일 것이 아니라 전후 맥락을 살펴봐야 한다. 여성의 차별에 대해 경전에 구체적으로 기록된 내용을 보면 먼저 '여성출가성불론', 즉 재가여성은 성불할 수 없고 출가해서 승려가 되어도 성불할 수 없다고 나온다. 초기불교는 여성이 성불할 수 있는가라는 질문에 대해 '여성출가성불론'의 입장을 취한다. 『앙굿따라니까야』의 '고따미의 경'에서는 아난다가 붓다에게 여인도 참사람이나 성인이 되고 궁극적 해탈에 이를 수 있는지 질문하자 붓다는 여인도 가능하다고 말하며 다음과 같이 답변한다(『앙굿따라니까야 8·9』, 2008: 236).

> 세존이시여, 여인들이 여래께서 설한 가르침과 계율 가운데 집에서 집 없는 곳으로 출가해서, 흐름에 든 경지나, 한 번 돌아오는 경지나, 돌아오지 않는 경지나, 거룩한 경지를 실현하는 것이 가능합니까?
>
> 아난다여, 여인들이 여래께서 설한 가르침과 계율 가운데 집에서 집 없는 곳으로 출가해서, 흐름에 든 경지나, 한 번 돌아오는 경지나, 돌아오지 않는 경지나, 거룩한 경지를 실현하는 것이 가능하다.

흐름에 든 경지라고 하는 것은 진리의 흐름에 들었다는 뜻이다. 붓다의 가르침을 배우며, 사성제를 알게 되고, 팔정도를 실천하면 예류과(預流果)에 들었다고 할 수 있다. 흐름의 경지에 든 사람은 여러 가지 실수를 하고 잘못도 범할 수 있지만, 일곱 번까지 태어나는 동안 성불한다. 보시도 많이 하고 선행도 많이 해서 다음 생에 다시 인간으로 태어나 깨달아서 성불한다는 것이다. 한 번 돌아오는 경지는 일래과(一來果)이고, 돌아오지 않는 경지는 인간계로 돌아오지 않고 천상계로 가는 불환과(不還果)를 말한다. 거룩한 경지는 바로 지금 이 생에 해탈해 아라한과(阿羅漢果)가 된다는 것이다. 붓다는 여성도 아라한이 될 수 있다고 말한다.

실제로 『쌍윳따니까야』에 실린 '수행녀의 품'을 보면, 출가한 뒤에 궁극적 깨달음을 얻어 악마와의 싸움에서 승리한 알라비까(Ālavikā), 쏘마(Somā), 고따미(Gotamī), 비자야(Vijayā), 우빨라반나(Uppalavannā), 짤라(Cālā), 우빠짤라(Upacālā), 씨쑤빠짤라(Sīsupacālā), 쎌라(Selā), 바지라(Vajirā)라는 수행녀들이 등장하고 그 밖에도 많은 수행녀 제자의 오도송(悟道頌)이 『장로니게(長老尼偈, Therīgāthā)』에 전해지고 있다(『쌍윳따니까야』, 2014: 150). 즉, 붓다는 여성이 남성과 동일한 경지에 오를 수 있으며 궁극적 깨달음의 경지에 도달할 수 있는 존재임을 직접 가르치고 있다.

(2) 여성불성불론과 변성성불론

여성은 성불할 수 없다는 여성불성불론(女性不成佛論)의 초기불교적 근원은 『앙굿따라니까야』의 '여자의 경'에서 붓다의 다음과 같은 말씀에 근거한다(『앙굿따라니까야 1·2』, 2007: 217).

> 수행승들이여, 여자가 거룩한 님, 올바로 원만히 깨달은 님이 된다면, 그것은 있을 수 없고 가능하지 않은 일이다. 그러나 수행승들이여, 남자가 거

룩한 님, 올바로 원만히 깨달은 님이 된다면, 그것은 있을 수 있고 가능한 일이다.

거룩한 님은 탐(貪)・진(瞋)・치(癡)가 없는 아라한을 말하며, 올바로 원만히 깨달은 님은 붓다를 말한다. 여자가 아라한이나 붓다가 될 수가 없다고 분명하게 말한 것은 앞의 경전과 상당히 모순된다. 초기불교 사상에서 아라한과 붓다는 차이가 없다. 붓다도 아라한으로서, 거룩하며 인간으로서는 최고의 가치를 지닌 사람이고 붓다 스스로도 이렇게 오신 님, 거룩한 님, 올바로 원만히 깨달은 님이라고 말한다.

앞서『앙굿따라니까야』의 '고따미의 경'에서 붓다는 여성도 아라한과 정등각자가 될 수 있음을 분명히 설했는데, 동일한 경전인『앙굿따라니까야』의 '여자의 경'에서는 여성이 아라한과 정등각자가 될 수 없다고 설했다. 똑같은 경전에서 여성은 한편으로 깨달을 수 있는 존재이며 다른 한편으로 깨달을 수 없는 존재라는 상반된 내용을 담고 있는 것이다. 초기불교에서는 거룩한 님인 아라한과 올바로 원만히 깨달은 님인 정등각자가 깨달음의 가장 높은 단계로서 동일한 지위인 반면, 대승불교에서는 아라한과 정등각자가 아니라 붓다가 되는 것이 깨달음의 최종 목표이다. 그러므로 초기불교에서 여성은 물론 남성도 아라한이 될 수 있어도 붓다는 될 수 없다는 것이 모순이 아니다. 하지만 아라한의 경우에 남성은 될 수 있지만 여성은 될 수 없다는 것은 남녀 차별적인 주장으로, 이는 논리적으로 맞지 않다.

이처럼 동일한 경전 내에서 여성성불 가능성에 대한 모순된 진술이 전해 오는 이유는 무엇일까? 이는 아마도『앙굿따라니까야』가 니까야 가운데 남성 중심적 사상이 팽배했던 비교적 후기에 성립되었고, 그 결과 사회적인 성 차별적 이데올로기가 편입된 것이 아닌가 생각된다. 이후 등장한 대승경전

(大乘經典)에서는 성차별이 노골적으로 나타나며 여성이 남성으로 태어나야 성불할 수 있다는 '여성변성성불론'이 등장하는데, 이는 초기 경전에 없는 가르침이다. 초기 경전에 따르면 여성이 남성과 똑같이 수행하면 천상 세계에 태어나 거기서 바로 성불하거나, 남성처럼 똑같이 세상에 태어났다가 성불하기도 하지만, 남성으로 다시 태어나 성불해야 한다는 가르침은 어디에도 없다. 따라서 여성성불과 관련된 내용들은 경전에서도 상당히 모순적으로 전개된다.

여성이 성불할 수 없다는 모순을 해결하기 위해 등장한 것이, 여성은 일단 남성으로 태어나 성불해야 한다는 변성성불론(變性成佛論)이다. 변성성불론은 『법화경(法華經)』, 『무량수경(無量壽經)』, 『대아미타경(大阿彌陀經)』과 같은 민중 신앙의 소의경전(所依經典)에 주로 나타난다. 『무량수경』에는 다음과 같은 본원이 있다.

> 설사 내가 부처가 될 수 있다고 하더라도, 시방 무량 불가사의 모든 부처님 세계에 있는 여인이 나의 이름을 듣고 환희하여 보리심을 일으켜 여자 몸을 싫어하고도 목숨이 다한 뒤에 다시 여성이 된다면, 정각을 이루지 않겠습니다.

본원이란 '붓다가 성불하기 이전, 즉 보살로 계실 때 세운 서원'이라는 뜻으로, 아미타불의 전신인 법장(法藏) 비구의 48원 중 제35원에 해당하는 변성남자원(變成男子願)이다. 이 원은 『대아미타경』에서 제2원에 해당되는데, "나의 나라에는 부인, 여인이 없고 나의 나라에 태어나는 여인은 모두 남자로 변하길 원한다"라고 되어 있다. 즉, 모든 여인은 남성의 몸으로 변해 성불을 이루기 바란다는 것이다. 여성은 성불할 수 없고 남성으로 다시 태어나야만 성불할 수 있다는 '변성성불론'을 담은 대표적 경전이라고 할 수 있다. 그렇지만 절대 여자로 태어나지 않겠다, 또는 남성으로 태어나 정각을 이루겠다는 등의 내용이 포함된 대승경전은 붓다가 직접 설법한 것이 아니다.

붓다 사후에 아주 오랜 시간이 지나 만들어진 것이 대승불교이고 대승경전이다. 누군가 붓다의 핵심적인 가르침을 기록한 것이 후대에 전달되어 내려오다가 깨달은 사람들이 내용을 추가해 만들어진 경전이 대승경전이다. 붓다라는 말 자체가 '깨달은 님'이라는 뜻이므로 깨달은 사람이 경전을 썼다고 하면 모두 붓다가 만들었다고 해도 모순은 아니지만, 적어도 역사적 생존 인물인 싯다르타로서 깨달은 붓다가 말한 것은 아니다. 경전은 오랜 세월 전승되면서 기록자의 남성우월 사상이 첨가되었을 수 있기 때문에 경전에 기록되어 있어도 그 맥락이나 의미를 충분히 살펴보아야 한다.

(3) 여성즉신성불론

대승불교의 후기 사상에 남녀평등적 여성관이 등장하면서 여성의 몸으로도 성불할 수 있다는 '여성성불론'이 등장한다. 하지만 재가자로서 성불할 수 있는 것은 아니므로, '여성출가성불론'이라고 해야 더욱 정확하다. 이는 초기 경전의 사상과 상당히 흡사한 측면을 갖고 있는데, 주로 용수(龍樹, Nāgārjuna)가 나타난 이후 여러 가지 공 사상을 바탕으로 '즉신성불(卽身成佛)' 사상이 티베트 밀교 등에서 나타난다.

대승경전이나 티베트불교 등 모든 경전에서는 용수의 공 사상, 중관(中觀) 사상을 바탕으로 하면서 '즉신성불' 사상이 등장한다. 중생의 몸이 바로 붓다인데, 무명과 번뇌에 둘러싸여 있어 그 자신을 바로 볼 수 없기 때문에 수행으로 자신의 불성을 되찾고자 하는 것이다. 대승불교의 공 사상은 붓다의 가르침 중 핵심인 공 사상에서 나왔는데, 이는 연기법(緣起法)을 말한다. 즉, 연기·공에 의해 깨달음을 얻으면 누구든지 곧바로 붓다가 될 수 있다는 사상인데, 이는 초기불교의 가르침에 매우 가깝다. 대승불교 중·후기에 공 사상이 등장하면서 '여성즉신성불론'이 나타난다고 할 수 있다.

초기 경전에는 여성즉신성불론에 대한 직접적 언급이 없지만, 초기불교의 남녀평등적인 가르침이나 '여성출가성불론'에 비추어보면 즉신성불 사상이 불가능한 교설은 아니다. 여성즉신성불론은 여성의 몸 그대로 성불해 완전한 깨달음을 얻을 수 있다는 사상으로, 『유마경(維摩經)』과 『승만경(勝鬘經)』 같은 중기 대승경전에서는 여성의 몸으로 직접 성불하는 천녀와 승만부인의 예로 증명된다.

3. 반페미니즘적인 교리에 대한 이해

1) 여인오장설

『앙굿따라니까야』의 '여자의 경'에 따르면 여성이 깨달음에 이르는 것을 가로막는 다섯 가지 장애가 있는데 이를 '여인오장설(女人五障說)'이라고 한다. 빠알리어 대장경이나 북방의 아함경, 그리고 대승경전에도 포함되었으며 후대로 갈수록 점점 더 강조되어 전해온다. '여자의 경'이 경전에 어떻게 편입되었는지는 역사적으로 밝혀진 바가 없지만, 경전에 전해오는 내용은 당시 여성의 사회적 지위를 그대로 반영한 것이 아닌가 생각한다.

여자와 남자를 차별하는 내용을 경전에서 찾기가 쉽지 않은데, '여인오장설'의 유래가 되는 『앙굿따라니까야』의 '여자의 경'은 다음과 같다(『앙굿따라니까야 1·2』, 2007: 115~116).

① 수행승들이여, 여자가 거룩한 님, 올바로 원만히 깨달은 님이 된다면, 그것은 있을 수 없고 가능하지 않은 일이다. 그러나 수행승들이여, 남자가 거룩한 님, 올바로 원만히 깨달은 님이 된다면, 그것은 있을 수 있고 가능한 일이다.

② 수행승들이여, 여자가 전륜왕이 된다면, 그것은 있을 수 없고 가능하지 않은 일이다. 그러나 수행승들이여, 남자가 전륜왕이 된다면, 그것은 있을 수 있고 가능한 일이다.

③ 수행승들이여, 여자가 제석천이 된다면, 그것은 있을 수 없고 가능하지 않은 일이다. 그러나 수행승들이여, 남자가 제석천이 된다면, 그것은 있을 수 있고 가능한 일이다.

④ 수행승들이여, 여자가 악마가 된다면, 그것은 있을 수 없고 가능하지 않은 일이다. 그러나 수행승들이여, 남자가 악마가 된다면, 그것은 있을 수 있고 가능한 일이다.

⑤ 수행승들이여, 여자가 하느님이 된다면, 그것은 있을 수 없고 가능하지 않은 일이다. 그러나 수행승들이여, 남자가 하느님이 된다면, 그것은 있을 수 있고 가능한 일이다.

그런데 이 구절들은 다른 경전의 내용과 상반된다. 예를 들면 ②에서 전륜왕이라는 것은 나폴레옹이나 알렉산드로스 대왕, 칭기즈칸처럼 폭력을 이용하는 왕이 아니라 병법이나 비폭력으로 전 세계를 지배하는 왕을 말한다. 이때 여자는 전륜왕이 될 수 없다고 하지만, 이 내용과 모순되는 내용이 경전에 있다. 예를 들어 『쌍윳따니까야』에는 빠세나디(Pasenadi) 왕이 말리까(Mallikā) 왕비가 딸을 낳았다는 소식을 듣고 딸이 왕위를 계승할 수 있을지 걱정되어 붓다에게 고민을 토로하는 이야기가 나온다(『쌍윳따니까야』, 2014: 128). 붓다는 여자가 남자보다 더 뛰어날 수 있으며, 왕이 될 수 있다고 설법한다. ③에서 제석천은 33천(天)신들의 제왕인데, 여자이기 때문에 안 된다는 말은 초기 경전에 없다. 이 또한 당시 인도 사회를 지배하던 힌두교나 브라흐만교의 영향을 그대로 반영하고 있는 것이 아닌가 생각한다.

④의 악마는 불교에서 나쁜 의미로 쓰이는 것이 아니다. 서양의 악마인 사탄은 불길하고 인간에게 해를 입히는 존재이지만 불교에서는 유혹을 뛰어넘게 만들어 깨달음을 돕는 역할을 한다. 악마는 하늘아들(devaputta)로서 감각적 쾌락의 세계인 하늘나라의 최고천이라 할 수 있는 '다른 신이 만든 것을 지배하는 신들의 하늘나라(他化自在天)'에 거주하면서 수행자가 그 세계를 뛰어넘어 다른 상위의 세계로 가는 것을 방해한다. 모든 종교는 천상 세계에서 태어나 행복하게 사는 것을 최고의 목표로 삼는데, 불교는 천상 세계가 최고의 목표가 아니며 완전한 해탈을 추구한다. 천상 세계에는 인간세계보다 많은 감각적 쾌락이 있기 때문에 악마는 수행자가 천상 세계에 그대로 머물기를 권하면서 완전한 해탈을 방해한다. 악마는 감각적 쾌락에서 벗어나 완전한 열반의 세계나 완전히 평화로운 세계, 완전히 명료한 해탈의 세계로 들어가는 것을 방해하면서 신들과 인간으로 하여금 저차원적인 쾌락을 즐기게 만드는 것이다. 이처럼 불교에서 악마는 섬세한 쾌락의 세계까지만 인도하고 그 이상의 단계로 나아가는 것을 방해하는 존재이므로 악마도 인간계보다 높은 천상에 산다. 여자는 이처럼 천상의 세계에 사는 악마가 될 수 없다는 것인데, 아라한의 지위에까지 오른 비구니가 있는 것을 볼 때 이러한 주장은 이해할 수 없다.

⑤의 하나님은 범천, 즉 하늘에 사는 존재로 불교에서는 수많은 하느님이 있다. 하느님이라는 말은 기독교에서 먼저 사용한 용어가 아니다. 기독교가 들어오기 전에 이미 하느님, 한울님이라는 용어가 있었다. 기독교가 천상에

사는 신들을 자신의 신으로 번역한 것이다. 인도에서 최고신을 가리키는 용어는 범천, 브라흐만, 창조신 등으로 다양한데, 이러한 어려운 용어를 우리말로 번역하면 곧 하느님이다. 경전에는 범천이 여러 군데 나타나는데, 하늘 세계인 범천계에는 수많은 하느님이 있다. 예를 들면 명상 중에 적어도 초선(初禪)에 들었을 때, 최고의 천상계(天上界)에 들면 나라는 존재가 우주 전체와 조율되어 공명하면서 천상계가 열리게 된다. 그러면 거기에 수많은 하느님이 나타나는데, 여자의 몸으로 하느님이 된다는 것은 있을 수도 없고 가능하지도 않다는 것이다.

하지만 초기 경전에 따르면 여성은 돌아오지 않는 자(불환자)가 될 수 있을 뿐만 아니라 지금 당장 해탈할 수 있는 존재(아라한)가 되는 것도 가능하다. '돌아오지 않는 자'가 된다는 것은 천상 세계의 범천계에 태어나서 돌아오지 않는다는 말인데, 여성이 돌아오지 않는 님이 된 사례는 경전에 수없이 나온다. 출가여성뿐 아니라 재가여성도 여러 가지 선행을 하거나 보시·지계·인욕을 하거나 팔정도를 닦거나 하면 얼마든지 돌아오지 않는 자가 될 수 있다. 즉, 최고의 천상 세계에 태어나 거기서 바로 열반에 들 수 있다는 것인데, 만약 여성이 하느님이 될 수 없다면 경전에 나오는 이러한 내용과 완전히 상반된 주장이 된다.

초기 경전에서는 여성에게 왜 다섯 가지 장애가 있는지에 대한 자세한 설명이 없다. 이러한 가르침은 북전과 대승에도 계승되어 『증일아함경』 제38권, 『중본기경(中本起經)』, 『오분률(五分律)』, 『법화경』 등 많은 경전에서 계승하며 발전시키고 있다. 여인오장설의 이유를 설명한 유일한 대승경전인 『초일명삼매경(超日明三昧經)』에서는 여자가 교태가 많고, 음란하며, 절제가 없고, 경박하며, 불순하고, 잘 숨기며, 청정행이 없고, 색욕을 탐닉하며, 솔직하지 못해 행위가 반듯하지 못함 등 때문이라고 밝히고 있다. 이처럼 여성은 부정한 몸이기 때문에 성불하기 위해서는 다음 생애에 남성의 몸을 받아야 한다는 것이다.

팔정도를 닦고 육바라밀(六波羅蜜)을 행하면 재가여성도 얼마든지 불환자가 될 수 있지만, 『앙굿따라니까야』에서 여인이 이러한 다섯 가지 경지에 오를 수 없다는 주장은 초기 경전과 모순된다. 이는 후기의 남성 중심 사상이 경전에 반영된 것이라고 볼 수 있다. 즉, 당시에는 인도뿐 아니라 중국 등에서 세계사적으로 가부장제가 공고했고 여성의 지위는 보잘것없었다. 따라서 강력한 가부장적 사유의 흐름이나 방식 등이 붓다 사후 경전에 점차 반영되기 시작했다고 봐야 한다.

2) 음마장상

대승경전에 특히 많이 나오는 붓다 용모의 32가지 특징이 있다. 이는 빠알리어 경전에 등장하지만 붓다의 특징이 아니라 인도 사회에 전통적으로 내려오던 대인들의 특징이다. 붓다는 워낙 출중한 외모를 지녔는데, 그의 죽음에 이르러 어떤 신자가 황금으로 짠 옷을 선물했다. 평소 누더기 가사를 입고 있던 붓다는 상대방의 호의를 생각해서 그 옷을 한번 입어봤더니 '황금옷이 빛을 잃었다'는 당대 기록이 남아 있을 정도로 상호(相好)가 출중했다고 한다.

인도에는 전래로 32가지의 위대한 사람의 특징을 갖춘 자〔32대인상(三十二大人相)〕가 있었는데, 음마장상(陰馬藏相)은 그중 하나이다. 『디가니까야』의 '비유의 큰 경'에 그 전설이 자세히 소개되고 있다(『디가니까야』, 2011: 595).

만약 그가 재가에 있다면, 전륜왕이 되어 법으로 통치하는 정의로운 왕으로서 사방의 주인으로서 승리자로서 나라에 평화를 가져오고 일곱 가지 보물을 성취한다. 그에게는 이와 같은 일곱 가지 보물, 즉 수레바퀴의 보물, 코끼리의 보물, 말의 보물, 구슬의 보물, 여자의 보물, 장자의 보물, 일곱 번째로 대신의 보물이 생긴다.

또한 그에게는 용맹하고 영웅적이어서 적군을 부수는 천 명 이상의 자녀가 생긴다. 그는 큰 바다에 이르기까지의 대륙을 다스리되 몽둥이를 사용하지 않고 칼을 사용하지 않으며 정법을 사용한다. 그러나 만약 그가 집에서 집 없는 곳으로 출가하면, 세상에서의 모든 덮개를 제거하는 거룩한 님, 올바로 원만히 깨달은 님이 된다.

이러한 설화는 니까야에서 붓다의 위대성을 설명하기 위해 채용된 것이다. '음마장상'의 원문은 다음과 같다(『디가니까야』, 2011: 596).

수행승들이여, 위대한 사람은 몸속에 감추어진 성기를 갖고 있다. 수행승들이여, 위대한 사람이 몸속에 감추어진 성기를 갖고 있다면, 수행승들이여, 그것이 위대한 사람이 지닌 위대한 사람의 특징이다.

'음마장'은 빠알리어로 'kosohitavatthaguyho', 산스크리트어는 'kośopagata-vasti-guhya' 라고 하며, 한문 번역으로는 '세봉장밀상(勢峯藏密相)'이라고 한다.[1] 위대한 사람이 지닌 성기의 특징에 대한 설명에서 32상 가운데 하나로 설명하고, 때로는 붓다 스스로 위대한 사람의 특징으로서 이를 설명한다. 이

---

[1] 『쑤망갈라빌라씨니(Sumaṅgalāvilasinī)』에 따르면, 황소나 코끼리 등처럼 황금의 연꽃 과피와 같은 덮개에 둘러싸인 음부를 말한다(Smv. 447).

는 몸속에 감춰진 성기를 지녔다는 말로, 이것만으로는 남자의 신체 특징을 말하는지 여자의 신체 특징을 말하는지 분명치 않다. 위대한 사람이라고 해서 모두 남자만 의미하는 것인지는 알 수 없지만, 중국에서는 남성 위주로 '음마장상'을 번역한 것이다.

'음마장상'이란 '말의 성기처럼 걸쳐져 있는 성기'를 의미한다고 번역되었는데 이 말을 좀 더 부드럽게 표현하기 위해 '세봉장밀상'(세봉이라는 용어가 남자의 성기를 의미하는 것으로 짐작된다), 즉 성기가 깊숙하게 감춰져 있다고 번역한 것이다. 대승경전에서 이는 남자의 성기를 의미하며 붓다의 상호에 구체적으로 남자 성기가 명시되어 있다. 이것이 붓다는 반드시 남자이므로 여자는 성불할 수 없다는 '여성불성불론'이나, 여자는 남자의 성기를 가지고 다시 태어나야만 성불할 수 있다는 '변성성불론'의 근거가 되기도 한다.

흥미로운 것은 '음마장상'을 갖게 된 동기에 대한 설명이다. 『디가니까야』의 '위대한 사람의 특징의 경'은 비교적 후대에 성립된 경전인데, 이 경전에는 다음과 같은 내용이 나온다(『디가니까야』, 2011: 1291).

> 수행승들이여, 여래는 어떠한 예전의 삶, 예전의 존재, 예전의 처소에서든지 예전에 인간의 존재로 있으면서 오래 함께 살다가 오래 떠나 사는 친지와 친구와 다시 만나고, 아들로서 어머니와 다시 만나고, 어머니로서 아들과 다시 만나고, 아들로서 아버지와 다시 만나고, 아버지로서 아들과 다시 만나고, 형제로서 형제와 다시 만나고, 누이로서 오빠나 동생과 다시 만나고, 오빠나 동생으로서 누이와 다시 만나고, 함께 만나서 크게 기뻐했다.
>
> 그는 그러한 업을 행하고 쌓고 증대시키고 확대시켰기 때문에 몸이 파괴되고 죽은 뒤에 좋은 곳, 천상의 세계에 태어났다. 그는 거기서 다른 신들 보다 열 가지, 곧 천상의 수명, 천상의 용모, 천상의 행복, 천상의 명성, 천상의

권세, 천상의 형상, 천상의 소리, 천상의 향기, 천상의 맛, 천상의 감촉에서 우월했다. 그는 거기서 죽어서 이곳으로 와서 이러한 위대한 사람의 특징, 곧 몸속에 감추어진 성기의 특징을 얻었다.

몸속에 감춰진 성기의 특징을 얻게 된 것은 앞서 제시된 내용처럼 전생의 삶을 살았기 때문이라는 것이다. 그러니까 오랜 세월 수많은 전생 중에서 아내와 남편으로 만난 게 아니라, 아들과 어머니, 어머니와 아들, 아들과 아버지, 아버지와 아들, 형제와 형제, 누이와 오빠, 오빠와 동생 이런 관계로 계속 만나면서 좋은 업을 많이 쌓아 천상 세계에서 태어났기 때문이라고 한다. 천상 세계에서도 다른 신들보다 훌륭한 외모·형상·권세를 갖게 되었고, 다시 인간세계로 와서 위대한 사람의 몸이 지닌 특징을 갖게 되었다는 것이다. 즉, 남녀의 관계로 인연을 겪은 것이 아니라 수많은 사람과 형제 관계, 누이와 동생 관계, 어머니와 아버지의 관계, 아버지와 딸의 관계, 어머니와 딸의 관계로 만났는데, 이는 다른 말로 표현하면 성적 행위가 없었다는 뜻이다.

특히 오랜 세월 순결하게 살아왔기 때문에 이처럼 훌륭한 복을 갖게 되었다는 것이다. 그런데 '음마장'을 '황소나 코끼리 등처럼 황금의 연꽃 과피와 같은 덮개에 둘러싸인 음부'로 표현한다면, 남성의 성기인지 여성의 성기인지 모호하다. 일반적으로 '대인상'이라고 하면 남자의 용모를 말하는 것으로 생각할 수 있다. 그러나 관세음보살은 여자의 모습이지만 자세히 보면 수염이 나 있다. 즉, 남성도 여성도 아닌, 성을 초월한 존재인 것이다. 그러므로 '음마장'은 남성의 성기라기보다는 섹슈얼리티를 초월한 사람의 성기를 표현한 것이라고 생각된다.

오랜 세월 동정을 지키게 되면 남성도 성을 초월하고 여성도 성을 초월하는데, '음마장'은 오랫동안 성적 행위를 멀리하면 남성과 여성을 초월한 존재의 특징으로 보인다는 의미일 것이다. 즉, 음마장이란 남성의 성기를 의미하기보다는 어떤 경지에 이르면 성을 초월하는 사람의 특징을 말하는 것이 아닌가 생각한다.

3) 비구니 팔경법

(1) 팔경법의 유래

여성이 출가해 아무리 나이가 들어도 남성출가자를 공경하고 절해야 한다는, 여성 출가자만 지켜야 하는 여덟 가지 계율을 팔경법(八敬法)이라고 한다. 팔경법은 후대에 올수록 한문 번역에서 오해의 여지가 많기 때문에 빠알리어 원문을 보아야 정확히 이해할 수 있다. 『앙굿따라니까야』의 '고따미의 경'에서 팔경계와 불법오백년감소설이 유래하는데, 그 내용은 다음과 같다 (『앙굿따라니까야 8·9』, 2008: 232).

> 부처님께서 싸끼야족의 까삘라밧투 시의 니그로다 승원에 계실 때에 마하빠자빠띠 고따미(Mahapajapati Gotamī)가 부처님을 찾아왔다. 이때에 마하빠자빠띠 고따미가 여인의 출가를 요청했다.
> "세존이시여, 여인으로서 여래께서 설하신 가르침과 계율에 따라 집에서 집 없는 곳으로 출가하는 것을 허락해주시면 감사하겠습니다."
> 라고 세 번 간청하자 부처님은
> "고따미여, 그만두십시오. 여인으로서 여래께서 설하신 가르침과 계율에 따라 집에서 집 없는 곳으로 출가하는 것을 그대가 선호하지 마십시오."
> 라고 세 번 거절한다.

왜 거절했는가에 대해서는 여러 가지 주장이 있겠지만, 여자의 몸으로 숲에서 수행하다 보면 괴한에게 공격을 당할 수도 있고, 산짐승에게 물릴 수도 있으며, 걸식 생활을 하는 것이 쉽지 않다는 의미도 있을 것이다. '선호하지 말라'는 '할 수는 있지만 우선으로 선택하지 말라'는 의미도 내포한 말이다. 한문 번역에서는 이런 의미를 찾아볼 수 없고, 단지 출가를 허락하지 않는다고만 서술된다. '선호하지 말라'는 것과 '하지 말라'는 말은 상당히 다른 의미를 내포하는데, 한문 번역에서처럼 이러한 의미를 살려내지 못하면 상당한 오해의 소지가 있다. 그래서 고따미는 세 번을 간청하지만, 붓다는 세 번 다 똑같은 말로 거절한다.

붓다는 베쌀리 시의 마하 숲에 있는 꾸따가라쌀라로 포교를 떠났는데, 고따미는 그곳까지 따라가서 발이 붓고 몸이 먼지로 뒤덮인 채 괴로워하며 슬퍼하고 얼굴에 눈물을 흘리면서 문 밖에 서 있었다. 그것을 본 아난다가 그 연유를 묻고는 다시 붓다에게 간청했지만 붓다의 거절은 동일했다. 아난다는 고따미가 오랫동안 걸어와 온몸이 붓고 발에 상처가 나서 괴로워하고 슬퍼하는데 붓다가 왜 거절하는지 물으며 여인의 출가를 허락해달라고 간청한 것이다. 그런데 붓다가 또 거절하니까 아난다는 중간에서 난처해졌다. 그래서 곰곰이 생각한 후 '아, 붓다는 굉장히 합리적인 분인데, 내가 질문을 잘못했다. 좀 더 논리적으로 질문해야겠다'라고 생각하고, 질문 방식을 바꾸어 다시 물었다.

"세존이시여, 여인들이 여래께서 설한 가르침과 계율 가운데 집에서 집 없는 곳으로 출가해서, 흐름에 든 경지나, 한 번 돌아오는 경지나, 돌아오지 않는 경지나, 거룩한 경지를 실현하는 것이 가능합니까?"

라고 여쭈었다. 그러자 부처님은

"아난다여, 여인들이 여래께서 설한 가르침과 계율 가운데 집에서 집 없는 곳으로 출가해서, 흐름에 든 경지나, 한 번 돌아오는 경지나, 돌아오지 않는 경지나, 거룩한 경지를 실현하는 것이 가능하다."

라고 대답하자, 기회를 틈타 아난다가,

"세존이시여, 만약에 여인들이 여래께서 설한 가르침과 계율 가운데 집에서 집 없는 곳으로 출가해서, 흐름에 든 경지나, 한 번 돌아오는 경지나, 돌아오지 않는 경지나, 거룩한 경지를 증득하는 것이 가능하다면, 세존이시여, 세존의 이모, 양모, 보모, 유모로서 많은 은혜를 베푸신 마하빠자빠띠 고따미께서는 세존의 생모가 돌아가시고 나서 세존께 모유를 드시게 했습니다. 세존이시여, 부디 여인으로서 여래가 설한 가르침과 계율 가운데 집에서 집 없는 곳으로 출가하는 것을 허락해주십시오."

라고 재차 간청하자 부처님은 다음과 같은 팔경법을 제시했다.

"아난다여, 만약에 마하빠자빠띠 고따미가 이와 같은 여덟 가지 공경의 원리[2]를 받아들인다면, 그녀에게 이것이 구족계가 될 것이다.

① 수행녀는 구족계를 받은 지 백 년이 되어도 방금 구족계를 받은 수행승에게 인사를 하고 자리에서 일어나 합장하고 응대해야 한다. 이 원리를 목숨이 다할 때까지 어기지 않도록 공경하고, 존중하고, 숭앙하고, 존숭해야 한다.

② 수행녀는 수행승이 없는 곳에서 안거(安居)해서는 안 된다. 이 원리를 목숨이 다할 때까지 어기지 않도록 공경하고, 존중하고, 숭앙하고, 존숭해야 한다.

③ 수행녀는 보름마다 수행승의 참모임에 두 가지 원리, 즉 포살에 대한 질

---

2 aṭṭhagarudhamma. 한역에서는 '팔경법'이라고 한다.

문과 훈계하는 자의 방문을 간청해야 한다. 이 원리를 목숨이 다할 때까지 어기지 않도록 공경하고, 존중하고, 숭앙하고, 존숭해야 한다.

④ 수행녀는 안거를 마치면 수행승과 수행녀의 참모임에서 보고, 듣고, 추측한 세 가지 잘못에 관해서 자자(自恣, pavāraṇā)를 행해야 한다.[3] 이 원리를 목숨이 다할 때까지 어기지 않도록 공경하고, 존중하고, 숭앙하고, 존숭해야 한다.

⑤ 수행녀가 공경의 원리를 어기면 수행승과 수행녀의 참모임에서 십사일간의 참회를[4] 행해야 한다. 이 원리를 목숨이 다할 때까지 어기지 않도록 공경하고, 존중하고, 숭앙하고, 존숭해야 한다.

⑥ 정학녀[5]는 2년 동안 여섯 가지 원리에 대해[6] 학습한 뒤에 수행승과 수행녀의 참모임에서 구족계를 청해야 한다. 이 원리를 목숨이 다할 때까지 어기지 않도록 공경하고, 존중하고, 숭앙하고, 존숭해야 한다.

⑦ 수행녀들은 어떠한 이유로도 수행승들을 비웃거나 비난해서는 안 된다. 이 원리를 목숨이 다할 때까지 어기지 않도록 공경하고, 존중하고, 숭앙하고, 존숭해야 한다.

---

3   안거의 마지막 날에 그동안 지은 죄의 참회를 하는 모임을 자자라고 한다. 자자를 행할 때에는 의식을 잘하는 사람이 사회를 보고 제일 웃어른부터 차례로 나와 대중 앞에서 '저는 스스로 청합니다. 안거 중의 행동과 언어에 잘못이 있다면 지적해주십시오. 제가 알게 되면, 참회하겠습니다'라고 청한다. 이렇게 거듭 세 번 물어서 누가 지적하든 감사한 마음으로 받아들이고 참회한다.

4   한역에서는 별주갈마(別住羯磨)라고도 한다. 승잔죄(僧殘罪)를 저지른 자가 자신의 죄를 고백하지 않으면 고백할 때까지 승단 내부의 별도 장소에 따로 살게 하는 처벌이다. 이것이 끝나면 참회(mānatta)를 해야 하며, 참회가 끝나면 출죄복귀(abbhāna)가 이루어진다.

5   한역은 식차마나(式叉摩那). 비구니는 20세 이후에 출가하더라도 구족계를 받기 전에 2년간 견습 기간을 거쳐야 한다. 이 기간의 출가 여인을 말한다.

6   오계(五戒)와 때 아닌 때의 식사를 금하는 것이다.

⑧ 오늘 이후 수행녀들의 수행승들에 대한 충고의 길은 막히나, 수행승들의 수행녀들에 대한 충고의 길은 막히지 않는다. 이 원리를 목숨이 다할 때까지 어기지 않도록 공경하고, 존중하고, 숭앙하고, 존숭해야 한다.

아난다여, 만약에 마하빠자빠띠 고따미가 이와 같은 여덟 가지 공경의 원리를 받아들인다면, 그녀에게 이것이 구족계가 될 것이다."

(2) 팔경법의 재해석

팔경계를 순서대로 살펴보면 다음과 같다.

① '수행녀는 구족계를 받은 지 백 년이 되어도 방금 구족계를 받은 수행승에게 인사를 하고 자리에서 일어나 합장하고 응대해야 한다'는 조항은 율장(律藏, Vinaya Pitaka)의 『쭐라박가(Cullavagga)』에서도 강조되기 때문에 붓다의 말씀으로 인정해야 한다고 생각한다(『쭐라박가』, 2014: 1004). 당시에는 엄격한 카스트 제도가 지배하던 사회였지만 승단에서는 궁궐 여성 출신이라 할지라도 신분 차별이 없기 때문에 더욱 철저히 자신을 낮추어야 한다는 의미라면 붓다의 의도가 충분히 이해되기 때문이다.

② '수행승이 있는 곳에서 안거를 해야 한다'는 조항은 당시의 시대적 환경 때문이다. 당시 승가에는 출가한 불교 수행자만 있었던 것이 아니라, 출가해서 돌아다니는 많은 수행자가 있었다. 자이나교에는 여성 출가자도 있었고 현세에서 잘 먹고 즐겨야 한다는 유물론자들도 있었다. 심지어 다른 종교의 여성 출가자가 붓다를 모함하기까지 했다. 많은 사람이 불교 교단에 모여들어 보시를 하니 자신들에게는 보시물이 적다며 불평하다가 급기야 불교 교단을 없애기 위해 붓다를 모함한 것이다. 그 내용인즉, 어떤 여자가 붓다가 기거하던 집에 매일 밤 드나든다고 소문을 냈는데 붓다와 자고 왔다며 거짓말까지 했다. 심지어는 대중 앞에서 공개적으로 붓다의 아이를 임신했다고

소문내며 붓다에게 공개적으로 망신을 주었다. 이처럼 수행녀들 가운데 일부는 붓다를 직접 음해해 승단에 모욕을 주었고, 또 어떤 여성 수행자는 함부로 성관계를 해서 승단을 곤란에 빠뜨리기도 했다. 그러므로 먼저 출가한 많이 배운 비구 고승들의 보호와 가르침을 받도록 하는 것이 붓다의 목적이 아닌가 생각된다.

③ '수행승의 참모임에 참석을 해서 포살해야 한다'는 조항은 먼저 배운 선배에 의한 일종의 수행 점검이라고 할 수 있다. 옛날에는 포살(布薩)이 보름 기간 중에 모이는 것을 의미했는데, 달이 없으면 어두워서 모이기가 쉽지 않아 달 밝은 밤인 보름이 포함된 제14일, 제15일, 제8일에 모였다. 보름날 달이 가득할 때, 또는 달이 없으면 횃불을 밝힌 채 사방에서 수행자가 모여 붓다가 제시한 오계나 팔계 등의 기본 계율을 다 같이 외웠다. 비구·비구니가 붓다가 말씀한 계율을 외우고 그에 대해 질문하거나 훈계하는 것이 포살이다. 지금도 남방불교 국가에서는 보름날 모여서 불을 밝혀 포살하며, 자기 잘못을 스스로 고백하고 죄를 없애는 자자를 한다.

자신의 잘못을 혼자서 감당하기가 힘들고 어려울 때는 심리적 문제로 발전해 병이 되기도 한다. 그런데 천주교에서 신부를 찾아가 고해성사를 하듯이 보름마다 자자를 하면서 자기 잘못을 여러 사람한테 고백하면 고통이 덜어진다. 오늘날 프라이버시가 중요해지면서 그런 전통이 거의 사라졌지만, 고통은 나누면 더 가벼워진다는 의미이다. 그러므로 우리도 자자와 포살 전통을 계속 유지해나가야 한다.

④와 ⑤의 안거와 관련해서 보면, 안거는 3개월 동안 밖을 다니지 않고 수행만 하는 것을 말한다. 인도에는 3~4개월 정도 우기가 있는데, 이 기간에는 수많은 곤충과 생물이 길에 나왔다가 탁발하는 수행자도 모르는 사이에 밟혀 죽기도 한다. 그러므로 이때 절에서 나가지 않고 한곳에 모여 수행하는데,

한 공간에 사람들이 모여 살다 보면 서로 다툼이 생기기도 한다. 그래서 안거가 끝나는 날 '자자'를 통해 자기 잘못을 고백하게 하는 것이다. 수행승과 수행녀가 함께 모여 안거를 마치고 참모임에서 목숨이 다할 때까지 계율을 어기지 않도록 공경·존중·숭앙·존중할 것을 다짐하는 것이다.

⑥에서 정학녀는 오늘날 사미니를 의미하는데, 출가하고 2년 동안 특별히 여섯 가지 원리에 대해 열심히 공부한 뒤 정식으로 비구니가 된다. 여섯 가지 원리란 오계를 지키고 때 아닌 때 식사를 금한다는 것, 즉 자신의 분량을 알아서 먹는다는 계율을 더한 여섯 가지를 지키는 것을 의미한다.

⑦에서 비구니는 '수행승들을 비웃거나 비난해서는 안 된다'고 했는데, 이는 승단 자체가 성립 초기였기 때문에 승단 공동체가 깨질 수 있으므로 비구를 비난하지 말라는 의미로 생각할 수 있다.

⑧은 수행녀가 수행승을 비난할 수 없고 충고할 수 없다는 것이다. 하지만 이 조항 어디를 봐도 수행승에게 복종해야 한다는 말은 없다. 팔경계를 여성 차별적이며 여성에게 가혹하다고 평가할 수도 있지만 가부장적 사회에서 교단이 성립 초기였던 것을 생각하면 붓다가 시대적 상황을 고려한 것이 아닌가 생각한다.

불교여성주의는 팔경계가 당시 신분 차별을 극복하기 위해 만들어진 계율이라고 주장한다. 고따미는 당시 카스트 제도하에서 왕족 출신이었지만 교단에는 바이샤, 수드라 출신의 비구도 많았다. 갓 출가한 비구에게도 절을 해야 함은 왕족 출신이더라도 바이샤나 수드라에게 절을 함으로써 신분을 벗어나야 한다는 뜻을 강조하기 위한 붓다의 의도일 것이라는 주장도 있다.

또 다른 주장은 『십송율(十誦律)』에 근거한 것으로, 팔경계가 고따미에게만 해당되는 계율이라는 것이다. 붓다 당시에 반가시라는 매우 예쁜 비구니가 있었다. 사람들이 반가시가 구족계를 받으러 갈 때 납치할 계획을 세우자

반가시는 계를 받으러 가지 않는 대신 다른 사람을 보내 계를 받아오게끔 했다. 이러한 방식은 반가시 한 사람에게만 해당되었는데, 이처럼 한 사람에게만 적용되는 계율도 있었다. 따라서 100세가 되더라도 절을 해야 한다는 것은 고따미가 여성 수행자로서 처음이기 때문에 고따미 한 사람에게만 해당되는 이야기라는 것이다. 팔경계가 나올 때는 항상 고따미와 연관되어 나오기 때문에 이러한 주장도 일리가 있다고 본다.

붓다는 수행녀가 지켜야 할 여덟 가지 계율을 제시했지만, 수행녀의 비구교계사(스승)가 되기 위해서도 여덟 가지 조건을 갖추어야 한다고 강조했다. 경전을 보면 붓다는 항상 상대적으로 말하며 일방적으로 가르치는 법이 드물다. 비구니에게 팔경법을 가르치면서 비구교계사에게도 여덟 가지 조건을 제시한 것을 보면 알 수 있다.

(3) 비구교계사의 여덟 가지 조건

『앙굿따라니까야』의 '수행녀의 교계사에 대한 경'(『앙굿따라니까야 8·9』, 2008: 242;『쭐라박가』, 2014: 1011)과 '고따미에 대한 훈계의 간략한 경'(『앙굿따라니까야 8·9』, 2008: 243)에는 비구니의 스승으로서 비구승의 여덟 조건을 제시하고 있다. 팔경법에서 비구를 존경해야 한다고 가르친 것과 별도로 비구니의 스승이 될 수 있는 비구교계사의 자격에 대해 높은 수준을 요구했다.

또한 붓다는 비구라고 해서, 비구 승가에서 뛰어나다고 해서 교계사가 되는 것은 아니라고 하며 교계사에 대한 검증을 비구니 스스로 하도록 가르쳤다. 이에 관해서는 『앙굿따라니까야』의 '수행녀의 교계사에 대한 경'에서 다음과 같이 나온다(『앙굿따라니까야 8·9』, 2008: 242).

부처님께서 베쌀리 시의 마하 숲에 있는 꾸따가라쌀라에 계실 때에 아난다에게 이와 같이 말했다.

"아난다여, 이와 같은 여덟 가지 원리를 갖춘 수행승이 수행녀의 교계사로 인정될 수 있다. 여덟 가지란 무엇인가? 아난다여, 세상에 수행승이

① 계행을 지키고, 의무계율을 수호하고, 올바른 행위의 경계를 갖추고, 사소한 잘못에서도 두려움을 보고, 지켜야 할 학습계율을 수용해 배운다.
② 그는 많이 배우고 배운 것을 기억하고 배운 것을 모으고, 처음도 훌륭하고 중간도 훌륭하고 마지막도 훌륭한, 내용을 갖추고 형식이 완성되고, 지극히 원만하고 오로지 청정한 거룩한 삶을 설하는, 그와 같은 가르침을 자주 배우고 기억해서 언어로 숙달하고 정신으로 관찰하고 견해로 꿰뚫는다.
③ 그는 수행승과 수행녀의 두 참모임의 의무계율에 상세한 것까지도 항목과 그 해설에 따라 잘 파악하고 잘 분별하고 잘 활용하고 잘 결정한다.
④ 그는 훌륭한 말을 하고 훌륭한 말솜씨를 지니고 세련된 언어를 갖추어 신뢰할 만하고 잘못이 없고 의미를 알 수 있는 말을 한다.
⑤ 그는 수행녀의 참모임을 가르침에 대한 말씀으로 교화하고 북돋우고 고무시키고 기쁘게 할 수 있다.
⑥ 그는 대부분의 수행녀에게 사랑받고 호의를 받는다.
⑦ 그에게는 세존을 모시고 출가해 가사를 입기 전에 저지른 중대한 죄악이 없다.
⑧ 그의 승납은 이십 년이나 이십 년 이상이다. 아난다여, 이와 같은 여덟 가지 원리를 갖춘 수행승이 수행녀의 교계사로 인정될 수 있다."

이 경에서 붓다는 수행녀의 교계사에 대한 엄격한 조건을 제시하고 있다. 비구교계사는 청정하고 많이 배우며 계율을 잘 지키는 것은 물론 비구니 승가를 지지하고 고무하며 기쁘게 하고, 수행녀로부터 인정받으며 승납이 20

년 이상이어야 한다. 권위적·위계적·일방적 지도자가 아니라 비구니 승가를 이해하고 조력하며, 심지어는 비구니를 기쁘게 해야 한다는 까다로운 여덟 가지 조건을 갖춘 수행승만이 비구니를 지도할 수 있다. 비구니에게 지켜야 할 팔경법이 있다면 이렇듯 비구교계사에게도 지켜야 할 여덟 가지 조건이 있다는 점은 우리에게 잘 알려지지 않고 있다. 빠알리어 경전에서는 이처럼 붓다의 친페미니즘적인 사유를 알 수 있기 때문에 승가는 반드시 니까야를 공부해야 한다.

또한 『앙굿따라니까야』의 '고따미에 대한 훈계의 간략한 경'에서 붓다는 스승이 제대로 가르치지 않으면 이를 거부하라고 가르친다. 붓다가 베쌀리 시의 마하 숲에 있는 꾸따가라쌀라에 계실 때 마하빠자빠띠 고따미가 방문했는데, 그때 붓다는 그녀에게 다음과 같은 가르침을 준다(『앙굿따라니까야 8·9』, 2008: 242).

> 고따미여, 그대가 알고자 하는 원리들이 있는데,
> 그러한 원리들이 탐욕으로 이끌고 탐욕의 여읨으로 이끌지 않고,
> 결박으로 이끌고 결박의 여읨으로 이끌지 않고,
> 집적으로 이끌고 집적의 여읨으로 이끌지 않고,
> 커다란 욕망으로 이끌고 욕망의 여읨으로 이끌지 않고,
> 불만으로 이끌고 만족으로 이끌지 않고,
> 교제로 이끌고 멀리 떠남으로 이끌지 않고,
> 게으름으로 이끌고 열심히 노력함으로 이끌지 않고,
> 부양하기 어려움으로 이끌고 부양하기 쉬움으로 이끌지 않는다면,
> 고따미여, 결코 그러한 원리는 가르침이 아니고 계율이 아니고
> 스승의 교계가 아니라는 것을 명심하시오.

탐·진·치를 극복하도록 이끌지 않는 원리는 가르침도 계율도 아니며, 스승이 이를 극복하도록 이끌지 않는다면 그는 스승의 자격이 없음을 가르친다. 붓다의 냉철한 지적은 비구니는 물론 비구교계사에 대한 경각심을 불러일으킨다.

오늘날까지 승가에서는 팔경계만 소개·강조될 뿐 비구교계사에 대한 엄격한 여덟 가지 조건은 잘 거론되지 않는다. 지금까지 불교학자조차 인용하지 않았던 것은 남성 불교학자가 많기 때문이기도 하지만, 니까야를 제대로 읽은 불교학자가 부족하기 때문이다. 이처럼 붓다의 가르침에는 비구니가 비구에게 충고하거나 비난하지 말아야 한다는 계율은 있지만 복종하라는 말은 결코 없다. 비구 스승의 가르침을 받아들일 것인지 거부할 것인지는 비구니의 판단에 달려 있으며, 만약 붓다의 가르침에 맞지 않으면 어떠한 것도 받아들이지 말라는 가르침에서 남녀평등을 넘어 인간 존중을 가르치는 붓다의 숭고한 정신을 알 수 있다.

4. 나가기: 계율 정신의 올바른 이해

승가의 성립 초기에는 깨달음과 설법만 있었지 계율은 없었다. 계율은 승단 구성원들 사이에서 문제가 발생할 때마다 붓다가 하나씩 만든 것이다. 예를 들면 마늘을 먹지 말라는 계율이 율장(律藏)에 있는데, 승단 초기에는 붓다가 먹지 말라는 것은 없었다. 재가자가 보시하는 대로 먹어야 했고, 자신의 분량을 알고 적당하게 먹으라는 것이 계율이라면 계율이고 가르침이라면 가르침이었다. 그런데 붓다 생존 당시 마늘밭을 크게 하는 농사꾼이 승단에 마늘을 많이 기증하며 마음대로 캐먹어도 된다고 하자 한 비구니가 너무 많은 마늘을 밭에서 캐왔다. 이것이 승가 내에서 문제가 되어 결국 붓다는 그 비구니에게 마늘을 먹지 말라며 금했고, 이후 승단 전체가 마늘 먹는 것을 금하는 계율이 만들어졌다.

고따미가 여성으로서 출가하겠다고 했을 때 아마도 붓다는 난감했을 것이다. 어디서 자고 어디서 생활할 것인지, 출가 비구와는 어떻게 분리해서 생활할 것인지 현실적으로 여러 가지 복잡한 문제가 있었을 것이다. 그러다 보니 처음에는 고따미 1인에 한해 팔경계를 적용했을 수도 있다. 고따미에게만 적용한 계율이 마늘의 사례처럼 전체 비구니의 계율이 되었을 수도 있다. 비구니 승단이 성립되기 전에는 비구니에게만 해당되는 계율이 아예 없었고, 이후 승단 사회에 여러 가지 일이 발생하면서 경험적으로 규율이 형성되었을 수도 있다.

또 다른 계율의 경우, 승가라면 반드시 옷을 세 벌만 가져야 한다는 규정도 처음에는 없었다. 붓다는 시체를 싼 천이나 동네에 버려진 옷을 주워 깨끗이 빤 뒤 꿰매서 입었기 때문에 알록달록한 색깔의 옷을 입어도 상관이 없었다. 하지만 시간이 지나고 붓다가 유명해지면서 붓다는 물론 제자들에게도 많은 보시물이 들어왔는데, 음식은 썩기 때문에 많이 보시할 수 없었으므로 옷을 보시하게 되었다. 그리하여 붓다의 제자들은 알록달록한 색깔의 옷 또는 값비싼 옷을 입거나 커다란 옷 보따리를 들고 유행을 다니게 되었으며, 이것이 수행에 걸림돌이 되자 딱 세 벌만 지닐 수 있도록 정했다. 옷 세 벌이 계율이 된 것이다.

붓다는 열반에 들기 전에 "사소한 학습 계율은 다 폐기해도 좋다"고 했는데, 계율은 문제적 행동이 발생해 승가 공동체의 발전에 방해가 될 때마다 만들어졌기 때문이다. 이처럼 계율의 제정에는 그 맥락이 있으므로 계율을 이해하기 위해서는 문자에 얽매일 것이 아니라 계율이 추구하고자 했던 정신을 생각해야 한다. 또한 만약 계율이 승가 공동체의 발전에 도움이 되지 않는다면 폐기하거나 수정 또는 보완해야 한다. 오늘날 비구니를 차별하는 팔경계는 그 계율 정신을 살리되 현실에 적용할 때는 재해석을 하거나, 비구니 승가의 발전에 도움이 되지 않는다면 폐기해야 한다.

참고문헌

『디가니까야』(2011). 전재성 역주. 한국빠알리성전협회.
『마하박가』(2013). 전재성 역주. 한국빠알리성전협회.
『맛지마니까야 』(2009). 전재성 역주. 한국빠알리성전협회.
『쌍윳따니까야 』(2014). 전재성 역주. 한국빠알리성전협회.
『앙굿따라니까야 1·2』(2007). 전재성 역주. 한국빠알리성전협회.
『앙굿따라니까야 4』(2007). 전재성 역주. 한국빠알리성전협회.
『앙굿따라니까야 8·9』(2008). 전재성 역주. 한국빠알리성전협회.
『쭐라박가』(2014). 전재성 역주. 한국빠알리성전협회.

Rigveda: Sanhita and pada text with sayana's comm, 2nd ed. 1890-1892. F. Max Muller(ed.).

1) 디가니까야(DN.)

Dialogues of Buddha. 1899~1910. translated by T. W. Rhys Davids. London: Pali Text Society.

Die Reden Gotamo Buddhos. Aus der längeren Sammlung Dīghanikāyo des Pālikanons zum Erstenmal, 3Vol. 1996. übersetzt von Karl Eugen Neumann. Artemis Verlag Zürich(1te Aufl. 1896~1902, 2te Aufl. 1921, 3te Aufl. 1956): Beyerlein -Steinschulte Verlag Herrnschrot 7.-8. Aufl.

Dīghanikāya, Das Buch der Langen Texte des Buddhistischen Kanons. 1913. In Auswahl Übersetzt von Dr. R. Otto Franke. Göttingen: Vandenhoeck & Ruprecht.

Dīgha Nikāya, 3vols. 1890~1911. T. W. Rhys Davids and J. Estin Carpenter(eds.). London: PTS.

Sumaṅgalavilāsinī, 3vols. 1886~1932. T. W. Rhys Davids, J. Estin Carpenter and W. Stede(eds.). London: PTS.

2) 맛지마니까야(MN.)

Die Reden Gotamo Buddhos aus der Mittleren Sammlung Majjhimanikāyo des Pālikanons zum Erstenmal, 3Vol. übersetzt von Karl Eugen Neumann. Artemis Verlag Zürich(1te

Aufl. 1896~1902, 2te Aufl. 1921, 3te Aufl. 1956).

Majjhima Nikāya, 3vols. 1887~1901. V. Trenckner and R. Chalmers(eds.). London: PTS.

Middle Length Sayings, 3vols. 1954~1959. translated by I. B. Homer. London: PTS.

Papañcasūdanī, 5vols. 1922~1938. J. H. Woods, D. Kosambi and I. B. Horner(eds.). London: PTS.

3) 쌍윳따니까야(SN.)

Die in Gruppen geordnete Sammlung(Saṁyuttanikāya) aus dem Pāli-Kanon der Buddhisten, 2vols. 1925. übersetzt von W. Geiger. Munich-Neubiberg: Oskar Schloss Verlag.

Die Reden des Buddha: Gruppierte Sammlung aus dem Pāli-Kanon. 2003. übersetzt von W. Geiger, Nyāponika Mahāthera und H. Hecker. Herrnschrott: Verlag Beyerlein & Steinschulte.

Saṁyutta Nikāya. ① Roman Script. L. Feer(ed.). 6vols(Ee4: London: PTS, 1884~1904; Ee2, 1998). ② Burmese Script. Chaṭṭhasaṅgāyana-edition, 3vols(Ranggoon: Buddhasāsana Samiti, 1954).

Sāratthappakāsinī: Saṁyuttanikāyaṭṭhakathā, 3vols. 1977. F. L. Woodward(ed.). London: PTS.

The Book of the Kindered Sayings, 5vols. 1917~1930. translated by C. A. F. Rhys Davids and F. L. Woodward. London: PTS.

The Connected Discourse of the Buddha (A New Translation of the Saṃyuttanikāya), 2vols. 2000. translated by Bodhi Bhikkhu. Boston: Wisdom Publication.

4) 앙굿따라니까야(AN.)

Aṅguttara Nikāya, 5vols. 1885~1900. Moms, R. and E. Hardy(eds.). translated by F. L. Woodward and E. M. Hare. London: PTS.

Buddhist Legends. 1995. translated by Eugene Watson Burlingame(from original Pali Text of Dhammapada Commentary). London: PTS.

Die Lehrreden des Buddha aus Angereihten Sammlung: Aṅguttara Nikāya, 5vols. 1993. übersetzt von Nyanatiloka. Braunschweig Aurum Verlag.

Manorathapūraṇī, 5vols. 1924~1926. Walleser, M. and H. Kopp(eds.). London: PTS.

Numerical Discourses of The Buddha: An Anthology of Suttas from Aṅguttaranikāya. 2000. translated by Nyanaponika Thera and Bhikkhu Bodhi. New Dhelhi: Vistaar Publications.

The Book of the Gradual Sayings(Aṅguttara Nikāya), 5vols. 1932~1936. translated by F. L. Woodward and Mrs. Rhys Davids. London: PTS.

제5장

초기불교의 친페미니즘적 사유

전재성

1. 들어가기

여성 불교학자인 고 안옥선 박사는 「왜 '불교와 페미니즘'을 말해야 하는가」라는 글에서, 페미니즘에 대한 다양한 정의가 있겠지만 페미니즘을 "보다 많은 사람들이 존중받으며 사는 사회의 실현을 위한 하나의 도구"로 이해한다고 말했다(안옥선, 2000). 이러한 관점에서 본다면 붓다의 가르침은 전체적으로 여성을 남성과 구별 없이 수행의 동반자로 보는 친페미니즘적 구도를 갖고 있다.

그러나 사회구조적으로 형성된 시스템으로서 불교는 사회현상을 반영할 수밖에 없다는 점에서 남성 중심적 또는 가부장제적 이데올로기에 따른 여성 억압이나 비인간화를 일정 부분 반영하고 있다. 전자의 입장에서 보면 불교는 친페미니즘적 성격을 지녔고 후자의 입장에서 보면 반페미니즘적 성격을 갖고 있다. 실제로 현대적 교육을 받은 대부분의 여성 불자가 불교적 신앙의 시스템 내에서 처음 경험하는 것은 후자의 입장에 서 있는 반페미니즘적인 것이다. 이는 많은 여성을 당혹감 속에 빠뜨리며, 심지어 서양 여성으로서 오랜 세월 불교를 수행해 비구니가 된 텐진 팔모(Tenzin Palmo)와 같은 스님에게도 참기 어려운 것이었다.

　이러한 페미니즘과 불교의 논의는 지금까지 대승불교를 중심으로 이루어져왔으나 초기불교 교리에 비추어 그러한 모순이 용인되어야 하는지, 어디까지가 교리적인 진실이고 어디까지가 가부장제적 사회의 반영인지 상세히 거론된 적은 없다. 초기불교의 기본 교리가 보여주는 친페미니즘적 성향은 성차별 담론보다는 성 평등주의적 담론을 지향하는 포스트모더니즘의 특징과 일치하는데, 이 글에서는 초기불교의 성 평등주의적 담론부터 살펴보기로 하겠다.

2. 성의 본질과 초기불교의 친페미니즘적 관점

1) 사회적으로 구성되는 성

　일반적으로 불교의 교설인 연기·공·무아의 사상에서는 남성성이나 여성성을 실체적으로 보지 않는다. 그렇다고 초기불교에서 남성성이나 여성성을 규정하지 않는 것은 결코 아니다. 오히려 남성성이나 여성성에 대해 명확한 규정을 하고 있다. 초기불교에 따르면 성의 성립은 본질주의적 관점 위에 상대론적인 구조주의적 관점을 갖는다. 즉, 여성성은 내적으로 여자의 신체적 특성에 기초한 여인의 본성, 행동, 외관, 교만, 욕망, 소리, 치장 등에 정신 활동을 기울이고 거기에 탐닉하며 환희한다. 이와 동시에 여성성은 외적으로 남자의 신체적 특성에 기초한 남자의 본성, 행동, 외관, 교만, 욕망, 소리, 치장에 정신 활동을 기울이고 탐닉하며 환희하는 것으로 설명된다.

남성성 또한 여성성과 동일한 방식으로 설명된다. 붓다는 이러한 남성성과 여성성이 남녀 모두가 자기 자신을 신체적 성으로 제한하고 행동하게 만들기 때문에 '결박'이라고 표현한다. 즉, 여성성에 매몰되는 것은 남성에 대한 결박을 초래하므로 여성성을 극복하지 못하게 하고, 반대로 남성성에 매몰되는 것은 여성에 대한 결박을 초래하므로 남성성의 초월을 불가능하게 한다. 이에 대해 좀 더 자세히 살펴보기로 하겠다.

(1) 여성성과 남성성에 대한 이해

『앙굿따라니까야』(AN. IV. 57)의 '결박과 결박의 여읨에 대한 법문의 경'에는 이러한 여성성의 성립과 여성성의 한계에 대해 이렇게 설명하고 있다(『앙굿따라니까야 7』, 2007: 131).

> 수행승들이여, 여인이 안으로 여인의 본성, 여인의 행동, 여인의 외관, 여인의 교만, 여인의 욕망, 여인의 소리, 여인의 치장에 정신 활동을 기울인다. 그녀는 거기에 탐닉하고 거기에 환희한다. 그녀가 거기에 탐닉하고 거기에 환희하여, 밖으로 남자의 본성, 남자의 행동, 남자의 외관, 남자의 교만, 남자의 욕망, 남자의 소리, 남자의 치장에 정신 활동을 기울인다. 그녀는 거기에 탐닉하고 거기에 환희한다.

즉, 안으로는 여성성을 지향하고 밖으로는 남성성을 지향한다는 것이다. 그러므로 여성은 스스로 자신의 여성성을 극복하지 못하게 되는데, 경전에서는 이렇게 설명하고 있다.

> 그녀가 거기에 탐닉하고 거기에 환희하여, 밖으로 결박을 구한다. 그녀에

게 결박을 조건으로 안락과 쾌락이 생겨나면, 그녀는 그것을 구한다. 수행승들이여, 여성성에 탐닉하는 뭇 삶은 남자에게 결박된다. 수행승들이여, 이와 같은 여인은 여성성을 뛰어넘지 못한다.

즉, 여성 자신이 여성이라는 사실만을 받아들이고 이에 머문다면 여성성을 뛰어넘지 못하고, 결국에는 온전한 인간으로 성장하거나 깨달음으로 나아가는 데 한계가 있다는 것이다. 이는 여성뿐만 아니라 남성 또한 마찬가지임을 붓다는 설하고 있다. 같은 경전에서 붓다는 다음과 같이 말한다.

> 남자가 안으로 남자의 본성, 남자의 행동, 남자의 외관, 남자의 교만, 남자의 욕망, 남자의 소리, 남자의 치장에 정신 활동을 기울인다. 그는 거기에 탐닉하고 거기에 환희한다. 그가 거기에 탐닉하고 거기에 환희하여, 밖으로 여인의 본성, 여인의 행동, 여인의 외관, 여인의 교만, 여인의 욕망, 여인의 소리, 여인의 치장에 정신 활동을 기울인다. 그는 거기에 탐닉하고 거기에 환희한다. 그가 거기에 탐닉하고 거기에 환희하여, 밖으로 결박을 구한다.

남자는 내적으로는 남자의 본성이나 행동 등 남성성을 지향하지만, 밖으로는 여자의 본성이나 여자의 행동 등 여성성을 지향해 그것에 결박된다는 것이다. 이어서 다음과 같이 설명한다.

> 그에게 결박을 조건으로 안락과 쾌락이 생겨나면, 그는 그것을 구한다. 수행승들이여, 남성성에 탐닉하는 뭇 삶은 여인에게 결박된다. 수행승들이여, 이와 같은 남자는 남성성을 뛰어넘지 못한다. 수행승들이여, 이와 같이 결박이 존재한다.

여자는 내적으로 여성성에 대해 탐닉하고 외적으로는 남성성에 탐닉하지만, 남성은 내적으로 남성성에 탐닉하고 외적으로는 여성성에 탐닉하는 것이 남녀의 본질이다. 즉, 여성이라고 해서 여성에게 이른바 사회적으로 규정되는 여성성만 존재하는 것이 아니라 남성성도 동시에 존재하며, 반대로 남성에게도 남성성과 여성성이 동시에 존재한다고 볼 수 있다.

(2) 여성성과 남성성을 극복하는 방법

이처럼 남녀가 신체적 조건에 기초한 남성성·여성성에만 매몰되면, 남자는 남성성을 뛰어넘기 힘들고 여자는 여성성을 뛰어넘기 힘들어 온전한 자아를 발전시킬 수 없다. 그러므로 남자나 여자가 성의 결박을 뛰어넘기 위해서는 신체 중심적이고 본질주의적인 관점을 극복해야 한다고 가르친다. 이를 위해 여자는 고정된 여성성을 초래하는 여자의 본성, 행동, 외관 등과 같은 내적·외적 정신적 활동을 멈추어야 하는데, 그 방법은 다음과 같다(『앙굿따라니까야 7』, 2007: 132).

> 수행승들이여, 여인이 안으로 여인의 본성, 여인의 행동, 여인의 외관, 여인의 교만, 여인의 욕망, 여인의 소리, 여인의 치장에 정신 활동을 기울이지 않는다. 그녀는 거기에 탐닉하지 않고 거기에 환희하지 않는다. 그녀가 거기에 탐닉하지 않고 거기에 환희하지 않아, 밖으로 남자의 본성, 남자의 행동, 남자의 외관, 남자의 교만, 남자의 욕망, 남자의 소리, 남자의 치장에 정신 활동을 기울이지 않는다.
>
> 그녀는 거기에 탐닉하지 않고 거기에 환희하지 않는다. 그녀가 거기에 탐닉하지 않고 거기에 환희하지 않아, 밖으로 결박을 구하지 않는다. 그녀에게 결박을 조건으로 안락과 쾌락이 생겨나더라도, 그녀는 그것을 구하지 않는

다. 수행승들이여, 여성성에 탐닉하지 않는 뭇 삶은 남자에게 결박되지 않는다.

수행승들이여, 이와 같은 여인은 여성성을 뛰어넘는다. 수행승들이여, 이와 같이 결박의 여읨이 있다.

만약 여성성을 탐닉해 결박이 생겨나도 그것을 갈구하는 정신 활동을 하지 않는다면 여성성을 초월할 수 있다. 더 나아가 만약 탐닉하더라도 환희하지 않으면 여성성을 초월할 수 있으며, 여기서 실패해 만약 남성에게 결박당한다고 하더라도 쾌락을 구하지 않는다면 여성성을 초월할 수 있다. 붓다는 어떻게 여성성을 극복할지에 대한 수행의 방법 또는 원리를 설명한 것이다.

남성이 남성성을 어떻게 초월할 수 있는지에 대해서도 붓다는 다음과 같이 설명한다(『앙굿따라니까야 7』, 2007: 133).

수행승들이여, 남자가 안으로 남자의 본성, 남자의 행동, 남자의 외관, 남자의 교만, 남자의 욕망, 남자의 소리, 남자의 치장에 정신 활동을 기울이지 않는다. 그는 거기에 탐닉하지 않고 거기에 환희하지 않는다. 그가 거기에 탐닉하지 않고 거기에 환희하지 않아, 밖으로 여인의 본성, 여인의 행동, 여인의 외관, 여인의 교만, 여인의 욕망, 여인의 소리, 여인의 치장에 정신 활동을 기울이지 않는다.

그는 거기에 탐닉하지 않고 거기에 환희하지 않는다. 그가 거기에 탐닉하지 않고 거기에 환희하지 않아, 밖으로 결박을 구하지 않는다. 그에게 결박을 조건으로 안락과 쾌락이 생겨나더라도, 그는 그것을 구하지 않는다. 수행승들이여, 남성성에 탐닉하지 않는 뭇 삶은 여인에게 결박되지 않는다.

수행승들이여, 이와 같은 남자는 남성성을 뛰어넘는다. 수행승들이여, 이와 같이 결박의 여읨이 있다.

남녀는 남성성과 여성성을 동시에 가지고 있는데, 만약 개인이 신체적 조건에 따라 남성은 남성성만, 여성은 여성성만 발휘하게 된다면 이는 자신의 성에 얽매이는 결과를 초래한다.[1] 붓다는 이러한 남성 또는 여성이라는 규정에서 벗어나야 함을 가르친다. 신체적 조건에 따른 남성성·여성성을 고정되고 변하지 않는 것으로 내면화할 것이 아니라, 남성성과 여성성을 극복해서 자신의 양성성을 회복해야 한다는 것이다. 이는 성이 본질적으로 고정된 것이 아니라 구성주의적이라는 의미로, 양성으로부터 초월적 자아를 발전시키기 위해서는 끊임없이 자신을 성찰하는 수행을 해야 한다고 가르친다.

2) 여성 섹슈얼리티의 악마성에 대한 이해

남자의 입장에서 본 여성의 악마성, 즉 부정적인 여성 섹슈얼리티를 가장 적절하게 표현한 것은 『앙굿따라니까야』(AN. I. 1)의 '여자의 경'이라고 할 수 있다(『앙굿따라니까야 1·2』, 2007: 115).

① 수행승들이여, 나는 여자의 형상처럼 남자의 마음을 사로잡는 다른 하나의 형상을 보지 못했다. 수행승들이여, 여자의 형상은 남자의 마음을 사로잡는다.

② 수행승들이여, 나는 여자의 소리처럼 남자의 마음을 사로잡는 다른 하나

---

[1] 여성주의에서 성은 다양한 개념을 가지는데, 예를 들면 섹스(sex)는 신체적 특징에 따른 남성/여성을 말하고, 젠더(gender)는 그 시대와 사회문화에 따라 요구되는 여성다움/남성다움을 말한다. 섹슈얼리티(sexuality)는 이러한 신체적 성과 사회문화적 성을 합친 전인격적인 성으로, 성적 가치관, 태도, 성 역할 등을 포함하는 개념이다. 붓다는 신체적인 성과 사회문화적인 성을 극복해 통합된 섹슈얼리티를 발현하도록 가르친다고 할 수 있다.

의 소리를 듣지 못했다. 수행승들이여, 여자의 소리는 남자의 마음을 사로잡는다.

③ 수행승들이여, 나는 여자의 냄새처럼 남자의 마음을 사로잡는 다른 하나의 냄새를 맡지 못했다. 수행승들이여, 여자의 냄새는 남자의 마음을 사로잡는다.

④ 수행승들이여, 나는 여자의 맛처럼 남자의 마음을 사로잡는 다른 하나의 맛을 보지 못했다. 수행승들이여, 여자의 맛은 남자의 마음을 사로잡는다.

⑤ 수행승들이여, 나는 여자의 감촉처럼 남자의 마음을 사로잡는 다른 하나의 감촉을 보지 못했다. 수행승들이여, 여자의 감촉은 남자의 마음을 사로잡는다.

이처럼 붓다는 여자가 남자를 어떻게 유혹하고 사로잡는지에 대해 정확히 분석하고 있다. 여자의 형상·소리·냄새·맛·감촉이라는 다섯 가지가 유혹자로서 여성의 본성이며, 이는 유혹자로서 여성의 악마성이라고 할 수 있다.

초기불교에서 악마는 빠알리어로 '마라(Māra)', 즉 죽음의 신을 지칭한다. 이에 사로잡히면 죽는다는 의미이다. 때로 악마는 내적으로 갈애(渴愛)나 탐욕과 같은 윤회의 심리적 원인을 상징하기도 하고(『쌍윳따니까야』, 2014: 647), 외적으로는 뭇 삶이 묶여 있는 존재의 다발〔오온(五蘊)〕자체를 의미하는 은유로 쓰이기도 한다(『쌍윳따니까야』, 2014: 756). 또한 악마는 단지 인간의 도덕적 취약성만 인격화한 것이 아니라 궁극적 목표를 성취하려는 인간의 노력을 좌절시키는 악한 신으로도 묘사된다. 즉, 남자가 여성성에 사로잡히면 죽음에 이르므로 남자에게 여성성은 상대적으로 악마라고 할 수 있는데, 이 악마는 감각적 쾌락에 대한 욕망의 세계에서 유혹자이다. 수행자를 해탈의 길에서 벗어나게 하고 거듭되는 생사의 수레바퀴에 짓밟히게 만드는 장본인이다.

그런데 이 악마성은 여성만을 지칭하는 것이 아니다. 인간의 욕망과 탐욕도 악마라고 할 수 있다. 악마성은 인간의 물질적·정신적 요소를 포함한 개념이다. 물질·느낌·지각·생각·의도·의식은 개별적으로 존재하는 것이 아니라 다발처럼 한꺼번에 뭉쳐 있기 때문에 존재적 다발이라고 한다. 따라서 악마의 의미를 확대해보면 우리가 생각하고 느끼는 그 모두가 우리를 죽음으로 이끌기 때문에 악마성을 가진다고 할 수 있다. 즉, 악마는 인간의 도덕적 취약성만을 공격하는 것이 아니라 완전한 깨달음이라는 최종 목표를 성취하려는 인간의 의지를 좌절시키는 것으로 이해할 수 있다.

남자의 입장에서 보면 여자는 감각적 쾌락에 대한 욕망의 유혹자이기 때문에 이런 측면에서 여성은 악마적이다. 그러나 주의할 것은 이러한 악마성이 상대적 개념이며, 여자의 입장에서는 남자가 악마적이라는 점이다. 붓다는 여자의 입장에서 남성의 악마성에 관해서도 『앙굿따라니까야』의 '남자의 경'을 통해 언급하고 있다(『앙굿따라니까야 1·2』, 2007: 116).

① 수행승들이여, 나는 남자의 형상처럼 여자의 마음을 사로잡는 다른 하나의 형상을 보지 못했다. 수행승들이여, 남자의 형상은 여자의 마음을 사로잡는다.
② 수행승들이여, 나는 남자의 소리처럼 여자의 마음을 사로잡는 다른 하나의 소리를 듣지 못했다. 수행승들이여, 남자의 소리는 여자의 마음을 사로잡는다.
③ 수행승들이여, 나는 남자의 냄새처럼 여자의 마음을 사로잡는 다른 하나의 냄새를 맡지 못했다. 수행승들이여, 남자의 냄새는 여자의 마음을 사로잡는다.

④ 수행승들이여, 나는 남자의 맛처럼 여자의 마음을 사로잡는 다른 하나의 맛을 보지 못했다. 수행승들이여, 남자의 맛은 여자의 마음을 사로잡는다.

⑤ 수행승들이여, 나는 남자의 감촉처럼 여자의 마음을 사로잡는 다른 하나의 감촉을 보지 못했다. 수행승들이여, 남자의 감촉은 여자의 마음을 사로잡는다.

『앙굿따라니까야』의 '남자의 묶임에 대한 경'을 보면 여자는 외모, 웃음, 언설, 노래, 울음, 자태, 꽃과 과일, 감촉이라는 여덟 가지 형태로 남자를 유혹한다고 본다(『앙굿따라니까야 8·9』, 2008: 107).

수행승들이여, 여자는 외모로 남자를 묶는다. 수행승들이여, 여자는 웃음으로 남자를 묶는다. 수행승들이여, 여자는 언설로 남자를 묶는다. 수행승들이여, 여자는 노래로 남자를 묶는다. 수행승들이여, 여자는 울음으로 남자를 묶는다. 수행승들이여, 여자는 자태로 남자를 묶는다. 수행승들이여, 여자는 꽃과 과일로 남자를 묶는다. 수행승들이여, 여자는 감촉으로 남자를 묶는다.

그러나 『앙굿따라니까야』의 '여자의 묶임에 대한 경'을 보면, 남자도 여덟 가지 형태를 통해 여자를 유혹하므로 여성과 동일하게 악마적이다(『앙굿따라니까야 8·9』, 2008: 107).

수행승들이여, 남자는 외모로 여자를 묶는다. 수행승들이여, 남자는 웃음으로 여자를 묶는다. 수행승들이여, 남자는 언설로 여자를 묶는다. 수행승들이여, 남자는 노래로 여자를 묶는다. 수행승들이여, 남자는 울음으로 여자를 묶는다. 수행승들이여, 남자는 자태로 여자를 묶는다. 수행승들이여, 남자는 꽃과 과일로 여자를 묶는다. 수행승들이여, 남자는 감촉으로 여자를 묶는다.

이처럼 여성만이 남성을 유혹하는 존재가 아니며 남성 또한 여성을 유혹한다는 점에서 악마적 존재이다. 즉, 남녀 모두가 이성에게 유혹자이자 파괴자라는 붓다의 가르침은 은유적 표현으로서, 남녀가 상대의 성을 유혹하는 측면에서는 동일하다고 할 수 있다.

3) 저열한 남자와 고귀한 여자

초기불교에서 남녀를 구별하는 원리 역시 존재를 묻는 본질주의적 측면보다는 행위를 묻는 상대적·구조주의적 측면을 중시한다. 그렇기 때문에 가부장적 사회에서도 저열한 남자와 고귀한 여자의 역전이 가능하다. 저열한 남자와 고귀한 여자에 대한 언급은 물론 그 역도 가능하며, 이에 대한 내용이 『앙굿따라니까야』의 '결혼생활의 경'에 나온다(『앙굿따라니까야 4』, 2007: 161). 붓다는 장자들에게 네 가지 결혼생활을 "저열한 남자와 저열한 여자의 결혼생활, 저열한 남자와 고귀한 여자의 결혼생활, 고귀한 남자와 저열한 여자의 결혼생활, 고귀한 남자와 고귀한 여자의 결혼생활"로 분석한다.

그러면 어떤 것이 저열하고 어떤 것이 고귀한가? 붓다가 제시한 고귀함과 저열함에 대한 판단 기준은 계행의 준수 여부이다. 남녀를 불문하고 계행을 준수하면 고귀한 자이고, 남녀를 불문하고 계행을 어긴다면 저열한 자이다. 이를테면 저열한 남자와 고귀한 여자의 결혼생활은 다음과 같다(『앙굿따라니까야 4』, 2007: 162).

장자들이여, 저열한 남자와 고귀한 여자의 결혼생활이란 무엇인가?

장자들이여, 세상에 남편이 살아 있는 생명을 죽이고, 주지 않은 것을 빼앗고, 사랑을 나눔에 잘못을 범하고, 거짓말을 하고, 곡주나 과일주 등의 취기가 있는 것을 마시고, 계행을 지키지 않고, 악한 성품을 지녔고, 인색의 때에 묶인 마음으로 가정에서 지내고, 수행자나 성직자를 비난하고 비방한다.

그러나 그의 아내는 살아 있는 생명을 죽이는 것을 삼가고, 주지 않은 것을 빼앗는 것을 삼가고, 사랑을 나눔에 잘못을 범하는 것을 삼가고, 거짓말을 삼가고, 곡주나 과일주 등의 취기가 있는 것을 마시는 것을 삼가고, 계행을 지키고, 선한 성품을 지녔고, 인색의 때를 여읜 마음으로 가정에서 지내고, 수행자나 성직자를 비난하지 않고 비방하지 않는다. 장자들이여, 저열한 남자와 고귀한 여자의 결혼생활이란 이와 같다.

고귀한 사람과 저열한 사람의 기준을 출가자와 재가자, 남녀를 불문하고 계행의 준수 여부로 제시한 붓다의 가르침은 간단명료하면서도 분석적인 동시에 심오하다. 불교에서는 선(善), 즉 사랑을 규정할 때 누구든지 알 수 있는 기준이 있다. 기독교에서는 십계명을 지켜야 하지만 붓다에게 선의 기준은 '건전한 것이 증가하고 불건전한 것이 감소하는 것'이다. 자신에게만 좋거나 타인에게만 좋은 것은 선이 아니다. 자신도 좋고 타인도 좋은 것이 선이다. 누구나 조금만 생각하면 잘못을 저지르면 안 된다는 것을 본능적으로 알게 된다.

또한 창피함을 아는 것은 외부와의 관계 속에서 느끼는 감정이고, 부끄러움은 자기 자신에 대한 감정을 의미한다. 붓다는 인간이라면 누구나 부끄러움이나 창피함을 본능적으로 안다고 가르친다. 그는 세상을 지탱하는 두 가지 기둥이 '부끄러움을 아는 것'과 '창피함을 아는 것'이며, 이 두 기둥이 무너지면 세계가 무너진다고 할 정도로 중시했다.

3. 초기불교 교리의 성 평등성

1) 업 존재로서의 실존적인 성 평등

불교에서 흔히 언급되는 '생로병사에 묶여 있다'라는 말은 생로병사와 남녀가 모두 실존적 존재임을 의미한다. 이러한 존재 방식 앞에서 남녀는 구분이 없다. 예를 들면 『맛지마니까야』의 '천사의 경'에서는 붓다가 염라대왕과 죽은 자 사이의 대화를 소개하면서 늙음·병듦·죽음이 닥치게 되면 천사가 내려왔다고 표현한다. 이 '천사의 경'은 늙음의 천사, 병듦의 천사, 죽음의 천사 앞에서 남녀가 평등하다는 사실을 가르친다. 그 내용은 다음과 같다(『맛지마니까야』, 2009: 1421).

> "이보게, 그대는 사람 가운데 나타난 첫 번째 천사를 보았는가?"
> "왕이시여, 저는 보지 못했습니다."
> 그때 염라왕은 그에게 말한다.
> "이보게, 그대는 사람 가운데 남자나 여자가 혹 팔십 세나 구십 세가 되어 늙어서 서까래처럼 휘어지고, 구부러지고, 지팡이에 의지하고, 덜덜 떨며 걷고, 병약하고, 노쇠하고, 이빨이 빠지고, 백발이 되고, 삭발하고, 대머리이고, 얼굴에 주름이 지고, 몸에 검버섯이 피어난 것을 보았는가?"
> "왕이시여, 저는 보았습니다."
> "이보게, 그대는 분별도 있고 나이도 들었는데, 이와 같이 '나도 역시 늙을 것이고 늙음을 피할 수 없다. 나는 이제 신체적으로나 언어적으로나 정신적으로 선한 일을 해야겠다'라고 생각하지 않았는가?"

인간은 누구나 늙고 병들며 죽는 것을 피할 수 없다. 늙고 병들며 죽어가는 사람들을 보면 자신도 곧 그런 처지가 될 것이므로 착한 일을 해야겠다고 생각하지 않느냐는 것이다. 병들고 늙는 것은 피할 수 없는 사실이다. 여기서 선한 일을 해야겠다는 깨달음을 얻을 수 있기 때문에 '늙음'은 곧 '천사'라는 것이다. 그런데 여기서 남녀, 출가자와 재가자, 비구·비구니는 아무런 차별이 없다. 실존적인 관점에서 보면 남자와 여자가 철저하게 평등하다는 것을 가르친다(『맛지마니까야』, 2009: 1422).

"이보게, 그대는 사람 가운데 나타난 두 번째 천사를 보았는가?"
"왕이시여, 저는 보지 못했습니다."
"이보게, 그대는 사람 가운데 남자나 여자가 병이 들어 고통스러워하는데 중병이 들어 자신의 똥오줌 가운데 지내며, 드러누워 남에게 부축을 받아 일어나고 남의 간호를 받아야만 하는 것을 보았는가?"
"왕이시여, 저는 보았습니다."
"이보게, 그대는 분별도 있고 나이도 들었는데 이와 같이 '나도 역시 병들 것이고 병듦을 피할 수 없다. 나는 이제 신체적으로나 언어적으로나 정신적으로 선한 일을 해야겠다'라고 생각하지 않았는가?"

두 번째 천사란 '병듦'을 말한다. 병든 사람을 보면서 자신도 겪을 일이므로 선한 일을 해야겠다고 다짐하도록 만들기 때문에 '병듦'도 천사인 것이다. 이처럼 병이 드는 몸을 가진 실존적 존재로서의 인간에게 남녀 구별이 있을 수 없다(『맛지마니까야』, 2009: 1422).

"이보게, 그대는 사람 가운데 나타난 세 번째 천사를 보았는가?"

"왕이시여, 저는 보지 못했습니다."

"이보게, 그대는 사람 가운데 남자나 여자가 죽어서 하루가 경과하고 또는 이틀이 경과하고 또는 삼일이 경과해서, 시체가 팽창하여 푸르게 되고, 고름이 흘러나오는 것을 보았는가?"

"왕이시여, 저는 보았습니다."

"이보게, 그대는 분별도 있고 나이도 들었는데 이와 같이 '나도 역시 죽을 것이고 죽음을 피할 수 없다. 나는 이제 신체적으로나 언어적으로나 정신적으로 선한 일을 해야겠다'라고 생각하지 않았는가?"

붓다는 또한 『앙굿따라니까야』의 '사실의 경'에서 이러한 실존적인 존재로서의 자신을 자주 관찰해야 함을 가르친다(『앙굿따라니까야 5』, 2007: 160).

수행승들이여, 여자나 남자나 집에 있는 자나 출가한 자나 '나는 늙음에 종속되었으며 늙음을 벗어날 수 없다'라고 자주 관찰해야 한다. 여자나 남자나 집에 있는 자나 출가한 자나 '나는 질병에 종속되었으며 질병을 벗어날 수 없다'라고 자주 관찰해야 한다.

여자나 남자나 집에 있는 자나 출가한 자나 '나는 죽음에 종속되었으며 죽음을 벗어날 수 없다'라고 자주 관찰해야 한다. 여자나 남자나 집에 있는 자나 출가한 자나 '나는 모든 사랑하는 것과 마음에 드는 것과 헤어지고 이별해야 한다'라고 자주 관찰해야 한다.

여자나 남자나 집에 있는 자나 출가한 자나 '나는 업의 소유자이고 업의 상속자이고 업의 원인자이고 업의 친연자이고 업의 의지처이고 내가 선이나 악을 지으면 그 상속자가 될 것이다'라고 자주 관찰해야 한다.

'사실의 경'에서는 늙음·병듦·죽음·애별리고라는 실존 앞에서 업 존재로서의 남녀평등뿐 아니라 출가·재가의 평등, 그리고 인간평등을 가르치고 있다. 인간이라면 누구나 죽음에 이르는데, 이때 인간이 실제로 가져가는 것은 업(業)의 상속자, 업의 원인자, 업의 친연자로서의 업뿐이라는 것이다. 아무리 많은 재산이 있더라도 다 버리고 가지만 실제 소유할 수 있고 의지할 수 있는 것은 업뿐이다.

'생로병사'가 천사이므로 이 천사가 오면 신체적·언어적·정신적으로 선한 일을 해야겠다고 빨리 깨달아야 한다. 이러한 실존적 인식에 기초해서 자신을 자주 관찰하면 젊음·건강·삶·탐욕에 대한 교만이 있음을 알게 된다. 그 교만에 빠지게 되면 신체적·언어적·정신적으로 악행을 한다. 하지만 그러한 교만이 있음을 알고 스스로 자주 관찰하면 그것을 모두 버릴 수 있게 되거나 그 강도가 약해진다.

2) 사성제에 나타난 보편적 성 평등성

『쌍윳따니까야』의 '가르침의 수레바퀴의 경'에 나타난 초기불교의 핵심사상인 사성제(四聖諦)를 보면 다음과 같다(『쌍윳따니까야』, 2014: 2767).

① 수행승들이여, 괴로움의 거룩한 진리란 이와 같다. 태어남도 괴로움이고 늙는 것도 병드는 것도 괴로움이고 죽는 것도 괴로움이고 슬픔, 비탄, 고통, 근심, 절망도 괴로움이다. 사랑하지 않는 사람과 만나는 것도 괴로움이고 사랑하는 사람과 헤어지는 것도 괴로움이고 원하는 것을 얻지 못하는 것도 괴로움이다.

붓다 생존 당시나 지금이나 인간의 삶에 괴로움이 있다는 것은 변함없는 현실이다. 다섯 가지 존재의 집착 다발이 모두 괴로움이라는 것은 인간의 정신적·신체적·심리적 요소들이 모두 괴로움이라는 뜻이다.

② 수행승들이여, 괴로움의 발생의 거룩한 진리란 이와 같다. 그것은 바로 쾌락과 탐욕을 갖추고 여기저기에 환희하며 미래의 존재를 일으키는 갈애이다. 곧, 감각적 쾌락의 욕망에 대한 갈애, 존재에 대한 갈애, 비존재에 대한 갈애이다.

갈애라는 것은 욕망인데, 어떻게든 살아남으려고 하는 본능과 같은 것이다. 갈애란 강력한 며 욕망으로, 기뻐하고 즐거워하면서 오랫동안 계속 살아남으려 하는 것을 말한 갈애에는 살아남으려고 하는 욕망도 있지만 세상에서 사라지고 싶은 욕망인 죽 대한 충동도 있다.

③ 수행승들이여, 괴로움의 소멸의 거룩한 진리란 같다. 그것은 갈애를 남김없이 사라지게 하고 소멸시키고 포기하고 버려 착 없이 해탈하는 것이다.

④ 수행승들이여, 괴로움의 소멸로 이끄는 길의 거룩한 진리란 같다. 그것은 바로 여덟 가지 고귀한 길이다. 곧, 올바른 견해, 올바른 사유, 바른 언어, 올바른 행위, 올바른 생활, 올바른 정진, 올바른 새김, 올바른 집중이다 – (또는) 일체 형성된 것은 무상하고 괴롭고 실체가 없다.

사성제와 같은 불교의 기본적인 인식론 틀에는 이처럼 남성 중심적이거나 가부장제적인 이데올로기가 전혀 포함되어 있지 않다. 따라서 남성 중심적 또는 가부장제적 이데올로기에 대한 비판 위에 성립한 페미니즘은 불교 친화적이며, 불교는 역으로 페미니즘 친화적이라고 말할 수 있다.

『디가니까야』의 '청정한 믿음의 경'에 따르면 궁극적인 깨달음의 표준에서 남녀 차별은 물론 출가와 재가의 구별마저 사라진다. '멍에로부터의 안온'이라는 열반을 상징하는 표현이 출가·재가의 남녀 모두에게 적용되기 때문이다. 멍에란 소를 끌고 갈 때 쓰는 도구로서 감각적 쾌락의 욕망의 멍에, 존재의 멍에, 견해의 멍에, 무명의 멍에를 말한다. 이러한 멍에를 벗어나는 것, 타오르는 번뇌의 불꽃을 지혜로 꺼서 일체의 번뇌나 고뇌가 소멸된 상태를 불교에서는 '열반(涅槃)'이라고 한다. 열반에 도달하는 데는 남녀의 차별이 없다. 남녀, 출가·재가 모두 열반을 얻을 수 있기 때문에 불교의 기본 사상은 남녀가 평등할 수밖에 없다. 또한 붓다는 이 경전에서 다음과 같이 말했다(『디가니까야』, 2011: 1220).

> 제자로서 유능하고 훈련되고 두려움이 없고 멍에로부터의 안온에 도달한 장로·중진·새내기 수행승들 또는 수행녀들이 있어, 참다운 가르침을 올바로 선언하고, 이교의 가르침이 나타날 때 올바른 가르침으로 잘 제압하고 설득력 있는 가르침을 보여줄 수 있고······.
>
> 이교의 가르침이 나타날 때 올바른 가르침으로 잘 제압하고 설득력 있는 가르침을 보여줄 수 있고, 제자로서 유능하고 훈련되고 두려움이 없고 멍에로부터의 안온에 도달하고 흰옷을 입고 감각적 쾌락의 삶을 향유하지 않는 재가의 남자 신도들 또는 여자 신도들이 있으므로, 참다운 가르침을 올바로 선언하고, 이교의 가르침이 나타날 때 올바른 가르침으로 잘 제압하고 설득력 있는 가르침을 보여줄 수 있고, 그 청정한 삶이 사람들 사이에 잘 알려져서 번성하고 번영하고 확장되고 대중화되고 보편화되고, 또한 최상의 이익

과 최상의 명성을 얻는다.

이는 출가·재가 또는 남녀재가 신도를 막론하고 멍에로부터의 안온이라는 최상의 목표인 열반에 도달할 수 있다는 가르침이다. 이처럼 출가·재가 뿐 아니라 남녀재가 신도 모두가 수행 과정에서 열반이라는 목표를 평등하게 성취할 가능성을 보여준다.

또한 『앙굿따라니까야』의 '성장의 경'에서 붓다는 이렇게 말했다(『앙굿따라니까야 5』, 2007: 172).

> 믿음으로 성장하고, 계행으로 성장하고, 배움으로 성장하고, 보시로 성장하고, 지혜로 성장하는, 즉 다섯 가지 성장으로 성장하는 고귀한 제자는 견고한 것을 몸에 동화시키고 최상의 것을 몸에 동화시킨다.
> 세상에서 믿음으로, 계행으로, 배움으로, 보시로, 지혜로 성장하는 그러한 현명한 재가 여신도는 세상에서 자신의 견고한 핵심을 얻는다네.

고귀한 제자 안에서는 남녀, 출가·재가의 구별 없이 재가의 여자 신도도 최상의 견고한 열반에 도달할 수 있음을 의미한다.

3) 남녀 출가자의 성 평등

초기불교에서 성차별적 구별은 없었지만 출가·재가의 구별은 있었다. 출가자는 최상의 깨달음 단계를 성취할 수 있지만 재가자는 그보다 한 단계 낮은 성취를 이룰 수 있다고 한다. 이는 붓다의 방편인지 아니면 붓다의 출가 제자 다수를 중심으로 거대한 종단이 만들어지고 이들을 중심으로 교리가 전승되면서 출가자 중심의 교리가 만들어진 것인지는 정확하게 알 수 없다. 『맛지마니까야』의 '날라까빠나 법문의 경'에서 붓다는 천안(天眼) 제일의 제자 아누룻다(Anuruddha)에게 다음처럼 말했다(『맛지마니까야』, 2009: 759).

> 아누룻다여, 여래가 제자가 죽었을 때에 '아무개는 여기에 태어났다. 아무개는 저기에 태어났다'라고 다시 태어남에 관하여 선언하는 것은 사람을 기만하기 위한 것이거나 현혹시키기 위한 것이거나 이득과 환대와 명예와 칭찬을 얻기 위한 것이거나 또는 '이와 같이 사람들이 나를 알아준다'라는 생각 때문이 아니다.

즉, 붓다 생존 당시에 사람들은 붓다가 누구는 무엇으로 환생했다는 등의 말로 사람들을 기만하고 현혹하며 이득과 칭찬을 구한다고 생각할지 모르지만, 붓다는 그 때문에 누가 무엇으로 태어났다는 이야기를 한 것이 아니라고 설명하며 말을 이어갔다.

> 아누룻다여, 고귀한 것에 고무되고 고귀한 것에 대해 기뻐하는 훌륭한 가문의 아들들이 그것에 대하여 듣고 그러한 상태로 마음을 향하게 되면, 아누룻다여, 그것이 그들에게 오랫동안 이익과 행복이 되기 때문이다. 그 얘기를 듣고 나서 마음이 행복하고 오랜 세월 이득이 되는 경우에 그런 얘기를 하는 경우가 있다.

경전에서 붓다는 어떤 사람이 어디에서 다시 태어났다고 하면 죽음을 접한 주변 사람들의 마음이 행복하고 오랜 세월 이득이 되는 경우가 있기 때문에 간혹 죽음 이후를 말한다. 이때 수행 정도에 따라 수행승과 수행녀, 그리고 재가남녀 신도가 어떻게 태어나는지 언급하면서 수행의 경지에 출가·재가의 차이는 있어도 남녀 간 차별은 전혀 없다는 법문을 설한다.

출가의 수행승이나 수행녀, 즉 비구나 비구니는 '궁극적인 앎의 성취', 즉 '거룩한 님(아라한)'이 되는 것까지 가능하다. 그러나 청신사와 청신녀, 즉 재가의 남성 불자와 여성 불자는 다섯 가지 낮은 단계의 결박을 끊어서 홀연히 태어나 저세상에서 완전한 열반에 드는 '다시 돌아오지 않는 님(불환자)'까지만 가능하다.

초기불교에서 수행을 통해 성취하는 성자의 단계는 수다원〔예류과(預流果), 이제 막 수행의 흐름에 들어선 경지〕, 사다함〔일왕래(一往來), 번뇌를 완전히 버리지 못해서 욕계에 다시 한 번 돌아온 경지〕, 아나함〔불환과(不還果), 번뇌를 완전히 버리고 더 이상 인간으로 태어나지 않는 경지〕, 아라한〔응공(應供), 궁극적인 깨달음으로 윤회의 속박에서 완전히 벗어나 열반을 성취한 경지〕의 네 가지로 나뉜다. 아라한은 초기불교에서 가장 높은 깨달음의 경지로서 대승불교에서 말하는 붓다의 경지에 도달한 자를 말하고, 그보다 한 단계 낮으면 천상 세계에서 태어나 바로 열반에 들어 다시는 태어나지 않는 것을 말한다.

붓다의 가르침에서 출가 수행자는 비구든 비구니든 차별 없이 다 아라한이 될 수 있고, 재가자는 남녀의 차별 없이 천상 세계에 태어나 다시 인간의 몸으로 돌아오지 않는 단계까지 가능하다. 즉, 출가자와 재가자의 차이는 인정하지만 남녀의 구별은 인정하지 않기 때문에 성차별이 없음을 알 수 있다.

4. 나가기: 초기불교의 친여성적 인식

『맛지마니까야』의 '밧차굿따의 큰 경(Mahāvacchagottasutta)'에서도 수행에서 출가·재가의 차별은 인정하지만 남녀 간 차이에 대해서는 부정하고 있음을 볼 수 있다. 밧차굿따(Mahāvacchagotta)는 붓다에게 다음과 같이 묻는다 (『맛지마니까야』, 2009: 799~800).

> 존자 고따마 외에 존자 고따마의 제자로서 모든 번뇌를 끊고, 번뇌 없이, 마음에 의한 해탈〔심해탈(心解脫)〕[2]과 지혜에 의한 해탈〔혜해탈(慧解脫)〕을 현세에서 스스로 곧바로 알고 깨닫고 성취한 어떤 수행승(비구) 또는 어떤 수행녀(비구니)가 있습니까?

붓다는 다음과 같이 대답한다.

> 밧차여, 나의 제자로서 모든 번뇌를 끊고, 번뇌 없이, 마음에 의한 해탈과 지혜에 의한 해탈을 현세에서 스스로 곧바로 알고 깨닫고 성취한 수행승이나 수행녀는 백 명이 아니고, 이백 명이 아니고, 삼백 명이 아니고, 사백 명이 아니고, 오백 명이 아니고, 그보다 훨씬 많습니다.

아라한에 도달한 수행녀, 즉 비구니가 이처럼 많았다는 것이다. 그러므로

---

2 불교 수행의 목표인 해탈(解脫)의 종류는 일반적으로 사마타(Samatha) 수행을 통해 얻어지는 집중을 통해 탐욕으로부터 벗어나는 심해탈, 위빠사나(Vipassanā) 수행을 통해 얻어지는 지혜로 무지에서 벗어나는 혜해탈, 그리고 선정과 상수멸정(想受滅定)을 모두 완전하게 완성한 양분해탈(兩分解脫)이 있다.

초기불교에서는 기본적으로 남녀 차별이 없었다고 봐야 한다.

『쌍윳따니까야』의 '밭에 대한 비유의 경'에는 붓다가 상대방의 수준에 따라 가르침을 설하는 내용이 있는데, 이때도 수행에서 출가·재가와 이교도의 구별은 있어도 남녀의 구별은 없음을 가르친다. 즉, 마을의 촌장 아씨반다까뿟따(Asibandhakaputta)는 붓다에게 다음과 같이 질문했다(『쌍윳따니까야』, 2014: 1389).

> 세존께서는 무슨 까닭으로 어떤 사람에게는 상세하게 가르침을 설하고 어떤 사람에게는 상세하게 가르침을 설하지 않습니까?

그러자 붓다는 다음과 같이 설법한다.

> 그렇다면 촌장이여, 거기에 대하여 내가 그대에게 질문하겠습니다. 옳다고 생각한다면 대답해주면 감사하겠습니다. 촌장이여, 어떻게 생각하십니까? 여기 농사짓는 촌장에게 세 개의 밭이 있는데, 한 밭은 상품이고 한 밭은 중품이고 한 밭은 모래밭이고 염분이 있는 악질 토양을 지닌 하품입니다. 촌장이여, 어떻게 생각하십니까?
> 촌장이여, 농부가 씨앗을 뿌리려 할 때에 어디에 먼저 뿌리겠습니까? 그 상품의 밭입니까, 그 중품의 밭입니까, 그 모래밭이고 염분이 있는 악질토양을 지닌 하품의 밭입니까? 상품의 밭은 수행승들과 수행녀들이고, 중품의 밭은 재가의 남녀신도이고, 하품의 밭은 이교도입니다.

이교도는 하품의 토양의 밭과 같으므로 거기에다는 씨를 잘 뿌려도 나지 않지만, 수행자와 수행녀들은 계를 잘 지키기 때문에 가르침을 주면 꽃을 피운다는 것이다. 이처럼 수행 정도에 따라 상품·중품·하품으로 인간을 구별했지만, 가르침을 이해하는 데 남녀의 구별은 없었다.

동일한 경전에서 붓다는 물 단지의 비유를 들어 수행에서 출가·재가와 이교도의 구별은 있어도 남녀의 구별은 없다는 사실을 설명한다.

> 촌장이여, 예를 들어 한 사람에게 세 개의 물 단지가 있다고 합시다. 하나의 물 단지는 흠이 없고 물이 흘러나오지 않고 새지 않습니다. 하나의 물 단지는 흠이 없지만 물이 흘러나오고 샙니다. 하나의 물 단지는 흠이 있고 물이 흘러나오고 샙니다.
>
> 촌장이여, 어떻게 생각하십니까? 그 사람이 물을 붓고 싶을 때에 어디에 먼저 물을 붓겠습니까? 흠이 없고 물이 흘러나오지 않고 새지 않는 물 단지입니까, 흠이 없지만 물이 흘러나오고 새는 물 단지입니까, 흠이 있고 물이 흘러나오고 새는 물 단지입니까?

재가 신도는 흠이 없지만 새는 물 단지에 해당하고, 이교도는 흠이 있고 물도 새어나오지만 출가자들은 흠이 없고 물도 새어나오지 않는다는 비유다.

붓다는 이처럼 인간의 품성을 상품·중품·하품으로 나누어 가르쳤지만 그 어디에도 남녀의 구별은 없다. 즉, 남녀 모두 평등하다는 것이 초기불교에서 붓다의 기본적인 가르침이다.

참고문헌

안옥선. 2000. 「왜 '불교와 페미니즘'을 말해야 하는가」. ≪불교평론≫, 3호, 115~129쪽.
『디가니까야』(2011). 전재성 역주. 한국빠알리성전협회.
『맛지마니까야』(2009). 전재성 역주. 한국빠알리성전협회.
『쌍윳따니까야』(2014). 전재성 역주. 한국빠알리성전협회.
『앙굿따라니까야 1·2』(2013). 전재성 역주. 한국빠알리성전협회.
『앙굿따라니까야 3』(2007). 전재성 역주. 한국빠알리성전협회.
『앙굿따라니까야 4』(2007). 전재성 역주. 한국빠알리성전협회.
『앙굿따라니까야 5』(2007). 전재성 역주. 한국빠알리성전협회.
『앙굿따라니까야 6』(2007). 전재성 역주. 한국빠알리성전협회.
『앙굿따라니까야 7』(2007). 전재성 역주. 한국빠알리성전협회.
『앙굿따라니까야 8·9』(2008). 전재성 역주. 한국빠알리성전협회.
『앙굿따라니까야 10』(2008). 전재성 역주. 한국빠알리성전협회.
『앙굿따라니까야 11』(2008). 전재성 역주. 한국빠알리성전협회.

1) 디가니까야(DN.)

Dialogues of Buddha. 1899~1910. translated by T. W. Rhys Davids. London: Pali Text Society.

Die Reden Gotamo Buddhos. Aus der längeren Sammlung Dīghanikāyo des Pālikanons zum Erstenmal, 3Vol. 1996. übersetzt von Karl Eugen Neumann. Artemis Verlag Zürich(1te Aufl. 1896~1902, 2te Aufl. 1921, 3te Aufl. 1956): Beyerlein-Steinschulte Verlag Herrnschrot 7.-8. Aufl.

Dīghanikāya, Das Buch der Langen Texte des Buddhistischen Kanons. 1913. In Auswahl Übersetzt von Dr. R. Otto Franke. Göttingen: Vandenhoeck & Ruprecht.

Dīgha Nikāya, 3vols. 1890~1911. T. W. Rhys Davids and J. Estin Carpenter(eds.). London: PTS.

Sumaṅgalavilāsinī, 3vols. 1886~1932. T. W. Rhys Davids, J. Estin Carpenter and W. Stede(eds.). London: PTS.

2) 맛지마니까야(MN.)

Die Reden Gotamo Buddhos aus der Mittleren Sammlung Majjhimanikāyo des Pālikanons zum Erstenmal, 3Vol. übersetzt von Karl Eugen Neumann. Artemis Verlag Zürich(1te Aufl. 1896~1902, 2te Aufl. 1921, 3te Aufl. 1956).

Majjhima Nikāya, 3vols. 1887~1901. V. Trenckner and R. Chalmers(eds.). London: PTS.

Middle Length Sayings, 3vols. 1954~1959. translated by I. B. Homer. London: PTS.

Papañcasūdanī, 5vols. 1922~1938. J. H. Woods, D. Kosambi and I. B. Horner(eds.). London: PTS.

3) 쌍윳따니까야(SN.)

Die in Gruppen geordnete Sammlung(Saṁyuttanikāya) aus dem Pāli-Kanon der Buddhisten, 2vols. 1925. übersetzt von W. Geiger. Munich-Neubiberg: Oskar Schloss Verlag.

Die Reden des Buddha: Gruppierte Sammlung aus dem Pāli-Kanon. 2003. übersetzt von W. Geiger, Nyāponika Mahāthera und H. Hecker. Herrnschrott: Verlag Beyerlein & Steinschulte.

Saṁyutta Nikāya. ① Roman Script. L. Feer(ed.). 6vols(Ee4: London: PTS, 1884~1904; Ee2, 1998). ② Burmese Script. Chaṭṭhasaṅgāyana-edition, 3vols(Ranggoon: Buddhasāsana Samiti, 1954).

Sāratthappakāsinī: Saṁyuttanikāyaṭṭhakathā, 3vols. 1977. F. L. Woodward(ed.). London: PTS.

The Book of the Kindered Sayings, 5vols. 1917~1930. translated by C. A. F. Rhys Davids and F. L. Woodward. London: PTS.

The Connected Discourse of the Buddha (A New Translation of the Saṁyuttanikāya), 2vols. 2000. translated by Bodhi Bhikkhu. Boston: Wisdom Publication.

4) 앙굿따라니까야(AN.)

Aṅguttara Nikāya, 5vols. 1885~1900. Moms, R. and E. Hardy(eds.). translated by F. L. Woodward and E. M. Hare. London: PTS.

Buddhist Legends. 1995. translated by Eugene Watson Burlingame(from original Pali Text of Dhammapada Commentary). London: PTS.

Die Lehrreden des Buddha aus Angereihten Sammlung: Aṅguttara Nikāya, 5vols. 1993. übersetzt von Nyanatiloka. Braunschweig Aurum Verlag.

Manorathapūraṇī, 5vols. 1924~1926. Walleser, M. and H. Kopp(eds.). London: PTS.

Numerical Discourses of The Buddha: An Anthology of Suttas from Aṅguttaranikāya. 2000.

translated by Nyanaponika Thera and Bhikkhu Bodhi. New Dhelhi: Vistaar Publications.

The Book of the Gradual Sayings(Aṅguttara Nikāya), 5vols. 1932~1936. translated by F. L. Woodward and Mrs. Rhys Davids. London: PTS.

제6장

초기 경전에 나타난 여성의 섹슈얼리티
성적 욕구, 임신, 출산을 중심으로

전재성

1. 들어가기

붓다의 가르침은 크게 두 가지로 나눌 수 있다. 하나는 해야 하는 내용을 담은 경전이며, 또 다른 하나는 하지 말아야 하는 내용을 담은 경전이다. 초기 경전인 니까야에서 붓다가 실천을 권장하는 내용은 경장(經藏)을 중심으로, 하지 말라고 금지하는 내용은 율장을 중심으로 담겨 있다. 일반적으로 섹스는 생물학적 성이고 젠더는 문화적 성인데, 섹슈얼리티는 이 두 가지가 합쳐진 성적 태도, 성적 가치관, 성적 행위, 성적 욕망 등을 말한다. 섹슈얼리티는 인간의 근본적인 욕망의 문제이기 때문에 세속적 측면에서는 필요한 권장 사항처럼 인식된다. 그러나 출세간적 측면에서는 극복해야 할 금기 사항으로 인식된다. 섹슈얼리티와 관계된 내용은 율장에 굉장히 자세히 나와 있는데, 인류 역사상 성인의 가르침을 볼 때 불교만큼 성적 욕구, 임신, 출산 등 섹슈얼리티를 상세히 기술하는 종교를 찾아보기가 쉽지 않다. 특히 2500년 전에 이루어졌던 섹슈얼리티 문제에 대한 접근은 성교육 교과서라 할 수 있을 정도로 상세하며, 현대 의학과 비교해도 전혀 뒤처지지 않는 내용을 담고 있다.

그러나 초기 경전의 섹슈얼리티에 대해서는 아직까지 많이 연구되지 않았고, 율장을 공부한 스님들도 이 문제를 다루기 매우 꺼려하기 때문에 필자는 이 내용을 소개할 것인지에 대해 망설였다. 하지만 일부 대중적인 불교 서적에서 섹슈얼리티와 관련해 미신적 요소는 물론 논리에도 맞지 않는 관점들을 제시하는 것을 볼 때 안타까운 마음이 들었기에 섹슈얼리티와 관련된 내용의 일부를 소개하고자 한다. 얼마 전에 달라이라마 존자도 미국에서 동성애자 문제와 관련해 현실을 수용해야 한다는 발언을 했지만, 현실적인 섹슈얼리티와 관련된 문제를 율장의 가르침에 근거해 어느 정도 수용하는 것이 타당한지에 관해서도 논의를 해야 한다.

붓다의 가르침은 굉장히 논리적이고 합리적이며, 오늘날의 의학자나 심리학자보다 더 논리적·과학적으로 접근하고 있다. 그러므로 붓다에 대한 최상의 존경을 가지고 섹슈얼리티와 관련된 내용을 번역해야 하는데, 번역의 방향에 따라 올바른 세계관으로 나아갈 수도 있고 잘못된 세계관을 갖게 할 수도 있다. 현재 불교와 섹슈얼리티에 대한 논문이 몇 편 나와 있지만 그 내용이 너무 간단하게 발표되어 불교적으로 볼 때 자칫 불경스러운 부분도 있어서 안타깝다. 경전과 율장에 근거해서 그 내용에 정확히 접근해야 하는데 제대로 된 논문이 아직 없다. 이 글은 섹슈얼리티와 관련된 내용의 번역을 처음 시도한 것이라고 할 수 있다. 남성과 여성 문제를 다룰 때 섹슈얼리티에 대한 논의가 빠질 수가 없는데, 율장의 『빅쿠비방가(Bhikkhu-Vibhanga)』와 『빅쿠니비방가(Bhikkhuni-Vibhanga)』는 승단추방죄 가운데 성적 욕망과 관계된 음계(淫戒)를 가장 중요한 덕목으로서 서두에 500쪽 가까이 할애하고 있으며 (『빅쿠비방가』, 2015: 85~536; 『빅쿠니비방가』, 2015: 95~546), 성적 욕망이 인간의 가장 큰 욕망 가운데 하나라고 서술하고 있다. 따라서 율장의 약 삼분의 일이 성에 관계된 내용일 정도로 방대한 비중을 차지하고 있다.

2. 초기불교의 성에 대한 관점

1) 인간의 본성으로서의 성욕

불교적으로 볼 때 남성과 여성이라는 섹슈얼리티가 지닌 대극성의 본질은 윤회 속에 감추어져 있다. 윤회는 시작을 알 수 없다. 무명에 덮인 뭇 삶들은 갈애에 속박되어 유전·윤회하기 때문에 그 최초의 시작을 알 수 없다. 인간은 참으로 오랜 세월 동안 윤회하면서 고통·고뇌·재난을 경험하는 가운데 무덤을 증대해왔고, 그 속에서 우리가 태어나 윤회한다. 우리가 만나는 배우자가 우리 자신의 어머니나 아버지였을 수도 있고, 형제나 자매였을 수도 있으며, 아들이나 딸이었을 수도 있다.

그러므로 붓다는 『쌍윳따니까야』의 '어머니의 경'을 비롯한 '아버지의 경', '형제의 경', '자매의 경'에서 다음과 같이 말한다(『쌍윳따니까야』, 2014: 475).

> 수행승들이여, 이 윤회는 시작을 알 수 없다. 무명에 덮인 뭇 삶들은 갈애에 속박되어 유전하고 윤회하므로 그 최초의 시작을 알 수 없다.
>
> 수행승들이여, 이와 같이 오랜 세월을 거쳐서 일찍이 한 번도 어머니가 아니었던 사람을 쉽게 찾을 수 없다. 그것은 무슨 까닭인가? 수행승들이여, 이 윤회는 시작을 알 수 없다. 무명에 덮인 뭇 삶들은 갈애에 속박되어 유전하고 윤회하므로 그 최초의 시작을 알 수 없다.

수행승들이여, 이와 같이 참으로 오랜 세월 동안 그대들은 고통을 경험하고 고뇌를 경험하고 재난을 경험하고 무덤을 증대시켰다.
수행승들이여, 그러나 이제 그대들은 모든 형성된 것에서 싫어하여 떠나기에 충분하고, 사라지기에 충분하고, 해탈하기에 충분하다.

이 경은 어머니에 대한 경이지만, 이어 '아버지에 대한 경'에서도 어머니가 단지 아버지로 바뀌어 동일하게 나온다. 즉, 오랜 세월 동안 윤회를 거듭하면서 인간은 일찍이 한 번도 어머니·아버지·형제·자매가 아니었던 사람이 없기에 남성이라고 우월하다거나 여성이라고 열등하다고 말할 수 없다는 것이다. 이는 불교에서 강조하는 동체대비(同體大悲) 사상의 근원적인 출발점이 되며, 대승경전 또한 이러한 사상을 바탕으로 함을 알 수 있다.

불교의 철학적 바탕인 연기법의 원리에 따르면, 갈애는 본질적으로 쾌·불쾌가 생겨날 때 불쾌를 버리고 쾌락을 추구하려는 인간의 기본적인 속성에서 비롯된다. 이것이 남녀 사이의 관계에서 생길 때 섹슈얼리티의 이중적 지향성으로 나타나며, 결국 결박과 집착의 존재인 인간이 태어나고, 이 세상에 태어났기 때문에 생사윤회의 고통을 겪게 된다. 따라서 윤회는 섹슈얼리티의 존재 지향성을 내포하고 있음을 알 수 있다.

불교는 기본적으로 옳다, 그르다를 떠나 '있는 그대로 보라'는 것이 원칙이며 그것이 곧 지혜이다. 힌두교는 큰 사원에 성적 판타지를 그려놓기도 하고, 남녀의 성적 결합 장면을 생생하게 조각으로 새기기도 했다. 이는 결코 성적 쾌락의 추구나 문란한 성적 행위를 보여주려는 것이 아니라 신과 인간의 합일을 성적으로 비유해 보여주려는 것이다. 당시 인도에서는 최고신인 브라흐마(Brāhma)와 자기 내적 본질의 합일을 추구했는데, 이 과정에서 환희와 쾌감을 경험한다고 보았기 때문이다.

그런데 불교는 모든 것이 고정적이지 않고 변화한다는 것을 진리로 삼고 출발한다. 또한 성 에너지가 있어도 그것을 어떻게 보느냐에 따라 부정적이거나 긍정적으로 나아갈 수 있다고 인식했다. 하지만 사람들은 성적 행위가 쾌락 추구로만 빠질 수 있고 이에 탐닉해 부정적인 방향으로 나아갈 수 있다는 이유로 계율을 통해 억제하거나 조절하기를 요구한다.

2) 재가자의 성적 욕구

율장에서는 승단추방죄로서 음계를 제1조에 둘 만큼 인간의 가장 큰 욕구 가운데 하나인 성적 욕구의 제어를 중요시했다. 율장에서 성에 관계된 내용은 삼분의 일 정도를 차지할 만큼 그 비중이 방대한데, 이는 불교 신자라면 누구나 지켜야 할 '오계'에서도 강조된다.

『앙굿따라니까야』에 보면 "꽃향기도 바람을 거스르지 못하고 전단향이나 다라수향이나 말리까향도 못하지만 참사람의 향기는 바람을 거슬러 가니 참사람은 모든 방향으로 향기를 품는다"라는 붓다의 말씀이 있다(『앙굿따라니까야 3』, 2007: 258). 참사람의 조건 중 하나는 오계를 지키는 것이다. 현재의 삶에서 최소한 사람답게 살고 다음 생에서 다시 인간 이상의 단계로 태어나기 위해 지켜야 할 최소한의 계율이 오계라는 것이다. 오계 가운데 섹슈얼리티와 관계된 것은 세 번째 항목에 있는 "사랑을 나눔에 잘못을 범하지 않는 것"이다. 여기서 사랑은 빠알리어로 '까마(kāma)'인데, 인도에서는 사랑의 신을 '까마', 사랑에 관한 성전을 『까마수트라(Kāmasūtra)』라고 한다. '까마'는 갈애와도 관계가 있으며 윤회의 본질로, 갈애는 불쾌를 버리고 쾌락을 추구하는 성질이 있다.

붓다의 가르침이 가진 중요한 특성 중 하나는 어떤 단어를 광의적으로 사용하는 경우와 구체적으로 자세히 사용하는 경우가 있다는 것이다. '까마'의 경우, 성적 상황에 국한해 사용하는 경우도 있고 보편적으로 추구하는 탐욕의 대상이라는 넓은 의미로 사용할 때도 있다. 그러나 구체적인 측면에서 보자면 까마, 즉 사랑을 추구할 때 남성은 안으로 남성성을 추구하지만 밖으로는 여성성을 추구하고, 여성은 안으로 여성성을 추구하지만 밖으로는 남성성을 추구하는 성의 이중성이 있다. 그런데 이것을 추구하는 과정에서 잘못을 범하면 안 된다는 것이다.

『앙굿따라니까야』 등에 따르면 "사랑을 나눔에 잘못을 범하는 것"은 다음과 같다(『앙굿따라니까야 10』, 2008: 484; 『맛지마니까야』, 2009: 510).

> 어머니의 보호를 받고 있거나, 아버지의 보호를 받고 있거나, 부모의 보호를 받고 있거나, 형제의 보호를 받고 있거나, 자매의 보호를 받고 있거나, 친족의 보호를 받고 있거나, 이미 혼인했거나,[1] 주인이 있거나,[2] 법의 보호를 받고 있거나,[3] 심지어 약혼의 표시로 꽃다발을 쓴[4] 여인들이 있는데, 이러한 여인들과 성적인 관계를 맺는 것.

여기에 제시된 여성과 사랑을 나누게 되면 현실에서 심각한 인격 장애나 가정 파탄의 고통, 또는 사회적 물의를 일으킬 수 있는 고통을 가져올 수 있으므로 사랑을 나눔에 잘못을 범하는 것이 된다.

---

[1] 법의 보호를 받는다는 것은 이미 혼인했거나 동료 수행자의 보호를 받고 있다는 뜻이다.
[2] 태어나기 전부터 친한 가족의 아들과 혼인을 약속한 소녀를 말한다.
[3] 『맛지마니까야』에 따르면 사회적으로 법에 의해 처벌받고 있는 상태를 말한다.
[4] 남자가 '이 여자는 내 아내이다'라는 것을 나타내기 위해 꽃다발을 씌운 여자, 즉 결혼한 여성을 말한다.

'오계' 가운데 하나인 "사랑을 나눔에 잘못을 범하지 않는 것"은 일반 재가 신자가 지켜야 하는 계율이지만, 수행승은 오계를 지켜야 할 뿐만 아니라 "사랑을 나눔에 잘못을 범하지 않는 것"이 '완전한 순결', 즉 "완전한 청정한 삶"으로 나아가야 한다. 이것이 재가 신자로서의 참사람과 출가자로서의 참사람이 나눠지는 기준이라고 할 수 있다. 재가자의 섹슈얼리티에 대한 윤리는 심각한 가정적·사회적 파국으로 인한 실존적 고통을 제어하는 것이 목적이다. 즉, 재가자는 성적 욕망과 관계 등을 완전히 억제해야 한다는 것이 아니라 '잘못을 범하지 않는 사랑을 해야 한다'는 의미이다.

그렇다면 재가자는 오계만 지켜도 되는가? 그것은 아니다. 불교 공부는 사람답게 살기 위해서뿐만 아니라 우리 삶을 더욱 높은 수준으로 향상하기 위한 것이다. 경전에 따르면 우리가 살고 있는 세계는 식욕(食慾), 수면욕(睡眠慾), 음욕(淫慾) 등 감각적 욕망에 대한 갈애(慾愛)가 지배하는 욕계(欲界)이다. 이는 지옥(地獄)·아귀(餓鬼)·축생(畜生)·아수라(阿修羅)·인간(人間)·천상(天上)의 여섯 가지 세상, 즉 육도(六道)의 존재 상태로 구성된다.

오계를 잘 지키고 보시하는 공덕으로 욕계의 여섯 세상을 살아가면 그 위에는 색계(色界), 무색계(無色界)라는 높은 하늘 세상이 있다. 색계는 초선천·이선천·삼선천·사선천이 있는데, 색계라는 더 높은 세상에 태어나기 위해서는 '까마'를 제어해야 한다. 색계 세상의 첫 번째인 초선천은 눈·귀·코·입·등 몸의 감각 대상으로 반응하는 '탐욕'인 '까마'를 벗어나고 통제할 수 있는 경지이다. '까마'에는 성적 욕망이 포함되는데, 이 성적 욕망의 '까마'를 '삿된 음행을 하지 않는 것'으로 해석하고 이것만 실천하며 살아도 인간다운 삶이 실현된다. 보시를 통해 욕계에 태어나는 것도 매우 중요한 일이지만 인간의 삶을 향상하기 위해서는 까마를 제어해 색계라는 높은 단계의 하늘로 접근해가야 한다. 인간 깨달음의 4단계인 수다원·사다함·아나함·아라한 중에서 아나함이나 아라한의 경지에 오르면 성적 욕망이 없어지고 성적 욕망에서 자유로워진다. 이러한 관점으로 보면 경전에서 넓은 의미의 까마는 탐욕을 제거해야 하는 행위이다.

그러므로 재가 제자는 인간적으로 살기 위해 최소한 오계를 지켜야 한다는 것을 절박하게 받아들여야 한다. 그 후에 성적 욕망을 포함한 외적 욕망들을 줄여나가는 가운데 삶을 향상하며 살 수 있어야 한다. 반면에 출가자는 성적 욕구를 제어해 완전한 순결, 즉 청정한 삶을 지키는 것이 출가자로서의 기본이라고 할 수 있다.

3) 출가자의 성적 욕구

출가한 수행자나 결혼하지 않은 독신 출가 수행자가 성적 욕구를 다스리는 방식은 재가자와 다르다. 출가자는 성욕이나 성관계에 대해 조건부 허용이 아니라 금욕 중심의 완전한 순결이라는 청정한 삶을 살아야 한다. 그렇다면 출가 수행승에게 완전한 순결이라는 청정한 삶은 구체적으로 어떤 의미인가? 『쌍윳따니까야』에 다음과 같은 법문이 있다(『쌍윳따니까야』, 2014: 551).

> 수행승들이여,
> 옛날에 한 고양이가 어린 생쥐 한 마리를 쫓아 골목이나 하수도나 쓰레기 더미 앞에 서서 '이 생쥐가 먹이를 구하러 나오면, 그때 내가 그를 잡아먹어야지'라고 생각했다.
> 수행승들이여,
> 그때 그 생쥐가 먹이를 구하러 나왔다. 고양이는 곧바로 그를 잡아서 씹지 않고 삼켰다. 생쥐는 고양이의 내장을 갉아먹고 창자도 먹었다. 그래서 고양

이는 죽음과 죽음의 극심한 고통을 겪지 않을 수 없었다.

수행승들이여,

이와 마찬가지이다. 세상에 어떤 수행승이 아침 일찍 옷을 입고 발우와 가사를 수하고 마을이나 거리로 탁발을 하러 가는데 신체를 가다듬지 않고 언어를 다스리지 않고 정신을 수호하지 않고 새김을 확립하지 않고 감관을 제어하지 않고 간다.

그는 거기서 가볍게 옷을 걸치거나 야하게 옷을 걸친 여인들을 보게 된다. 그렇게 가볍게 옷을 걸치거나 야하게 옷을 걸친 여인들을 보게 되면, 탐욕이 그의 마음을 엄습한다. 탐욕이 그의 마음을 엄습하면, 그는 죽을 정도의 고통이나 괴로움을 겪게 될 것이다.

출가자가 성적 욕망을 억제하는 것은 생쥐가 고양이한테 내장을 갉아 먹히는 정도의 엄청난 고통이라는 것이다. 이러한 가르침들은 주로 경장에 있다. 현대사회는 매스컴이나 잡지 등에서 성이 아름답고 쾌락적이며 긍정적이라고 해석하기도 하지만, 붓다는 사랑을 나눌 때 잘못을 범할 경우 얼마나 큰 고통을 일으키는지에 대해 제자들에게 가르쳤다. 사실 이것이 섹슈얼리티의 본질인데, 만약 성욕을 억제해야 한다는 가르침이 없다면 성적 쾌락을 추구하다가 끊임없이 윤회의 굴레 속으로 빨려 들어가는 결정적 계기가 될 것이다. 이처럼 경전에서는 성적 욕구에 대해 매우 현명한 교육을 하고 있음을 알 수 있다.

불교에서 재가자의 섹슈얼리티는 비교적 결혼 제도 속의 남녀 관계로 한정되는 데 비해, 출가자의 섹슈얼리티는 결혼하지 않은 독신자 또는 성년이 되지 않은 출가자까지 광범위하게 포함한다. 또한 율장의 규정은 놀라울 정도의 실제적 사례들을 제시하고 있으며 행위에 대해서도 논리적으로 분석하므로 섹슈얼리티의 본질이 무엇인가에 대해 정확히 이해할 수 있다.

섹슈얼리티에 대한 이론, 즉 성학(性學)은 그 학문적 배경이 서구이기 때문에 성적 욕구와 성적 행위가 죄악이라는 기독교적 관점이 많이 반영되어 있다. 하지만 붓다는 2500년 전에 성 자체가 생물학적 본성이며 보편적 현상임을 밝히고 있다. 오늘날 우리가 성에 대해 너무 많은 가치를 부여하고 윤리적 잣대로 접근하다 보니 옳고 그름의 문제로도 귀결된 것이다. 그러나 불교적으로 보면 옳고 그름이 아니라 인간의 본성인 성적 욕구를 어떻게 조절하고 억제할 것인가에 초점이 맞추어져 있다. 성욕을 억제하는 과정에는 엄청나게 많은 위험과 재난이 지뢰처럼 널려 있는데, 이 사실을 알지 못하면 스스로 파멸에 이르기도 한다.

앞서 계율이란 붓다가 미리 제정한 것이 아니라 수행 과정에서 수행자의 잘못된 행위가 드러나 이것이 승단 유지나 수행에 방해가 될 경우에 제정되었다고 했다. 잘못된 행위로 규정할 때 붓다는 그 행위의 결과보다는 의도를 매우 중시했는데, 이는 성적 행위에 대해서도 마찬가지이다. 예를 들면 자위 행위에 관해서도 목욕을 하다가 의도치 않게 사정했다면 잘못이 없지만 의도를 가지고 했다면 잘못이 된다. 그런데 목욕이 아니라 상처를 치료하다가 자극이 되어 사정을 했다면, 붓다가 목욕의 경우만 언급했으니 '자신은 잘못이 없다'라고 생각하거나 '나의 잘못이 아닐 것이다'라고 여기며 이를 숨길 수도 있다. 그러나 다른 사람은 몰라도 자신은 알기 때문에 잘못된 행위를 한 수행자는 붓다에게 고백을 하거나 자자와 포살을 통해 참회해야 한다. 이러한 과정 속에서 지속적으로 계율이 생겨난 것이다. 성적 행위와 관련해 혼자 숨기고 고민하게 되면 스스로 고통스러워 제대로 수행을 할 수 없으므로 사람들끼리 모여 이야기했고, 승단에서도 자신의 성적 고민을 붓다에게 솔직하게 드러냈기 때문에 붓다가 이처럼 상세한 지침을 줄 수 있었다.

그러므로 붓다 생존 당시 승가에서는 스스로를 억압하거나 숨기거나 속여서 생기는 잠재적인 고통이 없었다고 할 수 있다. 붓다에게 어떤 고민도 털어놓을 수 있었고, 강제적 방식을 통해서가 아니라 승가 공동체가 함께 모여 그 해결책을 찾았기에 붓다의 제자들은 행복한 공동체가 되었을 것이다.

3. 섹슈얼리티의 다양한 스펙트럼

1) 여성의 생리

섹슈얼리티에 대한 개방적·방임적 태도나 억압적이고 죄의식을 갖게 하는 태도는 각종 미신적 사유와 결합하기 마련인데, 이는 훗날 인류에게 수많은 고통을 야기하는 원인이 되기도 했다. 원시 공동사회에서조차 여성의 초경을 축복으로 보는 사회가 있는가 하면, 악마 출현의 조짐이라며 부정적으로 보는 사회가 있다. 아프리카 콩고에서 밀림 주변의 마을 주민들은 여성의 월경에 대해 '생리혈은 악마의 조짐으로, 끊임없이 발생하기 때문에 더욱 무섭다'라고 인식하며, 초경을 치른 후에는 악마를 쫓는 의식을 치르기도 한다. 반면에 아프리카의 피그미족은 생리혈을 출산의 전조로 보고 초경을 하면 '달의 은총'을 받았다고 크게 기뻐하면서 축제를 벌이기도 한다. 이처럼 여성의 생리는 시대적·문화적 배경에 따라 달리 받아들여졌다.

인도에서는 여성의 생리에 대해 부정적 인식이 강했다. 인도인들은 인도의 최고신인 시바신이 창조주를 죽였다고 생각했다. 이는 창조된 것이 결국 모두 파괴되고 만다는 측면에서, 모든 것을 신격화한 인도인들의 범신론적 관점에서는 당연한 귀결이었다. 시바신의 피조물인 인간은 창조주를 죽였다는 원죄 의식 때문에 창조주의 해골을 들고 심각한 참회의 고행을 실천하는 시바신을 따라 참회 수행을 하게 되었다. 이는 인도인들이 요가 수행을 하게 된 근원이었다. 인도인들은 고행적인 수행을 하는 가운데 여성의 생리에 대해서는 창조주를 죽인 죄로 피를 흘리는 것이라 여기며 일종의 속죄의 의미로 보았다. 인도인들은 창조주를 죽인 무시무시한 범죄를 저지른 자의 피조물인 것을 자각하며 여성에게 자신의 죄를 함께 나누자고 부탁했고, 여성은 적당한 시기에 아이 낳는 능력을 얻는 대가로 이에 동의했다는 것이다. 그리고 창조주를 살해한 죄가 매달의 생리혈로 나타난다고 믿었다. 그래서 베다 학파의 최후의 논서인 『바시스타 다르마 샤스트라(Vasiṣṭhadharmaśāstra)』에서는 "여성이 생리 중에 눈에 세안약(洗眼藥)을 발라서는 안 되고, 몸에 기름을 발라서도 안 되며, 물속에서 목욕을 해서도 안 되고, 땅바닥에서 자야 하며 …… 이를 닦아서도 안 되고, …… 고기를 먹어서도 안 되며, 웃어도 안 되고, 뛰어서도 안 되며 ……"라고 규정했다.

생리가 창조주를 살해한 죄의 대가라고 생각했기 때문에 결혼한 신랑은 신부와 첫날밤을 치르기 전에 성직자를 고용해서 신부와 먼저 성관계를 갖도록 하기도 했다. 만약 신랑이 먼저 신부와 성관계를 한다면 신부에게서 나오는 유독성의 피가 그를 아프게 하거나 죽일 수도 있다고 생각했기 때문이다. 즉, 성직자가 미리 그 피를 정화해야 한다는 믿음이 있었다.

하지만 붓다는 이를 미신적인 행위로 보았다. 당시 인도인들은 창조주가 인간을 만들 때 머리에서는 지혜를 가진 브라만 계급을, 가슴에서는 전사인 크샤트리아 계급을, 배에서는 적당한 욕망을 가진 바이샤 계급을, 팔다리에서는 노예 계급인 수드라 계급을 창조했다고 보았다. 이들 네 계급은 신이 창조했기 때문에 인간의 의지로는 절대 바꿀 수 없으며 모든 사람은 이러한 신분에 맞게 현실에서 순응해야 한다고 믿었다. 하지만 『맛지마니까야』의

'앗쌀라야나의 경'에 따르면 붓다는 "인간은 누구나 월경, 임신, 출산, 수유를 갖고 있는 여인에게서 태어난다"고 주장했다(『맛지마니까야』, 2009: 1044). 최상층계급인 브라만이든 아니면 노예 계급이든 모두 월경·임신·출산·수유를 하는 여인에게서 태어났다는 것이다.

인류사를 통해 볼 때 이는 왕권신수설이나 귀족 사회를 부정하고 모든 인간이 평등한 존재라는 인식론으로, 결코 단순한 발견이 아니다. 붓다는 여성의 생물학적 특성이 단지 생물학적 특징일 뿐이라는 사실을 강조했고 거기에는 어떤 미신적 죄의식이나 남녀 차별이 없었다. 여성의 생리뿐만 아니라 인간의 섹슈얼리티 전체에 대해서도 붓다는 마찬가지 태도를 견지했다.

2) 성적 욕구의 조절과 관련해

붓다는 인류 역사상 최초로 수행자 집단을 만들어 장기간 성공적으로 이끈 유일한 사람일 것이다. 그런데 젊은 독신 남성이 출가해 모인 승단에서 윤리적으로 가장 큰 문제는 살인이나 강도 등의 문제보다는 성적 욕구의 문제였다. 그러므로 우선 승가 공동체에서 살아남을 수 있는 성적 욕구와 그 행위에 대해 살펴보겠다.

성행위 가운데 비교적 사회적 물의를 적게 일으키는 것은 남자건 여자건 자위행위인데, 불교적 관점에서 자위행위는 여자가 생리를 하는 것처럼 생물학적인 것이다. 자위행위에 대해 찬양하거나 방임적인 태도를 취할 경우 성적 욕망을 불러일으키게 되고, 죄의식을 유발하는 태도를 취할 때는 억압적 우울증이나 욕구불만적 공격성을 일으킨다. 이 모두가 극단적인 것이고 유해한 것이다. 남성의 자위행위에 대한 개방적·방임적 태도가 가져오는 문제점은 파푸아뉴기니의 한 종족의 사례에서도 알 수 있다. 이 종족은 정액이 모유처럼 소년을 빨리 자라게 한다는 믿음을 가지고 있었다. 그 결과 과도한 자위행위와 구강성교, 항문성교, 그리고 동성애를 낳기도 했다. 반면 자위행위에 대해 억압적이고 죄의식을 유발하는 분위기 속에서는 성 자체에 대한 부정적 인식이 커지게 된다. 예컨대 과거 시리아의 교회와 일부 기독교 집단에서는 섹스의 죄를 극복하기 위한 단 하나의 확실한 방법으로 거세를 권장하기도 했다.

또한 일부 기독교 신비주의에서는 자위행위로 사정하면 사정된 정액의 정자가 모두 악마적인 유령이 된다고 가르쳤다. 중세에 전통적인 유대교와 기독교는 자위행위가 정신병과 신체적 불구를 야기한다고 보았다. 그리하여 자위를 못하도록 잠을 잘 때 뾰쪽한 가시가 박힌 벨트를 착용하도록 하거나, 이를 정신과적 질병으로 간주하기도 했다. 1900년대 초 미국의학협회에서 자위행위가 정신병이 아님을 발표할 때까지 많은 청소년이 자위행위로 인한 죄책감을 가져야 했다. 심리학자인 지그문트 프로이트(Sigmund Freud)는 자위행위에 대한 부적절한 억제나 어린 시절의 계속적인 환상의 경험이 성격장애를 초래한다고 주장했는데, 이는 사회가 자위행위를 얼마나 통제했는지 보여준다.

불교에서 자위행위는 단지 생물학적 현상이며 그것이 얼마나 감각적 쾌락의 탐욕을 지향하는지와 의도적인지에 따라 문제가 달라진다. 재가 신자의 자위행위에 대해서는 계율이 없다. 하지만 승단 출가자는 이에 대해 걱정하면서 붓다에게 질문했고, 붓다는 이에 대해 진지하게 가르쳤다. 또한 출가자는 성욕 억제가 중요하다고 여겼기 때문에 비구들의 경험이나 고민과 관련해 실제 대화를 기록한 내용이 축약되어 오늘날 율장에도 전해진다. 현대 의학에서 밝혀진 내용이지만 윤리적 또는 도덕적으로 자위행위를 어떻게 보고 대처할 것인가 하는 구체적인 내용들은 붓다 경전이 최고의 지침서이다.

『숫타니파타(Sutta-Nipāta)』에는 인도 고대의 참다운 성직자들이 48년간 동정을 지켰다는 내용도 있다(『숫타니파타』, 2015: 557). 이는 남성성과 여성성을 초월해 중성이 되어야 한다는 뜻이 아니다. 불교에서 출가자는 성적 욕구를 초월해야 하며, 심지어 몽정이나 유정처럼 의지로 제어할 수 없는 모든 비의도적이고 성적인 생물학적 반응도 조절할 수 있는 경지에 이를 수 있다는 것이다. 물론 쉬운 일은 아니다. 하지만 인도 종교에서도 신체적인 성적 반응에 대한 조절이 가능하다고 이야기한다. 모한다스 카란찬드 간디(Mohandas Karamchand Gandhi)도 30년이나 섹스나 몽정을 하지 않았지만 60세에 몽정을 하고 자기 자신에 대해 스스로 실망했다는 기록이 있다.

3) 성적 행위의 다양한 스펙트럼

성적 욕구를 어떻게 해소할 것인가는 독신 출가 승단에서 매우 중요한 문제였을 것이다. 이와 관련해서는 율장을 살펴봄으로써 알 수 있다(『빅쿠비방가』, 2015: 762).

> 한때 부처님이 아나타삔디까 승원에 계실 때에 장로 세이야까는 청정한 삶을 닦는 것을 기뻐하지 않았고 그래서 그는 마르고 거칠고 수척하고 초췌해 혈관이 드러났다.
> 그러자 장로 우다인이 "벗이여 쎄이야까여, 그렇다면 그대는 마음대로 먹고, 마음대로 자고, 마음대로 목욕하라. 그대가 마음대로 먹고, 마음대로 자고, 마음대로 목욕하고도 그대에게 즐거움이 없고, 탐욕이 마음을 괴롭히면, 자위행위를 하여 정액을 사정하라"라고 말한다. 쎄이야까가 "벗이여, 그러한 일을 해도 됩니까?"라고 말하자, 장로 우다인이 "벗이여, 그렇다. 나도 그렇

게 한다"라고 대답했다.

　장로 쎄이야까는 장로 우다인의 말대로 했고, 나중에 아름다워지고, 감관이 비대해지고, 안색에 광택이 나고, 피부도 윤기가 흘렀다. 그러자 동료 수행자들이 갑작스러운 변화에 의아해하면서 묻자 그는 앞뒤의 정황을 설명했다. 그러자 동료 수행승들은 "벗이여 쎄이야까여, 그렇다면, 그대는 신자의 시물을 받아먹은, 그 손으로 자위행위를 하여 정액을 사정한 것인가?"라고 물었다. 장로 쎄이야까는 "벗이여, 그렇다"라고 대답했다. 그러자 욕망을 여읜 수행승들은 "어찌 장로 쎄이야까가 손으로 자위행위를 하여 정액을 사정하는가?"라고 분노하고 비난했다. 그 사실을 부처님에게 알렸다. 그러자 부처님은 다음과 같이 꾸짖었다.

　"어리석은 자여, 적절하지 않고, 자연스럽지 않고, 알맞지 않고, 수행자의 삶이 아니고, 부당하고, 해서는 안 될 일이다. 이 어리석은 자여, 그대는 어찌 손으로 자위행위를 하여 정액을 사정하려고 하는가?

　어리석은 자여, 나는 여러 가지 법문으로 탐욕의 여읨을 가르친 것이지 탐욕의 수반을 가르친 것이 아니고, 탐욕의 떠남을 가르친 것이지 탐욕의 묶임을 가르친 것이 아니고, 집착의 여읨을 가르친 것이지, 집착의 수반을 가르친 것이 아니다.

　어리석은 자여, 나는 여러 가지 법문으로 탐욕의 여읨을 가르치고, 자만의 부숨을 가르치고, 갈증의 제어를 가르치고, 경향의 제거를 가르치고, 유전의 끊음을 가르치고, 갈애의 부숨을 가르치고, 탐욕의 여읨을 가르치고, 소멸을 가르치고, 열반을 가르친다.

　어리석은 자여, 나는 여러 가지 법문으로 감각적 쾌락의 욕망에 대한 버림에 대하여 설했고, 감각적 쾌락의 욕망에 대한 완전한 앎을 설했고, 감각적 쾌락의 욕망에 대한 갈증의 제어에 대하여 설했고, 감각적 쾌락의 욕망에 의한 사유의 제거에 대하여 설했고, 감각적 쾌락의 욕망에 의한 고뇌의 지멸에 대하여 설했다.

어리석은 자여, 그것은 아직 청정한 믿음이 없는 자를 청정한 믿음으로 이끌고, 이미 청정한 믿음이 있는 자를 더욱더 청정한 믿음으로 이끄는 것이 아니다.

어리석은 자여, 그것은 오히려 아직 청정한 믿음이 없는 자를 불신으로 이끌고, 이미 청정한 믿음이 있는 자 가운데 어떤 자들을 타락시키는 것이다."

그리고 세존께서는 장로 쎄이야까를 여러 가지 법문으로 가책하고 "수행승들이여, 그대들은 이와 같은 학처를 암송하라. 의도적으로 정액을 사정하는 자는 승단잔류죄를 저지른 것이다"라고 말했다.

승단잔류죄(僧殘罪)는 승단이 잘못에 대해 격리를 명함으로써 수행승이 징벌을 받고 참회의 벌을 받은 연후에 복권되는 죄이다. 따라서 승단에서 추방되는 죄는 아니다. 의도적 자위행위는 적절하지 않고 자연스럽지 않으며 감각적 쾌락을 수반하고 탐욕과 집착을 조장할 수 있기 때문에 청정한 삶을 추구하는 자라면 해서는 안 될 일이지만, 그렇다고 승단에서 추방되어야 할 죄는 아닌 것이다. 그 예를 보면 다음과 같다(『빅쿠비방가』, 2015: 756).

승단잔류죄가 제정된 직후에 수행승들이 맛있는 음식을 먹고 새김을 잃고 알아차림이 없이 잠에 들었다. 그들은 새김을 잃고 알아차림이 없이 잠을 자다가 정액을 사정했다. 그들은 "세존께서는 '의도적으로 정액을 사정한 것은 승잔이다'라고 했는데, 우리는 잠을 자다가 정액을 사정했다. 한때에 우리에게는 의도가 있었다. 우리는 승단잔류죄를 범한 것인가 아닌가?"라고 생각하며 고민했다. 세존께서는 그 일에 대해 듣고 다음과 같이 말씀하셨다.

"수행승들이여, 의도가 있더라도, 그것은 예외적인 것이다. 의도적으로 정액을 사정하는 것은, 몽정을 제외하고, 승단잔류죄이다."

이처럼 붓다는 성적 욕구를 해소하려는 의도가 없는 몽정에 대해서는 자연스러운 것으로서 잘못이 없다고 한 것이다.[5]

4) 자위행위에 대한 판단 기준

그 후에 붓다는 율장에서 의도적 자위행위에 대해 좀 더 상세한 계율을 제정했다. 먼저 사정하는 원인이나 목적의 다양한 종류에 대해 다음과 같이 분석했다(『빅쿠비방가』, 2015: 756).

> 내부의 몸에 사정하거나, 외부의 몸에 사정하거나, 내외의 몸에 사정하거나, 공중에 허리를 흔들어 사정하거나, 탐욕에 치달아 사정하거나, 똥을 누기 위해 사정하거나, 소변을 보기 위해 사정하거나, 바람에 자극받아 사정하거나, 성기 위에 앉은 벌레의 물림으로 사정하거나, 건강을 위해 사정하거나, 즐기기 위해 사정하거나, 약을 위해 사정하거나, 보시를 위해 사정하거나, 복덕을 위해 사정하거나, 제사를 위해 사정하거나, 하늘나라에 태어나기 위해 사정하거나, 종자를 위해 사정하거나, 탐구를 위해 사정하거나, 유희를 위해

---

5 기독교의 고해성사 의식에서는 몽정을 죄로 취급해 몽정 경험을 속죄하기 위해서 소년들이 아침에 구약의 시편(Book of David) 일곱 개를 낭독하고 하루 내내 빵과 물만 먹도록 했다. 1920~1930년대에는 몽정을 피하는 것이 아이의 종교적 의무라 믿고, 잠자기 전에 생각을 정돈케 해서 몽정을 제한하거나 특별한 옷과 수면 체위로서 몽정을 조절할 수 있다고 믿어 그대로 실천했다고 한다.

사정한다.

　　청색 정액을 사정하거나, 황색 정액을 사정하거나, 적색 정액을 사정하거나, 백색 정액을 사정하거나, 버터색 정액을 사정하거나, 물색 정액을 사정하거나, 참기름색 정액을 사정하거나, 우유색 정액을 사정하거나, 요구르트색 정액을 사정하거나, 버터크림색 정액을 사정한다.

이러한 것을 "의도하여 발기해 사정하면, 승단잔류죄이다"라고 규정했다. 자세히 소개하자면, 율장에서는 아래와 같이 단서를 달고 있다(『빅쿠비방가』, 2015: 784).

　　① 의도하여 발기하되 사정하면 승단잔류죄를 저지른 것이다.
　　② 의도하고 발기하되 사정하지 않으면 추악죄(偸蘭罪: thullaccaya)를 저지른 것이다.
　　③ 의도하되 발기하지 않고 사정하지 않으면 잘못이 없다.
　　④ 의도하지 않았는데 발기하여 사정하면 잘못이 없다.
　　⑤ 의도하지 않았는데 발기하여 사정하지 않으면 잘못이 없다.
　　⑥ 의도하지 않았는데 발기하지 않고 사정하면 잘못이 없다.
　　⑦ 의도하지 않았는데 발기하지 않고 사정하지 않으면 잘못이 없다.

추악죄란 승단잔류죄에 가까운 미수죄이자 중범죄로 선근을 끊고 악도에 떨어지게 하는 실마리를 제공한다. 포살에서 참회해야 한다. 사정하지 않더라도 ②의 "의도하고 발기하면" 추악죄에 해당한다는 것이다. 이것은 순수한 성적 환상이 잘못은 아니고, 의도가 진정한 의도이려면 발기라는 육체적 작용과 결합되어야 한다는 것을 의미한다. ③의 "의도하되 발기하지 않으면"

잘못이 없다는 것이다. 이는 "순수한 성적인 환상"이 지닌 섹슈얼리티의 순결성에 대해서는 잘못이나 죄를 물을 수 없다는 뜻이다. 또한 발기나 사정의 육체적·물적 증거가 있더라도 ④, ⑤, ⑥에서처럼 "의도하지 않았다면" 잘못이나 죄를 물을 수 없다는 것이다.

또한 율장은 자위행위에 대해 혹시나 있을 수 있는 잘못된 판단을 피하기 위해 마지막 단서를 달았다(『빅쿠비방가』, 2015: 784).

> 몽정을 하거나, 사정의 의도가 없거나, 정신이 착란된 자이거나, 마음이 심란한 자이거나, 애통해하는 자이거나, 초범자의 경우는 무죄이다.

오늘날 의학의 발달을 통해 알려진 남성의 사정 행위 중에는 몽정과 유정이 있다. 잠을 자다가 자신도 모르게 사정하는 것을 몽정이라 하고, 아무런 성적 행위나 자극 없이 사정하는 것을 유정이라고 한다. 붓다는 몽정과 유정이 의도가 없는 사정 행위이므로 잘못이 없다고 했는데, 이를 통해 2500여 년 전 붓다가 얼마나 논리적이었는지 알 수 있다.

4. 초기불교에서의 임신과 출산 그리고 낙태

1) 임신의 조건과 태아의 발달

(1) 임신의 조건

붓다는 여성의 특수한 고통에 대해 『쌍윳따니까야』의 '특수한 고통의 경'에서 다음과 같이 가르쳤다(『쌍윳따니까야』, 2014: 1292).

수행승들이여, 남자들과는 달리 여인에게는 여인이 겪어야 하는 여인에게 만 주어진 특수한 고통이 있다. 수행승들이여, 세상에 여인들은 임신을 한다. 수행승들이여, 이것이 남자들과는 달리 여인이 겪어야 하는 여인에게만 주어진 특수한 고통이다. 수행승들이여, 세상에 여인들은 분만을 한다. 수행승들이여, 이것이 남자들과는 달리 여인이 겪어야 하는 여인에게만 주어진 특수한 고통이다. 수행승들이여, 이것이 남자들과는 달리 여인이 겪어야 하는 여인에게만 주어진 특수한 고통이다.

임신과 분만은 여성의 신체적 조건에 의해 여성만이 겪어야 하는 특수한 고통이라는 것이다. 임신은 새로운 생명을 만드는 과정으로, 붓다는 『디가니까야』에서 '입태의 정신적 조건'에 대해 다음과 같이 자세히 설명한다(『디가니까야』, 2011: 681).

"아난다여, '의식을 조건으로 명색이 있다'라고 말했지만, 다음과 같은 이치에 따라서 어떻게 의식을 조건으로 명색이 있는지를 알아야 한다. 아난다여, 의식을 조건으로 명색이 있는데, 만약 의식이 모태에 들지 않더라도 명색이 모태에 응결될 수 있겠는가?"

"세존이시여, 그렇지 않습니다."

"아난다여, 의식이 모태에 들었으나 빗나갔다면, 그래도 명색이 이러한 상태로 태어날 수 있겠는가?"

"세존이시여, 그렇지 않습니다."

"아난다여, 의식이 갓난아이나 어린 남아나 어린 여아일 때에 단절되었다면, 명색이 성장하고 증장하고 성숙할 수 있겠는가?"

"세존이시여, 그렇지 않습니다."

"아난다여, 그러므로 참으로 명색의 그 원인, 그 인연, 그 발생, 그 조건은 바로 의식이다."

"아난다여, '명색을 조건으로 의식이 있다'라고 말했지만, 다음과 같은 이치에 따라서 어떻게 명색을 조건으로 의식이 있는지를 알아야 한다. 아난다여, 의식이 명색에 확립되지 않는다면, 그렇더라도 미래에 태어나고 늙고 죽는 괴로움의 발생과 생성이 시설될 수 있겠는가?"

"세존이시여, 그렇지 않습니다."

"아난다여, 그러므로 참으로 의식의 그 원인, 그 인연, 그 발생, 그 조건은 바로 명색이다."

"아난다여, 참으로 명색이 의식과 함께 서로 조건이 되는 경우, 이와 같이 해서 태어나서, 늙거나, 죽거나, 사멸하거나 다시 태어난다."

즉, 의식이 모태에 들지 않는다면 명색(몸)이 만들어질 수 없다는 것이다. 또한 붓다는 어떤 조건일 때 의식이 들어올 수 있는가에 대한 입태의 생물학적 조건에 대해 『맛지마니까야』에서 다음과 같이 설명하고 있다(『맛지마니까야』, 2009: 475).

그런데 수행승들이여, 세 가지 일이 조화가 되어 입태가 이루어진다.

세상에서 어머니와 아버지가 결합하더라도, 어머니에게 아직 경수가 없고, 태어나야 할 존재가 현존하지 않으면, 입태가 이루어지지 않는다.

세상에서 어머니와 아버지가 결합하고, 어머니에게 경수가 있더라도, 태어나야 할 존재가 현존하지 않으면, 입태가 이루어지지 않는다.

세상에서 어머니와 아버지가 결합하고, 어머니에게 경수가 있고, 태어나야 할 존재가 현존하여, 이러한 세 가지 일이 조화가 되어 입태가 이루어진다.

그리고 수행승들이여, 어머니는 아홉 달이나 열 달 동안 모태에 태아를 무거운 짐처럼 크게 염려하며 보존한다.

수행승들이여, 어머니는 아홉 달이나 열 달이 지나면 그 무거운 짐처럼 크게 염려하며 출산하고 어린아이가 태어나면, 자신의 피로 키운다.

수행승들이여, 참으로 고귀한 님의 계율에 따르면, 피는 모유를 말하기 때문이다.

수행승들이여, 그 어린아이는 성장함에 따라, 감관들이 성숙함에 따라, 어린아이의 장난감, 예를 들어 장난감 쟁기, 자치기, 재주넘기, 장난감 풍차, 야자 잎으로 만든 장난감 됫박, 작은 수레, 작은 화살 등을 가지고 논다.

여기서 '태어나야 할 존재'란 개인의 생물학적인 발생에 대한 조건적·수반적 생성의 연기를 구체적으로 설명한 것이다. 여기서 '태어나야 할 존재'라고 번역된 간답바(gandhabba)의 한역은 '건달바(乾達婆)'[6]인데, 생명현상으로서의 의식을 말하는 것인지 다른 어떤 것을 말하는 것인지 애매하다. 만약 그것이 주석가들의 의견처럼 '재생연결의식(結生識)'을 의미한다면 의식이 윤회의 주체라는 이론이 생긴다. 재생연결의식은 내세에서 또 다른 여인이 '나'를 잉태하는 순간 현생에서 지은 '나'의 업을 떠안고 작동하게 될 그것이기도 하므로 이는 자아(自我), 즉 아트만(ātman)이 없다는 무아설(無我說)과 모순되는 이론이다.

---

6 우리말의 '건달'이 여기서 유래되었으며, 불교에서는 네 하늘나라 신들의 왕〔사천왕(四天王)〕의 지배를 받는 하늘의 음악가들로 신들 가운데 최하층의 신들에 편입되었다. 이들과 짝이 되는 하늘의 여자 음악가는 앗차라(accharā)라고 부르는 요정이다. 수행승이 이 건달바의 세계에 환생하는 것은 불명예로 여겨졌다. 그들의 직접적인 왕은 '동쪽의 하늘나라 신들의 왕〔대국천왕(持國天王), Dhataraṭṭha〕'이다.

그러나 태어나야 할 존재가 의식인 것을 용인한다면, 생명체가 어떤 종으로 태어나기 위해 ① 암수의 교합 ② 적당한 시기 ③ 생명현상으로서의 의식이라는 세 가지 조건이 충족되어야 함을 보여준다. 여기서 말하는 건달바는 일반 사람이 이해하듯 미래의 부모가 성교할 때 그들을 바라보고 서 있는 영혼 같은 존재가 아니라 업의 힘에 의해 태어날 준비가 된 존재를 의미한다.

(2) 임신의 과정

『디가니까야』에 의하면 임신은 다음과 같이 네 종류가 있다고 한다(『디가니까야』, 2011: 1193).

> "세존이시여, 더욱이 세존께서 입태에 대하여 가르치셨는데, 그것 또한 최상의 것이었습니다. 세존이시여, 이와 같은 네 가지 입태가 있습니다.
> ① 세존이시여, 세상에 어떤 자는 알아차리지 못하면서 모태에 입태하고, 알아차리지 못하면서 모태에 탁태하고, 알아차리지 못하면서 모태에서 출생합니다. 이것이 첫 번째 입태입니다.
> ② 세존이시여, 또한 세상에 어떤 자는 알아차리면서 모태에 입태하지만, 알아차리지 못하면서 모태에 탁태하고, 알아차리지 못하면서 모태에서 출생합니다. 이것이 두 번째 입태입니다.
> ③ 세존이시여, 세상에 어떤 자는 알아차리면서 모태에 입태하고, 알아차리면서 모태에 탁태하지만, 알아차리지 못하면서 모태에서 출생합니다. 이것이 세 번째 입태입니다.
> ④ 세존이시여, 세상에 어떤 자는 알아차리면서 모태에 입태하고, 알아차리면서 모태에 탁태하고, 알아차리면서 모태에서 출생합니다. 이것이 네 번째 입태입니다.

이것이 네 가지 입태입니다. 세존이시여, 이것이 입태에 관한 한, 최상의 것입니다."

『디가니까야』의 주석서 『쑤망갈라빌라씨니』(Smv. 885)에 따르면 ①은 일반적인 세상 사람들에 의한 첫 번째 입태이고, ②는 80명의 대장로 제자에 의한 두 번째 입태이다. ③은 2명의 최상위 제자와 모든 연각불(Paccekabuddha, 혼자 깨닫는 자)에 의한 세 번째 입태이다. 그들은 업생의 기운에 의해서 발을 위로 머리를 아래로 수백 명의 사람이 절벽에서 떨어지듯 모태의 입구에 떨어졌다가, 열쇠 구멍에 코끼리가 갇힌 고통을 겪는 것처럼 모태의 입구로 나오며 고통을 겪는다. 그들은 '우리는 출생하고 있다'라고 알아차리지 못한다.

④는 일체지의 보살들에 의한 네 번째 입태이다. 일체지의 보살들은 모태에 착상하는 경우에도 알아차리고, 그곳에 머무는 경우에도 알아차리며, 나오는 경우에도 알아차린다. 나올 때 업생의 기운이 발을 위로 머리를 아래로 던져버리는 것이 아니라, 그가 양손을 펴고 눈을 뜨고 선채로 출생하기 때문이다. 궁극적인 미세한 물질로 이루어진 신들의 하느님 세계〔색공의천(色究竟天) = 유정천(有頂天)〕에서 무간지옥에 이르기까지 삼시에 걸쳐 아는 자는 일체지의 보살 이외에는 없다. 그래서 그가 모태에 들 때도, 출생할 때도 일만 세계가 진동한다.

(3) 태아의 발달 과정

현대 의학의 발달로 이제는 뱃속에 있는 태아의 움직임이나 표정까지 알 수 있다. 그런데 『쌍윳따니까야』에서 2500여 년 전의 붓다는 태아의 발달 과정에 대해 오늘날의 의학 수준과 놀라울 정도로 유사하게 묘사하고 있다(『쌍윳따니까야』, 2014: 227).

이와 같이 나는 들었다. 한때 세존께서 라자가하시의 인다까라는 야차[7]의 처소인 인다 산봉우리에 계셨다. 그때 인다까 야차가 세존께서 계신 곳으로 찾아왔다. 가까이 다가와서 세존께 시로 말했다. "부처님들은 물질은 영혼이 아니라 하네. 그렇다면 어떻게 이 육신을 얻는가? 뼈와 살을 이루는 덩어리는 어디서 오며 어떻게 모태에 안착하는가?"

세존: 최초로 깔랄라(kalala)가 생겨나고 깔랄라에서 압부다(abbuda)가 되고/ 압부다에서 뻬씨(pesī)가 생겨나고 뻬씨가 가나(ghana)로 발전하고/ 가나에서 빠싸카(pasākhā)가 생겨나고 머리카락과 털과 손톱 발톱이 생겨납니다./ 먹을 것과 마실 것으로 그의 어머니가 섭취한 것/ 모태 안에 있는 사람은 그것으로 거기에서 삽니다.

야차는 비인간(非人間)에 속하는 무리로, 아귀보다는 약간 높은 단계의 귀신으로서 인간과 건달바 사이에 있는 존재이다. 영혼이나 유령, 도깨비, 요정, 괴물이 여기에 속하는데, 이 경전에서는 초인적·신적 또는 악마적 존재들을 의미한다. 신들이나 제석천 또는 사천왕도 모두 야차로 불릴 수 있다. 붓다조차 때로는 『맛지마니까야』에서처럼 야차라고 불리기도 한다(『맛지마니까야』, 2009: 657). 그 야차는 '존재는 단 한 번의 타격으로 자궁에서 생산된다'라는 견해를 지닌 개체주의자였다.

---

7   인다까 야차(indako yakkho)는 이 경에만 나온다. 이 야차는 인다(Inda)라는 산봉우리에 살았는데, 산봉우리가 야차의 이름에 따라 불리기도 했고, 야차가 산봉우리 이름에 따라 불리기도 했다. 야차는 한역에서 '약카(yakkha)'를 음사한 것이다. 원어 약카는 √yakṣ(빠르게 움직이다)에서 파생된 명사형이다. 주석서에서는 √yaj(헌공하다)에서 파생된 것이라고 주장하기도 한다.

그러나 붓다는 '존재는 점차적으로 성장하면서 태어난다'고 주장하면서 야차의 신념을 비판하고자 했다. 야차가 물어본 뼈와 살은 '앗티(aṭṭhī)-야까(yaka)-삔다(piṇḍa)'를 번역한 것이다. 앗티는 가장 단단한 부분으로 300~900개의 뼈로 구분된다. 야까는 간(肝)으로, 몸에서 가장 부드러운 부분을 상징한다. 삔다는 덩어리를 뜻하므로 몸에 해당한다. 따라서 이 복합어는 뼈와 살을 이루는 몸이라고 번역할 수 있다. 야차가 뼈와 살을 가진 덩어리가 어떻게 모태 안에 안착하는지 묻자 붓다는 '모태 안에 있는 태아'가 아니라 '모태 안에 있는 사람(mātukucchigato naro)'의 성장에 관해 이야기한다.

『쌍윳따니까야』의 주석서 『싸랏타빠가씨니(Sāratthapakāsinī)』에 따르면, '모태 안에 있는 사람'은 어머니의 모태에서 아이의 변화 상태, 즉 태내오위(胎內五位)를 보여준다(Srp. I. 300~301).

① 임신 직후의 1주가 깔랄라라고 하는데, 세 가닥의 양모로 이루어진 실타래의 끝에 놓인 기름방울 크기이다.
② 임신 후 2~3주가 압부다라고 하는데, 고기 씻은 물의 색깔을 하고 있다.
③ 임신 후 3~4주는 뻬씨라고 하는데, 용해된 주석(朱錫) 모양이며 색깔은 핑크색이다.
④ 임신 후 4~5주는 가나라고 하는데, 달걀 모양을 하고 있다.
⑤ 임신 후 6주 이상은 빠싸카라고 하는데, 두 팔, 두 다리, 머리의 기초가 되는 다섯 개의 돌기가 생겨난 상태를 말한다. 그러나 머리카락, 몸털, 손발톱은 42주가 지나야 생겨난다.

현대 의학에서는 태아의 성장 과정을 영상으로도 볼 수 있을 만큼 자세히 설명한다. 즉, 정자와 난자가 수정되고 착상한 후 5일이 되면 뇌와 순환계의 기본이 되는 신경관이 생기고, 3~4주가 지나면 올챙이처럼 보이며, 6주가 되면 팔과 다리가 나올 부분에 돌기가 생긴다고 한다. 이처럼 현대 의학과 경전의 내용은 놀랄 정도로 유사함을 알 수 있다.

2) 낙태에 대해

(1) 낙태 시도의 비극적 에피소드

경전에는 낙태와 관련한 이야기가 많지 않은데, 『쌍윳따니까야』의 주석서 『싸랏타빠까씨니』에는 한 이야기가 나온다(Srp. I. 77). 라자가하 시 근처의 미가다야 숲에 관해 아자따뚜(Ajatasattu) 왕의 어머니이자 빔비싸라(Bimbisara) 왕의 비인 맛다(Madda)와 관련된 비극적 전설이다.

『투싸자따까(Thusajātaka)』에 따르면, 맛다꿋치(Maddakucchi)는 맛다 왕비의 자궁[태(胎)]이라는 뜻이다(Ja. III. 121). 그녀는 자신이 잉태한 어린아이가 아버지를 살해할 것이라는 예언을 듣고 낙태를 결심한 후 숲을 찾아가 칼로 배를 찔렀으나 실패했다. 맛다꿋치 숲의 미가다야는 사슴과 사냥으로 잡은 동물들이 안전하게 뛰어놀 수 있도록 만든 동물원 같은 곳이었다. 『디가니까야』의 주석서 『쑤망갈라빌라씨니』에 따르면, 점쟁이는 아자따뚜 왕이 잉태되었을 때 그가 아버지를 살해할 것이라 예언했고 어머니는 낙태를 시도했으나 실패했다(Smv. 135). 빔비싸라 왕은 이러한 소식을 듣지 못한 채 아들이 태어나자 몹시 사랑했다. 그러나 나중에 그 사실을 알게 된 아자따뚜는 데바닷따(Devadatta)와 공모해 붓다와 아버지를 살해하려 했다.

하지만 데바닷따는 붓다를 살해하는 데 실패하고 그들의 음모가 발각되었다. 빔비싸라 왕의 대신들은 왕에게 아자따뚜와 데바닷따, 그리고 관련자를 죽이라고 조언했다. 그러나 빔비싸라 왕은 아자따뚜를 소환해서 그가 권력을 원한다는 것을 듣고 왕위를 양도했다. 데바닷따는 아자따뚜에게 빔비싸라 왕을 죽여야 한다고 강요했다. 마침내 아자따뚜는 아버지를 유폐해 굶겨 죽였다. 그는 데바닷따와 공모해 붓다를 살해하려 했던 것을 후회하고 붓다에게 귀의했으나 붓다가 완전히 열반에 든 이후에는 붓다가 살아생전에 허락하지 않은 일을 했는데, 즉 밧지(Vajjī) 국을 멸망시키고 꼬쌀라 국을 병합했다.

아버지를 유폐해 굶겨 죽였던 아자따뚜는 자신이 아버지를 죽인 날에 태어난 아들 우다이밧다(Udāyibhadda)에 의해 자신도 시해당할까 항상 두려워했다. 그는 아들이 출가하길 바랐으나 우다이밧다는 출가하지 않았고, 결국 아자따뚜는 32년간 재위한 뒤에 아버지를 죽인 업보로 자신의 아들에게 시해당했다. 이는 낙태가 비극을 가져올 수 있음을 가르치는 것이라고 할 수 있다.

(2) 불살생에 대한 계율

낙태는 태어날 생명을 죽이는 행위이므로 결코 선업(善業)이라고 할 수 없다. 하지만 아이를 낳아 제대로 키울 수 없는 사정이 생길 수도 있다. 예를 들면 아이를 낳아 제대로 키울 수 없을 정도로 가난하다거나, 산모가 심각한 병을 앓고 있는 경우도 있다. 이때 사람들은 낙태를 생각하게 되는데, 낙태에서 여성의 선택이 우선인가 태아의 생명이 우선인가라는 주제는 오늘날에도 계속되는 논쟁이다. 만약 여성의 선택이 우선이라면 여성은 태아를 낳을 것인지 여부를 스스로 판단할 수 있지만, 태아의 생명이 우선이라면 여성은 무조건 태아를 낳아야 한다.

우리나라에서는 1960년대에 인구가 폭발적으로 증가하자 출산 억제 정책의 일환으로서, 딸이라는 이유로, 터울 조절을 위해 아무런 제약 없이 낙태

수술을 할 수 있었다. 하지만 최근에 인구가 급격히 감소하면서 국가는 이미 사문화된 낙태금지법을 다시 부활시켰고, 일부 종교권에서는 생명 중시 사상을 이유로 낙태를 비난하고 있다. 하지만 경제적 또는 개인적 이유로 아이를 낳아 키울 형편이 되지 않는데 무조건 아이를 낳아야 한다는 주장에도 문제는 있다. 아이를 낳아서 키울 수 있는 복지 시스템이 갖춰져 있지 않기 때문이다.

어쨌든 낙태에는 여러 문제가 얽혀 있다. 붓다는 낙태에 대해 어떻게 말했을까? 율장에 따르면 수행승이 낙태를 시켰을 때 '아이만 죽은 경우', '어머니만 죽은 경우', '아이도 죽고 어머니도 죽은 경우', '아이도 죽지 않고 어머니도 죽지 않은 경우'가 있었으며 각각 처벌이 달랐다. 낙태를 의도하다가 살해의 의도적 목표인 아이가 죽은 경우는 승단추방죄, 즉 살인죄이지만 아이는 살고 어머니가 죽은 경우는 추악죄에 해당한다. 추악죄는 일종의 살인미수죄이다. 그러므로 낙태를 의도하다가 아이도 죽고 어머니도 죽은 경우는 물론 살인죄에 해당하지만, 아이도 살고 어머니도 산 경우는 살인미수죄에 해당된다고 볼 수 있다(『빅쿠비방가』, 2015: 614~616).

① 한때 어떤 여인이 남편이 집을 떠난 사이에 정부의 아이를 잉태했다.
　그녀가 집으로 탁발을 다니는 수행승에게 이와 같이 말했다.
여인: 존자여, 제발 낙태를 시켜주십시오.
수행승: 자매여, 좋습니다.
　그녀에게 낙태를 시켜주었다. 아이가 죽었다. 그에게 후회가 생겨났다.
　세존께 그 사실을 알렸다.
세존: 수행승이여, 그대는 승단추방죄를 범한 것이다.

② 한때 어떤 사람에게 두 부인이 있었는데, 한 부인은 불임이고 한 부인은 임신을 할 수 있었다. 불임인 부인이 집으로 탁발을 다니는 수행승에게 이와 같이 말했다.

불임 부인: 존자여, 그녀가 아이를 낳으면, 그녀가 모든 자산의 여주인이 됩니다. 존자여, 제발 그녀를 낙태를 시켜주십시오.

수행승: 자매여, 좋습니다.

그녀를 낙태를 시켰다. 어머니가 죽었다. 아이는 죽지 않았다. 그에게 후회가 생겨났다. 세존께 그 사실을 알렸다.

세존: 수행승이여, 그대는 승단추방죄가 아니라 추악죄를 범한 것이다.

③ 한때 어떤 사람에게 두 부인이 있었는데, 한 부인은 불임이고 한 부인은 임신을 할 수 있었다. 불임인 부인이 집으로 탁발을 다니는 수행승에게 이와 같이 말했다.

불임부인: 존자여, 그녀가 아이를 낳으면, 그녀가 모든 자산의 여주인이 됩니다. 존자여, 제발 그녀를 낙태를 시켜주십시오.

수행승: 자매여, 좋습니다.

그녀를 낙태를 시켰다. 어머니도 죽고 아이도 죽었다. 그에게 후회가 생겨났다. 세존께 그 사실을 알렸다.

세존: 수행승이여, 그대는 승단추방죄를 범한 것이다.

④ 한때 어떤 사람에게 두 부인이 있었는데, 한 부인은 불임이고 한 부인은 임신을 할 수 있었다. 불임인 부인이 집으로 탁발을 다니는 수행승에게 이와 같이 말했다.

불임부인: 존자여, 그녀가 아이를 낳으면, 그녀가 모든 자산의 여주인이

됩니다. 존자여, 제발 그녀를 낙태를 시켜주십시오.

수행승: 자매여, 좋습니다.

그녀를 낙태를 시켰다. 어머니도 죽지 않았고 아이도 죽지 않았다. 그에게 후회가 생겨났다. 세존께 그 사실을 알렸다.

세존: 수행승이여, 그대는 승단추방죄가 아니라 추악죄를 범한 것이다.

『앙굿따라니까야』에는 살아 있는 생명을 죽이는 것을 삼가라는 불살생에 대한 계율이 나온다(『앙굿따라니까야 3』, 2007: 230).

> 거룩한 님은 목숨이 다하도록, 살아 있는 생명을 죽이는 것을 버리고, 살아 있는 생명을 죽이는 것을 삼가고, 몽둥이를 놓아버리고, 칼을 놓아버리고, 부끄러움을 알고, 자비심을 일으키고, 일체의 생명을 이롭게 하고 애민히 여긴다.
> 나도 바로 오늘 낮 오늘 밤 살아 있는 생명을 죽이는 것을 버리고, 살아 있는 생명을 죽이는 것을 삼가고, 몽둥이를 놓아버리고, 칼을 놓아버리고, 부끄러움을 알고, 자비심을 일으키고, 일체의 생명을 이롭게 하고 애민히 여기리라.

또한 『앙굿따라니까야』에는 살생의 과보에 대해 기술되어 있다. 즉, 붓다는 다음과 같이 말한다(『앙굿따라니까야 3』, 2007: 377).

> 수행승들이여, 이러한 세 가지 원리를 갖추면, 그 원리가 작용하는 대로 지옥에 떨어진다. 세 가지란 무엇인가? 스스로 살아 있는 생명을 죽이고, 남에게 살아 있는 생명을 죽이는 것을 권유하고, 살아 있는 생명을 죽이는 것에 동의한다.

수행승들이여, 이러한 세 가지 원리를 갖추면, 그 원리가 작용하는 대로 지옥에 떨어진다. 수행승들이여, 이러한 세 가지 원리를 갖추면, 그 원리가 작용하는 대로 천상에 태어난다. 세 가지란 무엇인가? 스스로 살아 있는 생명을 죽이는 것을 삼가고, 남에게 살아 있는 생명을 죽이는 것을 삼가는 것을 권유하고, 살아 있는 생명을 죽이는 것을 삼가는 것에 동의한다.

수행승들이여, 이러한 세 가지 원리를 갖추면, 그 원리가 작용하는 대로 천상에 태어난다.

살생에 대한 처벌은 율장에 자세하게 나온다(『빅쿠비방가』, 2015: 594).

어떠한 수행승이라도 의도적으로 사람의 몸에서 목숨을 빼앗거나 그것을 위해서 청부살인자를 구하거나, 또는 죽음을 찬미하거나 죽음을 권하여 '왜 이러한 악한 것에 의해서 괴로운 삶을 사는가? 그대는 죽는 것이 오히려 삶의 승리이다'라고 말하며, 이와 같은 마음의 뜻과 마음의 의도와 여러 가지 방편으로서 죽음의 찬미하고 죽음을 권유하면, 그도 역시 승단추방죄에 해당하고 함께 살 수 없는 자이다.

붓다는 이처럼 수행승들을 위해 그 의무계율을 제정했다. '의도적'이란 알고 목적을 가지며 의도적으로 행하는 것이다. '사람의 몸'이라는 것은 모태에서 첫 마음이 생겨나고 첫 의식이 나타나서 죽음에 이르기까지의 사이를 가리킨다. '목숨을 빼앗는다'는 것은 명근이 끊어지고 중지되어 상속이 파괴되는 것이다. '청부살인자'란 검, 창검이나 투창, 나무편, 혹은 석도, 또는 새끼줄을 가진 청부업자를 말한다. '죽음의 찬미'란 생명에서 재난을 보여주고 죽음을 찬양하는 것이다. 죽음을 권유한다는 것은 칼을 사용하거나 독을 마시게 하거나 새끼줄로 교살하도록 하는 것이다. 큰 바위가 두 조각으로 갈라진 것처럼 수행승이 고의로 사람의 몸에서 목숨을 빼앗으면 그는 사문이 아니고 싸끼야(sakya)의 아들이 아니다. 따라서 '승단추방죄'다.

인간이 살아가면서 낙태를 하지 않으면 좋겠지만 부득이한 경우에 낙태를 했다면 모두가 지옥에 떨어지는가? 불교에서는 자신의 잘못된 행위가 반드시 악업으로 돌아오며 이는 그 누구도 대신할 수 없다고 한다. 하지만 잘못을 저지른 후 이를 뉘우치고 더 큰 선업을 짓는다면 악업을 상쇄하는 결과를 초래할 수 있다고 본다. 예를 들면 소금 한 숟가락을 한 컵의 물에 넣었을 때의 짠맛과 큰 저수지와 같은 물에 넣었을 때의 짠맛은 다르다. 저수지의 물에 탄 소금은 사라지지 않았지만 짠맛을 거의 느낄 수 없게 되듯이, 자신이 지은 악업은 사라지지 않지만 커다란 선업으로 자신의 잘못을 엷게 할 수 있다는 것이다.

또한 대승불교에서는 죽은 자를 위한 천도재(薦度齋)를 지내는데, 자신의 잘못을 뉘우치면서 죽은 태아가 좋은 곳에서 태어나기를 간절히 기도하는 마음 또한 낙태의 과보를 덜어주는 것이 된다.

참고문헌

『디가니까야』(2011). 전재성 역주. 한국빠알리성전협회.
『맛지마니까야』(2009). 전재성 역주. 한국빠알리성전협회.
『빅쿠니비방가』(2015). 전재성 역주. 한국빠알리성전협회.
『빅쿠비방가』(2015). 전재성 역주. 한국빠알리성전협회.
『쌍윳따니까야』(2014). 전재성 역주. 한국빠알리성전협회.
『숫타니파타』(2015). 전재성 역주. 한국빠알리성전협회.
『앙굿따라니까야 1·2』(2013). 전재성 역주. 한국빠알리성전협회.
『앙굿따라니까야 3』(2007). 전재성 역주. 한국빠알리성전협회.
『앙굿따라니까야 4』(2007). 전재성 역주. 한국빠알리성전협회.
『앙굿따라니까야 5』(2007). 전재성 역주. 한국빠알리성전협회.
『앙굿따라니까야 6』(2007). 전재성 역주. 한국빠알리성전협회.
『앙굿따라니까야 7』(2007). 전재성 역주. 한국빠알리성전협회.
『앙굿따라니까야 8·9』(2008). 전재성 역주. 한국빠알리성전협회.
『앙굿따라니까야 10』(2008). 전재성 역주. 한국빠알리성전협회.
『앙굿따라니까야 11』(2008). 전재성 역주. 한국빠알리성전협회.

Vāsiṣṭhadharmaśāstra, Baudhayanānusmrti Gautamavivrti, M. S. Add. 2544. Cambridge University Library.
Jātaka. 1963. V. Fausböll. London: PTS.

1) 디가니까야(DN.)

Dialogues of Buddha. 1899~1910. translated by T. W. Rhys Davids. London: Pali Text Society.
Die Reden Gotamo Buddhos. Aus der längeren Sammlung Dīghanikāyo des Pālikanons zum Erstenmal, 3Vol. 1996. übersetzt von Karl Eugen Neumann. Artemis Verlag Zürich(1te Aufl. 1896~1902, 2te Aufl. 1921, 3te Aufl. 1956): Beyerlein-Steinschulte Verlag Herrnschrot 7.-8. Aufl.
Dīghanikāya, Das Buch der Langen Texte des Buddhistischen Kanons. 1913. In Auswahl Übersetzt von Dr. R. Otto Franke. Göttingen: Vandenhoeck & Ruprecht.

Dīgha Nikāya, 3vols. 1890~1911. T. W. Rhys Davids and J. Estin Carpenter(eds.). London: PTS.

Sumaṅgalavilāsinī, 3vols. 1886~1932. T. W. Rhys Davids, J. Estin Carpenter and W. Stede(eds.). London: PTS.

2) 맛지마니까야(MN.)

Die Reden Gotamo Buddhos aus der Mittleren Sammlung Majjhimanikāyo des Pālikanons zum Erstenmal, 3Vol. übersetzt von Karl Eugen Neumann. Artemis Verlag Zürich(1te Aufl. 1896~1902, 2te Aufl. 1921, 3te Aufl. 1956).

Majjhima Nikāya, 3vols. 1887~1901. V. Trenckner and R. Chalmers(eds.). London: PTS.

Middle Length Sayings, 3vols. 1954~1959. translated by I. B. Horner. London: PTS.

Papañcasūdanī, 5vols. 1922~1938. J. H. Woods, D. Kosambi and I. B. Horner(eds.). London: PTS.

3) 쌍윳따니까야(SN.)

Die in Gruppen geordnete Sammlung(Saṁyuttanikāya) aus dem Pāli-Kanon der Buddhisten, 2vols. 1925. übersetzt von W. Geiger. Munich-Neubiberg: Oskar Schloss Verlag.

Die Reden des Buddha: Gruppierte Sammlung aus dem Pāli-Kanon. 2003. übersetzt von W. Geiger, Nyāponika Mahāthera und H. Hecker. Herrnschrott: Verlag Beyerlein & Steinschulte.

Saṁyutta Nikāya. ① Roman Script. L. Feer(ed.). 6vols(Ee4: London: PTS, 1884~1904; Ee2, 1998). ② Burmese Script. Chaṭṭhasaṅgāyana-edition, 3vols(Ranggoon: Buddhasāsana Samiti, 1954).

Sāratthappakāsinī: Saṁyuttanikāyaṭṭhakathā, 3vols. 1977. F. L. Woodward(ed.). London: PTS.

Sāratthapakasinī. 1924~1926. F. L. Woodward(ed.). London: PTS.

The Book of the Kindered Sayings, 5vols. 1917~1930. translated by C. A. F. Rhys Davids and F. L. Woodward. London: PTS.

The Connected Discourse of the Buddha (A New Translation of the Saṁyuttanikāya), 2vols. 2000. translated by Bodhi Bhikkhu. Boston: Wisdom Publication.

4) 앙굿따라니까야(AN.)

Aṅguttara Nikāya, 5vols. 1885~1900. Moms, R. and E. Hardy(eds.). translated by F. L.

Woodward and E. M. Hare. London: PTS.

Buddhist Legends. 1995. translated by Eugene Watson Burlingame(from original Pali Text of Dhammapada Commentary). London: PTS.

Die Lehrreden des Buddha aus Angereihten Sammlung: Aṅguttara Nikāya, 5vols. 1993. übersetzt von Nyanatiloka. Braunschweig Aurum Verlag.

Manorathapūraṇī, 5vols. 1924~1926. Walleser, M. and H. Kopp(eds.). London: PTS.

Numerical Discourses of The Buddha: An Anthology of Suttas from Aṅguttaranikāya. 2000. translated by Nyanaponika Thera and Bhikkhu Bodhi. New Dhelhi: Vistaar Publications.

The Book of the Gradual Sayings(Aṅguttara Nikāya), 5vols. 1932~1936. translated by F. L. Woodward and Mrs. Rhys Davids. London: PTS.

제3부

불고,
여성의 삶과
함께하다

제7장

불교와 무속, 여성의 눈으로 다시 보기

김정희

1. 들어가기

이 글은 기록된 무속 서사에 대한 텍스트 분석을 중심으로 불교와 무속의 관계에 대해 고찰하는 가운데, 현 시점에서 전통 여성 문화로서의 무속을 어떻게 이해·수용해야 하는지에 대한 사유이다. 필자가 무속에 관심을 갖는 이유는 전통 사회에서 무속이 서민 여성의 가장 유력한 종교이자 남녀노소가 함께하는 마을 공동체 문화였다는 데 있다. 또한 오늘날의 여성 연구가 과거 여성의 삶에 대한 이해 없이 온전히 이루어지기 힘들다고 할 때, 무속 서사는 주체적이든 비주체적이든 무엇보다 과거 여성의 소리가 담겨 있는 핵심적인 텍스트이기 때문이다.

건강한 공동체 문화는 그 공동체의 마음이다. 굿, 대동제, 줄다리기, 쥐불놀이, 달집 태우기, 선돌감기, 강강술래와 같은 마을 공동체 문화를 통해 마을 사람들은 온갖 갈등을 녹여내고 공동체 성원으로의 결속을 다지는 대동(大同)의 체험을 했다. 그러나 근대화 과정을 거치면서 이제 제1의 종교는 천주교, 제2의 종교는 기독교가 되었다. 설상가상으로 1980년대에 새마을운동은 불교를 미신으로 탄압했고, 이때 굳어진 부정적 이미지가 변하지 않은 채 이어지고 있다. 고사로 시작하던 한 대학교 축제에서 고사를 미신이라고 반대하는 학생들의 의견 때문에 고사가 사라진 지 이미 수십 년이 되었다. 무속을 이같이 미개하고 후진적인 풍속으로 보는 태도는 여성주의자이든 아니든 차이가 없다. 여기서 필자는 질문을 하고자 한다. 진짜 미신은 어느 쪽일까? 재산을 날리게 하는 사기성 굿만이 진정한 굿의 모습일까? 참으로 오랫동안 우리 어머니와 할머니의 종교이자 놀이였던 굿, 무속 문화를 폐기당해 마땅한 것으로 치부해버리고 우리에게 남는 것은 과연 무엇일까? 이 글은 이런 질문을 화두로 삼아 여성 문화로서 무속을 고찰해본다. 이 질문이 무속에만 머무르지 않고 불교와 무속의 관계를 중심으로 이루어지는 것은 우리 역사 속에서 불교와 무속이 오랫동안 습합되어 내려왔기 때문이다.

2. 불교와 무속 공존의 경전적 근거

한국의 전통 불교는 엄밀히 말해서 무속화된 미륵 신앙이었다. 요즘 짓는 절을 제외하고 오래된 절에는 대부분 산신각, 칠성각처럼 무속신을 모시는 사당이 있다. 심지어 어떤 절에는 대웅전 한편에 산신각이 자리하고 있기도 하다. 1970년대 새마을운동이 일어나면서 불교계에도 무속을 정리하자는 기운이 일어났고 많은 절에서 산신각, 칠성각의 산신 영정이 사라졌다. 그러자 절을 찾는 신도가 부쩍 줄어들었다. 절은 주로 할머니들이 많이 찾는데 이분들은 대웅전에서 삼배만 하고 기도는 산신각, 삼신각, 칠성각에서 올렸다. 그런데 이 사당들이 폐쇄되자 할머니들이 절을 찾지 않은 것이다. 가히 불교와 습합된 무속이 공존한 전통 불교와 현대 불교의 보이지 않고 소리 나지 않는 한바탕 결전이었다고 할 만하다. 결과는 할머니들의 승리였다. 절에는 다시 산신각과 칠성각이 자리 잡았다. 필자는 둘째 아이를 1994년에 낳았는데, 당시 필자와 비슷한 30대 나이의 동네 엄마도 둘째 아이 임신을 원하고 있었다. 오랫동안 임신이 되지 않자 그녀는 한편으로 산부인과를 다니면서 배란 날짜에 맞추어 성관계 날짜를 받았고, 다른 한편으로는 절에 다니며 기도했다. 당시 그녀는 삼신각에 가서 절을 한다고 했다. 그때 필자는 임신을 위해 과학과 전통 신앙 모두가 동원되는 현상을 재미있게 관찰했던 기억이 있다.

한국의 절에 이같이 산신각, 삼신각, 칠성각 등 무속 사당이 함께 존속해 온 것은 무속이 불교 도입 이전부터 굳건한 민속신앙으로 자리 잡고 있었기 때문이다. 불교의 포교는 무속을 수용하는 바탕 위에서만 가능했다는 말이다.[1] 불교와 무속의 평화로운 공존에 대해, 무속이 선재한 지배적인 토착 종교였다는 이 같은 역사적 사실 외에도 또 하나의 근거를 제시할 수 있다. 그것은 불교가 원리론적으로 민간신앙에 대해 포용적이라는 점이다. 불교는 모든 존재의 해탈을 염원·지원하는 종교이며, 이 모든 존재에는 인간뿐만 아니라 산천초목, 유정(有情)·무정(無情)의 모든 존재가 포함되며 여기에는 귀신도 포함된다. 요컨대 귀신도 인간과 마찬가지로 붓다의 설법을 듣고 깨쳐야 하는 중생이다. 초기 경전 『쌍윳따니까야』에는 귀를 쫑긋하며 붓다의 설법을 듣는 귀신들의 이야기가 나온다. 붓다는 차별심 없이 귀신들에게도 설법을 한다.

---

[1] 이에 대해서는 김정희(2011: 93~103)를 참고. 과거 지모신 신앙, 무속 신앙은 한국 전통 사회에만 국한된 현상이 아니다. 이는 전 세계적인 현상이다. 천주교에서 마리아가 신이 아닌데도 마리아 신앙이 존재하는 이유를 이 같은 맥락에서 이해할 수 있다. 여성 신학자들에 따르면 예수님 출생 전후 가나안 지역에는 지모신 신앙이 팽배했는데 이를 수용하지 않고는 기독교 포교가 가능하지 않았기 때문이라고 한다.

초기 경전을 근거로 볼 때 붓다는 귀신을 악으로 규정하지 않았다. 넓게 보면 기독교의 천사, 이에 비견될 수 있는 불교계의 하늘사람 건달바도 귀신이다. 건달바는 선업을 쌓아야 태어날 수 있는 존재이다. 건달바 무리에 속하는 하늘사람에는 뿌리의 향기, 나무심의 향기, 속껍질의 향기, 겉껍질의 향기, 새싹의 향기, 나뭇잎의 향기, 꽃의 향기, 열매의 향기, 수액의 향기, 향의 향기 속에 살고 있는 하늘사람이 있다(『쌍윳따니까야 5』, 1999: 443). 야차 또한 붓다 당시 서민들이 믿는 귀신이었다. 일종의 무속 신앙 대상인 귀신이다. 그런데 붓다와 야차의 관계는 붓다와 살아 있는 일반 중생의 관계와 마찬가지로 온화하고 우애롭다. 야차는 붓다의 설법을 경청하고 수행자들을 칭송하며, 붓다는 기꺼이 이들에게 설법한다. 이들도 윤회의 사슬에 묶여 있는 중생이므로 붓다는 이들의 해탈(다음 생에서 인간으로 태어나야 하겠지만)을 돕는다는 마음에서는 차별심이 없다.

아래의 붓다의 말은 건달바가 전생에 선업을 쌓은 존재임을 말해준다(『쌍윳따니까야 5』, 1999: 444).

> 수행승이여, 여기 어떤 이가 몸으로 바르게 행동하고 말로 바르게 행동하고 뜻으로 바르게 행동하고 그가 '건달바 무리의 하늘사람들은 수명이 길고 용모가 훌륭하고 지극히 행복하다'라고 들었다고 하자.
> 그는 과연 '나는 몸이 파괴되고 목숨이 다한 뒤에 건달바 무리의 하늘사람들 가운데 동료로 태어나리라'고 생각하면 그는 몸이 파괴되고 목숨이 다한 뒤에 건달바 무리의 하늘사람들 가운데 동료로 태어난다.

한편 붓다는 야차의 집에 있기도 할 만큼 거리낌이 없다(『쌍윳따니까야 1』, 1999: 465). 또한 야차에게 "어디에서 생겨났는가를 밝게 아는 사람들은/ 그 원인을 없애버린다. 야차여, 들어라./ 그들은 건너기 어려운 거센 물결을 건너/ 다시는 더 이상 태어나지 않는다네"(『쌍윳따니까야 1』, 1999: 467)라며 윤회를 설법하기도 한다. 또 싹까(Sakka)라는 야차가 해탈한 붓다는 다른 사람을 가르치는 것이 옳은 일이 아니라고 하자, 붓다는 "청정한 기쁨의 마음으로 다른 사람을 가르친다면 그 때문에 묶이는 것은 아니네. 그것은 자비이며 연민이네"라며 야차에게 설법을 해준다(『쌍윳따니까야 1』, 1999: 464). 야차는 또한 수행녀 쑥까(Sukka)에 대해 "그녀의 가르침은 참으로 물리지 않고/ 고갈되지 않는 자양분이네./ 생각하건대 슬기로운 사람들은/ 나그네가 구름을 마시듯이 그것을 마시네"라며 수행녀를 칭송한다(『쌍윳따니까야 1』, 1999: 479).

이상에서 살펴보았듯이 귀신 야차는 한을 품은 채 공동묘지 언저리에서 사는 존재, 현대 영화에 나타나는 그로테스크한 좀비 같은 존재가 아니다. 귀신 야차는 우리와 마찬가지로 붓다의 설법을 경청하고 윤회를 이해하며 해탈하기를 염원하는 존재이다. 건달바와 같은 하늘사람 귀신은 오히려 보통의 우리보다 더 선업을 쌓은 존재이며, 제석천은 붓다의 가르침을 깨닫고 있다는 면에서 붓다의 제자로 볼 수 있다. 무속에서 섬기는 귀신은 이러한 건달바나 제석천과 같은 귀신으로 이해할 수 있다.

성숙한 무당이나 심방의 이야기를 듣고 그와 관련된 책을 보면 그들의 마음이 중생의 고통을 아파하고 중생의 행복을 염원하는 여느 종교의 지도자의 마음과 다르지 않음을 발견하게 된다. 제대로 된 무당은 기도하기 좋은 산천을 찾아다니며 기도하고, 수행자로서 내공을 쌓으며, 자신의 능력으로 사람들의 마음을 헤아려 고통을 덜어주거나 없애주려 하는 마음이 간절하다. 다음의 '양평본' 제석본풀이 서사의 끝처럼 모든 무속 서사의 끝이 개인과 집과 국가의 안녕을 기원하고 축원하는 것으로 끝나는 것도 이러한 맥락에서 이해할 수 있다(『한국고전문학전집 30: 서사무가 I』, 1996: 124).

여러 만인들이 아무쪼록 삼불제성님을 위성하면 운수 재수 티고, 없는 일이 생겨나구, 또 집안 무고하구 국태민안하구, 여러 만인들이 소원성취 일워주니, 형불이 재불이 삼불이는 제석님으로 받으시구 이 가중을 살피실 때에 운수 재수 티여 주시기루 비나니요.

인간을 포함해 산천초목의 동물을 아우르는 모든 중생은 생로병사의 법칙을 피해갈 수 없다. 특히 인간은 사회를 이루어 살면서 태풍, 쓰나미(tsunami), 산불 등과 같이 자연이 주는 예측불허의 고통뿐 아니라 가정, 지역, 직장 등의 사회적 삶에서 일어나는 사고(四苦)[2]를 고도의 의식을 가진 존재로서 좀 더 첨예하게 지각한다. 이렇게 고통의 바다 속에 살면서 인간은 고통을 경감하고 없애기 위해, 또는 초월하기 위해 다양한 노력을 한다. 이 고통을 수동적으로 감내하기만 한다면 존재가 어떤 식으로든 파열되거나 파멸되고 말 것이기 때문이다. 자신의 모든 것을 바치고 노예 같은 삶을 살아도 구원되었다고 믿게 하는 이단적 종교의 예처럼 종교는 한편으로 극도의 사기성을 지닌 아편적 존재이지만 다른 한편으로는 인간이 고통을 초월할 수 있도록 도와주는 극단적 양면성을 지닌다. 후자를 종교의 본래 모습이라고 할 때 무속은 인간의 역사와 함께하며 가장 오래된, 중생 스스로 자기 초월을 위해 만들어낸 종교이다. 이는 필자가 줄다리기, 굿 등 문화 답사를 다니며 내린 결론이다.

아직도 지방과 제주 등에서는 마을 줄다리기나 성황굿, 지신밟기 등이 행해진다. 언제 끊어질지 모를 만큼 노인들에 의해 위태롭게 연명되고 있기도

---

[2] 사랑하는 사람과 헤어져야 하는 괴로움인 '애별리고', 원수와 만나야만 하는 괴로움인 '원증회고', 원하는 것을 구하지 못하는 괴로움인 '구부득고', 오온의 집착에서부터 생기는 괴로움인 '오음성고'의 사고를 말한다. 불교에서는 생로병사와 이 사고를 합쳐 팔고(八苦)라 한다.

▮전남 강진군 성전면 무위사 여성 미륵
여신 신앙과 융합된 미륵 신앙을 보여준다.

▮〈산어망〉
자료: 김봉준 그림(2008년 여신축전).

하고, 6·25 전쟁 통에 몇십 년간 단절되었던 지역 공동체 놀이를 젊은이들이 복원하는 경우도 있다. 필자가 참관했던 해남군 북평면 남창마을 줄다리기(2011년 10월 29일 참관)는 마을 사람들이 대나무를 흔들면서 각자 염원 기도를 하는 것으로 끝맺었다. 할머니들과 아주머니들이 간절히 기도하는 모습은 지금도 필자의 가슴속에 인상 깊게 아로새겨져 있다. 장가 못 간 아들 장가가게 해달라고, 취직 못한 딸 취직시켜달라는 이 기도는 순전(純全)하고 간절했다. 이는 여느 큰 절에서 자식의 대입 성공을 위해 스님을 모시고 올리는 백일기도, 백팔배 염원 의례와 하나도 달라 보이지 않았다. 기복 신앙은 예측불허의 삶 속에서 그것을 어떻게 타락하지 않고 순전한 영적 염원과 기운으로 가져갈 수 있는지가 관건이지 없애거나 피할 수 있는 성질의 것은 아

▎〈삼신할머니〉
자료: 이지녀 그림.

니다. 제주에서는 아직도 서낭신과 교접할 수 있는 가장 좋은 시간이라 여겨지는 칠흑 같은 한밤중 또는 새벽에 할머니들이 집 주변의 서낭당을 찾는다. 이는 잡티 없는 순수한 영적 행위이고 무속 신앙이다. 특정 종교 자체가 미신은 아니다. 그 종교의 참 정신을 모르고 믿으면 그것이 미신이다. 따라서 불교도, 기독교도, 무속도 본래 종교 창시자의 참 정신을 모르고 믿을 때 미신이 되는 것이다. 야차에게도 설법하는 붓다의 모습, 붓다의 설법에 귀를 쫑긋 기울이는 야차의 모습은 붓다가 서민의 희로애락과 함께하는 민중 종교를 미신으로 배척한 것이 아니라 자비로 품고 있음을 보여준다. 그러면서 야차에게 야차로 머물러서는 안 되며 윤회의 진리를 깨쳐 해탈할 것을 권면한다. 초기 경전에서 불교와 무속은 이처럼 불교가 스승의 위치에서 포용하는 평화로운 동반 관계였음을 보여준다.

오늘날 일부 스님들은 불교가 무속과 동거해왔으며 오늘날에도 그런 면이 있음을 애써 부인하고자 한다. 불교와 무속의 동거를 공식적으로 인정하는 것이 그들에게는 불교에 대한 모독으로 느껴지는 듯하다. 붓다는 그러한 모독감이 번뇌라고 말한다.

3. 여성의 눈으로 보는 무속

앞서 불교가 원리적으로 귀신도 해탈의 존재로 보고 포용하는 측면을 살펴보고, 불교와 무속이 평화롭게 공전할 수 있었던 근거를 경전에서 찾는 작업을 했다. 이제 이 장에서는 무속을 주체적이든 굴종적이든 여성의 이야기, 여성 문화를 보여주는 텍스트로 보고 무속 서사를 분석해보려 한다. 이러한 방법론을 활용하는 것은 근대화 이전에 무속이 마을 생활 속에 들어가 있었기 때문이다. 일 년에 몇 차례씩 절기마다, 사람이 죽었을 때, 아프거나 변고가 생겼을 때 서민들은 빈번히 서낭굿, 해원굿 등을 했고 그때마다 읊어진 것이 무속 서사였다. 전통 사회에서 무속 서사는 오늘날 일요일의 교회나 법회에서 낭독되는 성서 구절이나 불경 구절처럼 서민들의 삶 속에 들어가 있었던 것이다. 또한 무속 서사는 박수무당의 존재에도 불구하고 여성 서사, 여성 구술 서사라고 할 수 있다. 대부분의 서사에서 여신과 함께 여신의 아들 또는 남편이 신으로 좌정하는 모습이 그려진다. 이때 그들은 '여신의 아들이나 남편'으로서 좌정했으며, 이는 무속이 여신 문화의 자장 속에 있음을 보여준다. 그러나 이것이 무속 서사가 천편일률적으로 여성주의적임을 의미하지는 않는다. 그 서사에는 오히려 가부장제 속에서 여성의 지위가 하락해가는 모습이 담겨 있다. 요컨대 무속 서사에는 여신의 권능과 추락하는 모습의 모든 것이 담겨 있고, 이것이 여성사 관점에서 무속 서사를 여성사 텍스트로 읽게 한다. 이는 무속 서사가 갖는 중요성이기도 하다.

1) 대모신 신직의 분화에서 추락까지

고고학 연구에 따르면 기원전 5000~4000년경의 선사시대까지는 전 세계적으로 남신이 존재하지 않았다. 그 대신 대모신(Great Goddess)에 대한 신앙이 편재했다. 이 시대에는 인간 생명을 낳을 뿐 아니라 주 농경자로서 자연의 생명까지 주재하는 여성의 생명 생산능력이 신적 능력으로 숭배되었다. 천지창조와 생명 창조에 대해 구약의 하나님이 '말씀'으로 창조하는 것과 달리 이 시대 여신들은 물질적으로 창조한다. 자신의 몸으로 직접 동정생식을 해서 하늘과 생명을 창조하거나 진흙을 빚어 사람을 창조한다(Lerner, 1986: 141~160). 1983년 랴오닝(遼寧) 성 서부 산지인 룽먼(龍門)과 젠핑(建平) 두 현이 인접하는 곳의 뉴허량(牛河梁)에서 후기 훙샨문화(紅山文化)에 속하는 여신묘, 여신묘제단, 여신조각상이 발굴되었다. 이 유적은 기원전 7000년여 전의 것으로 추정되는데, 이 문화의 주역이 고조선을 건국한 동이족 계열이라는 한국 상고사 연구가 나오고 있다(신용하, 2010: 95~100). 이는 신석기시대 동이족의 대모신 문명으로 보는 것이 타당할 것이다.

당시 사람들의 여신을 향한 기도문은 다음에서 보듯이 오늘날 우리가 하나님이나 붓다와 같은 전지전능한 신에게 은혜를 베풀어달라고 하는 기도와 동일하다(Lerner, 1986: 142).

> 영광의 이슈타르(Ishtar)시여. 당신은 우주를 주재합니다. 이스타 영웅이시여, 당신은 인류를 창조하셨고 가축 무리들의 앞에서 걸으시며, 목동을 사랑하십니다. 당신은 불행하고 고통받는 이에게 정의를 내려주십니다. 당신 없이 강물은 물길을 열지 않아, 우리에게 생명을 주는 강은 흐르지 않게 될 것입니다. 당신 없이는 가축들이 물을 마시는 수로가 물길을 열지 않아 닫혀 버릴 것입니다. …… 자비로운 이슈타르시여 …… 내 기도를 들으시어 자비를 베풀어주소서.

기원전 4000~3000년 전, 이러한 여신 신화는 창조 과정에 남신이 등장하는 신화로 대치된다. 이때는 가축 사육과 낙농의 발달로 생명 생산 과정에서 남성의 역할이 좀 더 분명하게 이해되며 이것이 신화에 반영되어 있다. 대모신은 이제 혼자가 아니라 아들이나 형제를 동반하고 나타난다. 이 단계에서 생사를 주관하는 것은 여전히 대모신이지만 남성 조력자의 역할이 좀 더 분명하게 인식되며, 여신의 권능은 아직까지 살아 있다(Lerner, 1986: 149~150).

지역마다 가부장제화의 경로가 다르지만 대체로 기원전 3000년 이후가 되면 가축 사육을 통해 생식에서 수컷의 역할이 분명하게 인지되고 전쟁이 범람하는 철기시대가 도래하면서 사회는 남성 중심 사회로 변모한다. 신화에는 이러한 변화가 여신의 추락과 남신의 권위 부상으로 재현된다. '어머니-여성' 여신은 격퇴되고 왕과 같은 막강한 권력을 갖는 남신들(Man-God Kings)이 나타난다. 생명의 근원은 더 이상 자궁이 아니라 음경이 된다. 여성의 음문, 유방 조각으로 여신의 권위를 나타내던 문화는 사라지고 음경 조각·기둥이 그 자리를 대신하게 된다. 그러나 여신 숭배의 오랜 관습이 일격에 격퇴되지는 않는다. 왕 또는 남신은 종래의 대모신 숭배 관습을 자신의 권력 유지에 이롭게 활용하면서 유지한다(Lerner, 1986: 38~43).

이처럼 선사시대에서 역사시대로 이르는 과정에서 나타나는 여신 지위의 변화는 사회 속 여성 지위의 변화를 반영하는데, 무속 서사에서도 이 같은 단계 변화를 엿볼 수 있다.

(1) 살아 있는 대모신의 권능: 설문대 할망 신화와 배경재본 바리데기 서사

우선 제주도를 창조한 설문대 할망 신화를 보자. 설문대 할망 신화는 제주도라는 지역에 한정되기는 하나 창세 여신 신화로서의 면모를 엿볼 수 있다. 설문대 할망이 똥을 싸면 궁상오름망 산이 되고 오줌을 싸면 바다가 된다. 여신의 생리적 활동이 그대로 창조 행위에 연결되는 것은 정신이나 명명(naming)에 의해 창조가 이루어지는 가부장적 신화와 뚜렷하게 구분되는 특징이다. 이는 몸과 정신의 이원론이 발생하기 이전의 대모신 단계까지 거슬러 올라가는 상당히 오래된 신화임을 추정케 한다.

바리데기 서사는 가부장제 사회가 확고해진 뒤에도 여신이 자신의 지위 추락을 방어하며 어떻게 자기 생명력을 끈질기게 유지해오는지, 여신의 창조가 어떻게 남신에게로 넘어가는지, 이 넘김의 과정에서 여신이 어떻게 자신의 권능을 지혜롭게 보유하는지 보여준다. 바리데기가 딸이라서 버림받는다는 사실은 가부장제 사회의 공고함을 보여준다. 그러나 바리데기는 자기를 버린 부모를 위해 온갖 모험을 무릅쓰고 생명의 약수를 가져와 죽은 부모를 되살린다.

바리데기는 가부장제가 공고해진 사회에서도 본래 생사를 주관하는 생명신으로서 자기 정체성을 다음과 같이 표현한다. 생명의 약수를 구하러 가는 과정에서 "물값으로 무장신선과 혼인해 물 삼 년 길어주고 불 삼 년 피어주고 나무 삼 년 베어주고 여기에 일곱 아들까지 낳아주고 길러주지만", 무장신선도 어디까지나 바리데기의 조력자이다. 1937년에 구연된 경기도 오산 무녀 배경재 바리데기 서사에 따르면 산 자와 죽은 자를 궁극으로 천도하는 권능을 지닌 인위왕, 무조신(巫祖神)으로 등극하는 것은 바리데기 자신이다(『한국고전문학전집 30: 서사무가 I』, 1996: 247).

바리데기에 의해 살아난 아버지 오구대왕은 바리데기에게 나라의 반을 주겠다고 한다. 현실 세계에서 통치자는 이미 남성 왕이다. 그러나 바리데기는 이러한 청을 물리치고 "만신의 인위왕이 되겠나이다. 치여다 백재일은 산이 천도하고 네려다 유재일은 죽은 이 천도하고"라며 스스로 천도를 주관하는 무조신으로 등극한다. 그리고 바리데기 남편 무장선관은 길제를 받고, 석가 세존은 사십구제를 제도하며, 일곱 아들은 불전을 받게 제도하는 식으로 신직은 오구대왕이 분배한다고 기술된다(『한국고전문학전집 30: 서사무가 I』, 1996: 248~249).

신직 분배라는 최고 권력을 갖는 오구대왕, 오구대왕을 포함해 모든 산 자와 죽은 자의 생사와 천도를 주관하는 또 다른 최고 권력 바리데기, 이렇게 둘은 나란히 최고 권능을 나누어갖는다. 그리스·로마 신화에서 저승의 신 하데스(Hades)는 신의 서열에서 확실히 제우스에게 종속되어 있다. 그러나 바리데기 서사에서 바리데기는 오구대왕의 현실계 권력 하사를 거절하고 오구대왕의 생사를 주관하는 무조신으로서의 자기 정체성을 분명히 함으로써 오구대왕에게 종속되지 않는다.

(2) 직능신, 슬픈 이야기의 주인공으로 강등된 바리데기

배경재본보다 약 40년 뒤에 구연된 1971년 경상북도 영덕군 영덕면 창포리 오구굿의 바리서사에서 바리데기는 죽은 아버지를 살리기는 하지만 그 행위가 지장보살의 통제하에 있음이 분명해진다. 또한 길대부인의 서사를 통해 아들을 못 낳은 것이 여자의 죄로 인정된다. 생사 주관도 다시 살아난 아버지 오구대왕과 공유한다. 이 서사에서는 천지창조의 주체, 즉 칠성별, 삼태성 별, 육련성, 견우와 직녀를 각각 점지하는 주체가 누구인지도 모호하다(『한국고전문학전집 30: 서사무가 I』, 1996: 304).

> 오색동화 꽃을 놔 놓게 되면 죽은 사람이 아버지도 살리고 가장도 살리고 자식도 살리고 형제간도 살리고 불쌍코 가련하네. 애초에 초목 같은 사람 다 살릴까 싶어가지고 서천 서역국에 팔금강 지장보살님네가 굽어보시고 그 꽃을 놔 놓게 되면 사람마다 살리게 되면 인간 추밀어 못 살까 싶어가지고 꽃은

다 시들어지고 꽃부리만 남도록 마련한다. 이리하여 오귀대왕님 한 분밖에 못 살리는가 부드라. 아부지 자는 듯이 누웠구나.

앞의 문구에서 바리데기의 생사 주관 능력을 통제하는 지장보살은 꽃의 시듦을 주관함으로써 그 지위가 분명히 표현되고, 이는 바리데기의 생사 주관 권능이 제한적임을 알리는 효과를 낳는다. 또한 아버지가 병들어 죽게 되었다는 소리를 듣고 찾아온 바리에게 오구대왕이 꿈에 본 선녀가 바리였다고 말하는 데서[3] 바리는 배경재본에서와 달리 한 선녀에 불과함이 분명하게 표현된다. 한편 부인이 "내가 딸 일곱이 나은 죄로 니라도 삼형제 나왔이면 내포복[4]을 다 갚았다 한다"(『한국고전문학전집 30: 서사무가 I』, 1996: 308)라고 말하는 데서 딸만 낳는 것은 여자의 죄라는 말이 저항 없이 수용되고 있음을 보여준다.

바로 이어서 "그 즉세는 갖은 풍악을 울려라. 갖은 세면을 울려라. 딸 여섯이 사위 여섯이 저 절두섬에다 귀양을 보낼라 하니 배리데기 하는 말이"라며 약물을 구하러 가길 거부한 딸 여섯과 사위 여섯을 귀양 보내려 한다. 그런데 귀양 보내려 하는 주체가 누구인가? 어머니 길대부인인가? 아버지 오구대왕인가? 아니면 둘 다인가? 주체가 표현되고 있지 않다. 뒤에서도 계속해 바리데기의 언니들을 용서해달라는 말과 용서해주고 이들을 별에 점지하는 서사가 이어지는데, 그러한 용서의 서사와 점지의 서사에서도 그 주체가 길

---

[3] "눈을 떠서 살펴보니 죽으라고 버린 자식 말도 초면이고 얼굴도 초면이건마는 갑자 사월 초파일 날 꿈속에서 보던 선녀가 바로 네 얼굴이었구나"(『한국고전문학전집 30: 서사무가 I』, 1996: 275).

[4] '나의 마음에 맺힌 소원'이라는 뜻의 경상도 방언이다. 흔히는 '내포험'이라고 발음한다(『한국고전문학전집 30: 서사무가 I』, 1996: 308).

대부인인지 오구대왕인지는 마찬가지로 모호하다(『한국고전문학전집 30: 서사무가 I』, 1996: 308~309).

(바리데기가 언니들을 용서해달라고 빌자) …… 이리하여 서루 배리데기 말 한마디에 딸 여섯이 용서를 하고 각각 이름을 정한다. 딸 일곱이는 하늘에 올라 칠성별을 마련하자. 아들 삼형제 손주 삼형제는 하늘에 올라가 삼태성이 별을 마련하자. 사우 여섯이는 조동이 맞대놓고 옥새를 차지하고 재물을 똑같이 농가 가질라고 쌈 하다가 하늘에 올라 저 동천으로 볼 것 같으면 새벽 바람에고 하늘에 올라 쪼작별 저 조무생이 별을 마련하자 …… 오구대왕 길대부인은 견우직녀가 되어서 칠월 칠석날에 일 년에 한 번씩 만나도록 점지하고 이리하여 동수자와 배리데기는 하늘나라에 칠월 칠석날에 일 년에 한 번씩 만나도록 점지하고 …… .

맥락상 "오구대왕 길대부인은 견우직녀가 되어서"는 "오구대왕 길대부인은 동수자와 바리데기가 견우직녀가 되어서"가 맞고, 구연에서 '동수자'와 '바리데기'가 빠진 것으로 보인다. 그렇다면 용서와 점지의 주체는 오구대왕과 길대부인 둘 다이다. 이 경우 전지전능했던 대모신으로서 길대부인이 오구대왕과 그 전능성을 공유하는 과정을 보여주는 서사로 이해된다. 이는 전지전능한 대모신이 자신의 배우자나 아들과 신직을 공유하거나 그들에게 이양함을 보여주는 것으로 여신 신화의 두 번째 단계에 해당한다. 하지만 뒤이은 서사는 할머니가 외손주를 귀여워함을 말하고 있어 서사의 주체가 길대부인으로 보이기도 한다. 뒤이어 다음과 같은 내용이 나온다(『한국고전문학전집 30: 서사무가 I』, 1996: 309).

> 금세상에서 많은 공덕을 닦고서 후세상 좋은 극락세계 가실 적에 배리데기 따라서루 오귀대왕님 따라 정배하는 대로 본시 영가도 극락세계를 가실 적에 갖은 풍악에 갖은 새면에 팔선녀 옹위를 하고 삼천궁녀 춤을 추는데 내가 손지를 보고 그저 있을 수가 잇겠느냐? …… 외손주를 귀할려면 방아깽이를 귀하라 했제? 이러니까네 어떤 할매는 직손주도 귀하지마는 외손주도 유달시레 맘에 께는[5] 할마이도 많다.

"금세상에서 많은 공덕을 닦고서 후세상 좋은 극락세계 가실 적에 배리데기 따라서루 오귀대왕님 따라 정배하는 대로"라는 문구에서 죽은 이가 극락세계의 어디로 갈지를 배정하는 것은 바리데기와 오구대왕, 둘이 공유하는 권능으로 기술되고 있다. 이같이 창포리 '오구굿' 본에서는 바리데기가 죽은 아버지를 살리기는 하지만 그 행위가 지장보살의 통제하에 있다는 것이 분명해진다. 생사 주관 능력 또한 다시 살아난 아버지 오구대왕과 공유되고, 길대부인은 딸 낳은 것이 죄라 말하며 바리데기가 아들을 낳아 대신 소원을 풀어주었다고 말한다. 이 본에서는 천지창조의 주체, 즉 칠성별, 삼태성 별, 육련성, 견우와 직녀를 각각 점지하는 주체가 누구인지도 모호하며 굿 명칭도 바리데기가 아니라 아버지 오구대왕을 내세우는 '오구굿'이다. 바리데기는 약수를 구해와 아버지를 살림으로써 딸이라는 이유로 자신을 버림받게 했던 가부장제 질서를 물리치고 당당히 무조신으로 등극했던 배경재본에서와 달리, 오구굿에서는 그 권능이 여러모로 약화된 모습을 보여준다. 아버지를 살리고 죽은 이의 극락세계 위치를 배정하는 권능을 아버지와 함께 지니긴 했

---

5 '꿰는'에 해당하는 경상도 방언. '마음 속에 기억해 잊지 않고 자꾸만 생각하는' 정도의 뜻이다(『한국고전문학전집 30: 서사무가 I』, 1996: 309).

어도, 전생에 선녀였던 바리데기가 여기서는 직녀에 머무르며 재미있는 마을 놀이로서 굿의 주인공이 되는 데 그치고 있다는 느낌을 준다.

"창포리 대동 안에 이런 일이사 다시는 없도록 무당각씨도 축원이야"라는 굿의 맨 마지막 구절은 이 서사를 권능신으로서의 서사가 아니라 '버림받았던 슬픈 딸에 관한 이야기'로 결론 맺게 한다. 배경재본의 끝부분이 극락 가는 길을 안내해주는 서사로 끝나는 것과 대조적이다.[6]

(3) 바퀴벌레로의 추락을 면하고 겨우 삼신할미가 된 당금애기

무속 서사가 전통 사회 속 여성의 소리라 해도 그것이 곧 주체적인 여성의 소리라는 말은 아니다. 앞서 살펴본 바리데기 서사처럼 가부장제 질서를 인정하면서도 권능 차이는 있을지언정 여신의 권능이 비교적 훼손되지 않고 지켜지는 경우도 있다. 그러나 1972년에 경상북도 영일군 지행면 영암3리 별신굿에서 구술된 세존굿 무가 서사에서 생명신 당금애기는 바퀴벌레로 추락하는 것을 겨우 면하고 굴욕적으로 삼신할미가 된다. 이는 여신 지위의 거의 완전한 추락을 보여주는 서사이다. 이러한 굿 서사에서는 더 이상 여성 자신의 소리를 찾기 힘들다. 마을에서 굿이 행해질수록 여성은 자신의 비참한 지위를 굿에서 반복적으로 확인하게 된다.

바리데기와 달리 이 세존굿에서는 우선 바리데기에서처럼 죽은 부모를 살리겠다는, 생사를 좌지우지하는 거대한 대의명분이 없다. 당금애기가 아들

---

[6] "붉은 옷 입근 선관 딸아/ 홍보선관 가는 길로 가소서. …… 꽃가지 꺽지 말고/ 뒤를 돌아보지 말고, 상상극품 연화대(죽은 이가 저승에 가면 생전 공과에 따라 연화대 아홉 등급 중 어딘가에 속한다고 함)로 선녀차지 선관되어, 요지원(곤륜산에 있는 선인들이 사는 곳)으로 가소사"(『한국고전문학전집 30: 서사무가 I』, 1996: 252)는 배경재본의 극락길 안내가 바리데기를 위한 안내로 보이게도 한다.

|'당금애기'(김봉준 작품)
2005년 세계생명문화포럼 개막식 마고신화 의례 중에서.

셋을 데리고 하는 모험은 아버지가 없다는 이유로 동네에서 구박받는 세 아들에게 아버지를 찾아주기 위한 모험에 불과하다. 겨우 찾아낸 아버지 세존은 아들들이 온갖 시험을 통과해도 아들로 인정하지 않는다. 그러다 피를 섞어 하나가 되니 그제야 "핏줄이란 거는 천 리를 가도 찾아오고 만 리를 가도 찾아온다. 참 이시님 자식이 분명하구나. 그때는 옳다 내 자식이다. 핏줄이란 거는 천 리를 가도 찾아오는기이 이제는 내 자식이 분명하다"고 말한다 (『한국고전문학전집 30: 서사무가 I』, 1996: 156). 이같이 부계 혈통제의 권위가 확고히 표명되는 가운데 이름 없이 산 아들들은 세존 아버지에게 이름을 지어달라고 청해 태산, 평택, 한강이라는 이름을 받는다. 그러고 나서 세존은 맏아들은 이십팔수(二十八宿) 끼마다 받아 먹으라고 '금강산 붓다', 둘째 아들은 재(齋)받이를 받아 먹으라고 '태백산 문수보살', 셋째 아들은 네 별신으로 받아 먹으라고 '골매기 성황님'으로 신직을 부여한다.

이어 부인 당금애기에게 신직을 부여하는 과정은 당시 여성의 삶을 반영하는 듯 극도로 모욕적이다. 아들들이 어무이 먹기 입기를 마련해달라 하자 세존은 "너그 어무이는 될 것 있네. 부뚜막에 강구(바퀴벌레)나 되어 밥티 흘린 것을 쪼아 먹으라"고 했다. "국시서낭이 되어 오는 사람 가는 사람 침 뱉은 것을 먹고 살라"고 한다. 아들들이 "어찌 그리 험하게 짓소?"라고 하자. "야들아 그런기 아니로다. 너이 삼형제 태일 적에 너그 어무이를 찾아가니나를 봉당에 자거라 회촛간에 자거라 마루방에 자거라 어무이 방에 자거라 아부이 방에 자거라 이리저리 속이드라. 나도 그 보갚음 하느이라고 그런다"라고 말한다. 부모 출타 중에 당금애기를 찾아 온 세존은 하룻밤 자기를 청했고 당금애기는 세존이 다른 방들에서 자기를 청한다.

세존은 이런저런 구실을 대어 그 방들에서는 못 자겠으니 당금애기 방에 병풍을 치고 자겠다고 한다. 자다가 세존은 탐화봉접(探花蜂蝶)의 마음으로 병풍을 걷어치우고 넘어가 당금애기와 동침한다. 갑갑해 잠을 깬 당금애기는 스님 팔이 벼개가 되어 있고 스님 다리가 당금애기 허리를 두르고 있는 걸 보고 기가 막혀 하다 사주책을 보니 사주에 중 가장이 들어 있자 팔자인가보다 하고 그 자리서 부부 삼아 새로 잠을 자기를 청한다. 이 이야기에서 부모 없이 혼자인 당금애기가 낯선 스님을 다른 방에 재우려 한 건 당연한 일이었고, 세존의 행위가 오히려 성폭력적이었음에도 세존은 이를 당금애기가 자기를 속인 이야기로 왜곡하면서 당금애기가 길을 오가는 사람 침 뱉은 것이나 받아먹는 국시서낭으로 좌정케 하는 벌을 주려 한다(『한국고전문학전집 30: 서사무가 I』: 133~137, 157). 졸지에 당금애기는 죄인이 되고 아들들은 "아이구 아부지요. 모든 죄를 생각하면 죽어 마땅하지마는 우리 삼형제를 보드라도 모든 죄를 사케 해주시고 먹기 입기 마련하소"라고 어머니의 죄를 사해달라고 청한다.

그러자 세존은 "오냐 그러면 될 것 있네. 수령포 대동 안에 골미기 서낭님아 삼신할머니 마련해여 각리 각데기 각일면 호차례로 어느 댁에 삼신이 없으며 삼한 세존이 없겠소"라며 집집마다 있는 삼신의 직능을 부여한다. 이 서사에서 생명을 부여하는 대모신 삼신은 침 뱉은 거 먹고 사는 국시서낭을 겨우 면한 그 윗등급의 하등신 삼신으로 강등되어 묘사된다(『한국고전문학전집 30: 서사무가 I』, 1996: 158).

2) 여성 언어로서의 무속 서사

이 장에서는 무속 서사에도 극단적으로 여성 모독적인 서사가 있음을 인지하면서도, 즉 무속을 무조건 여성주의적으로 단정하는 잘못을 범하지 않으면서 무속 서사가 가부장제에 의해 덜 훼손된 여성 언어를 구사하는 측면에 주목해보고자 한다.

(1) 무속 서사를 창조한 주체는 누구였을까?

무속 서사는 누가 창조했을까? 쉽게 답할 수는 없지만 전통 사회에서 일부 양반집 여성을 제외한 모든 여성이 그러했듯이 무당도 공식 교육을 받지 못했다. 그러나 당대의 지성인이었다고 추론할 만한 여러 증거가 있다. 이러한 추론은 무속 서사가 지식인이 아니면 구사할 수 없는 표현과 내용으로 점철되고 있기 때문에 가능하다. 우선 무속 서사에는 많은 한문 어구가 도처에서 구사되며 중국과 한국의 벼슬 작위가 거론되고 있다. 구사되는 한문 용어는 연하천병(輦下千兵: 임금이 타신 가마 주위를 많은 군사가 호위함), 금광초(金光草: 신선이 먹는다는 약초), 철쇠(撤鎖: 자물쇠를 벗김), 명도(冥途: 저승세계), 조비조상(祖妣祖上: 조상인 할아버지와 할머니), 무정세월약류파(無情歲月若流波) 등(『한국고전문학전집 30: 서사무가 I』, 1996: 216~220)과 같이 쉬운 한자어가 아니다. 유불선의 중요한 경전과 문구가 수시로 인용되며, 불가 진언부터 도교 진언에 이르기까지 폭넓게 구사된다. 도처에 등장하는 불교에 대한 해박한 지식은 불교 교리를 충분히 알 정도로 해박한 무당이 자기중심을 지키는 가운데 불교와 습합하면서 무속을 지켜가려 했던 흔적을 느끼게 해준다.

다음과 같이 당금애기를 작명할 때는 상당한 지식인이 아니면 할 수 없는 논리 구사를 보여준다(『한국고전문학전집 30: 서사무가 I』, 1996: 76).

금이라구 짓자하니 으찌 금이라구 지을 수 있나? 옥이라고 짓자하니 금순 옥순 아니어던 으찌 옥이라구 지을 수 있나? 한참 궁리하시더니 에라 별수 없다. 마땅이 딸을 낳았으니 마땅 당(當)자 한자 빼고, 이제야 원을 풀었으니 이제 금(수)자 한자 떼고, 부모가 자손을 귀여워하는 건 한 살을 먹으나 열 살을 먹으나 일반이라, 애기라구 한자 지어, '당금애기'라구 지어줄 수밖에 없는 제다 하고, 이와 같이 이름 지어놓고, …….

석가여래가 당금애기 집에 도착해 첩첩이 잠긴 문을 여는 주문은 불경이고 이에 대응하는 당금애기의 진언은 무경의 진언이다. 첫 번째 대문에서 석가여래가 불경인 『천수경(千手經)』의 '계법장 진언'에 이어 '계청'을 암송하고, 당금애기는 무경 '기문신장편'이라는 도깨비 진언으로 대응한다. 두 번째 대문에서는 『천수경』의 '천수천안관자재보살 광대원만무애대비심 대다라니 계청' 진언을 하고, 세 번째 대문에서는 『주역(周易)』의 '계사전' 상편 제1장을 읽고, 네 번째 대문에서는 『천수경』의 '신묘장구대다라니'를 읽으면서 문을 연다(『한국고전문학전집 30: 서사무가 I』, 1996: 85~89). 이 정도면 불교와 유교를 어설프게 아는 게 아니라 상당히 전문적으로 알고 있음을 추론케 한다.

무당이 외우는 서사의 양도 결코 적지 않다. '양평본' 제석본풀이는 무려 68쪽이나 된다. 일정 수준의 암기를 할 수 있는 지성인이 아니면 무당을 할 수 없었을 것으로 추측된다. 남해차차웅(南解次次雄)은 그의 친누이 아노(阿老)로 하여금 시조의 사당에 지내는 제사를 주관하게 했다(이능화, 1991: 64). 이 기록은 고대 사회에서 무당은 공주 출신이 할 만큼 높은 직책이었음을 보여준다. 공주는 여성이라 하더라도 한문 교육을 받을 만큼 엘리트였다. 과거 무가 서사를 창조한 이들은 개인이었든 집단 지성이었든 당대 최고 수준의 지식인 여성들이었을 것으로 추정된다.

(2) 남성의 눈치를 보지 않는 여성 언어

여성도 다른 여성을 아름답게 볼 수 있다. 그런데 남성에 의한 여성의 성적 대상화가 일반화된 사회에서는 이를 표현할 언어가 적당하지 않은 것이 현실이다. '저 여자 참 섹시해'처럼 남자가 여자의 외모를 표현하는 방식이 아닌, 여성이 자신과 다른 여성의 외모를 긍정적으로 칭송하는 언어에 심한 궁핍함을 느낄 때 무속 서사는 신선한 충격을 준다.

어린 당금애기의 귀여움을 "산천초목이 방긋방긋 웃는 듯, 집안 간에 꽃이 피고 남남 간에 잎이 핀 듯 고이 곱게 자라난다. 유수 같은 세월이라. 어연간에 세 살이 지나고 네 살 자손이 되었구나"(『한국고전문학전집 30: 서사무가 I』, 1996: 78)라 하고, 스님은 당금애기를 "얼마나 잘생겼는지 돌아오는 반달이고 넘어가는 일월이다"(『한국고전문학전집 30: 서사무가 I』, 1996: 131)라고 칭송하며, 바리공주의 어여쁨은 "연꽃갓치 고흐신 얼골"(『한국고전문학전집 30: 서사무가 I』, 1996: 226)로 표현된다. 자연과 꽃에 비유해 어여쁨을 표현하는 이러한 예들은 남성의 시선에 의해 대상화된 표현으로만 외모나 아름다움을 묘사하는 데 익숙해진 우리에게 신선한 충격을 던진다. 소설, 영화 등의 매체에서 성관계가 남성이 여성을 정복하는 언어와 몸짓으로 재현되는 현대의 경향과 달리 무장신선과 바리데기의 성관계는 자연에 빗대 호탕하게 표현된다.

> 텬디로 장막삼고, 등칙으로 벼갯삼고, 잔디로 요를 삼고, 때구름으로 차일삼고 샛별로 등촉을 삼어, 초경에 허락하고 이경에 머무시고, 삼경에 사경 오경에 근연맺고 …….

'시루말'이라는 창세무가에서 묘사된 천하궁 당칠성과 지차궁 매화 부인의 성관계 장면 또한 어느 한쪽을 대상화하지 않고 호방하게 표현된다(『한국고전문학전집 30: 서사무가 I』, 1996: 27).

> 매화뜰 당도하니, 매화부인 거동보소. 쇠직이 쇠열어라, 문직이 문열어라. 동성방 서리 차고, 남성방 하긔 하고(밤이 춥다는 말) 자리업시 한자리, 벼개 업시 한 벼개 그날 밤을 류식할 때, 자리동품(잠자리를 함께 함) 하실 적에 초경녁에 꿈을 꾸니, 오른 어깨 해가 돗고 이경녁에 꿈을 꾸니, 왼 어깨에 달이 돗고 삼경녁에 꿈을 꾸리, 청룡황룡 얼클어저 텬하궁에 올나가 보이거늘, 하룻밤을 지닌 후에, 동영이 발가오니 …….

이런 표현은 "동짓달 기나긴 밤을 한 허리를 베어 내어 춘풍 이불 밑에 서리서리 넣었다가 어룬 님 오신 날 밤이어든 구뷔구뷔 펴리라"라는 황진이의 시와 일맥상통한다. 또한 남편인 석가여래가 노인이 아니라 젊은이라는 사실을 나중에야 알게 된 당금애기는 좋아서 이와 같이 표현한다(『한국고전문학전집 30: 서사무가 I』, 1996: 119).

> 에, 또 당금애기씨가 다시 생각하야 보니, 갑자생이라구 하길래 몇 십 년 전 갑자생인 줄만 알았더니, 이제 나이를 따지구 보니 자기보다 세 살 더 먹었거날, 이때 기분 좋고 마음 좋게 찾아가서 그 문을 열구 들어가보니, 석가여래 저 중상은 잠을 자구 있는 게라.

이성, 남편을 좋아하는 마음을 "기분 좋게 마음 좋게 찾아가서"와 같이 시원스럽고 당당하게 표현할 줄 아는 것은 많은 현대 여성에게 결여된 성적 주체성이다. 외모를 자연에 빗대 묘사하고, 애정과 성관계에서 어느 한쪽을 대상화하지 않으며 호탕하게 표현하는 것은 성적 가부장제가 지배적인 현대사회의 여성과 남성에게 결여된 자질이다. 우리는 이에 대한 대안적 표현들을 무속 서사에서 찾아볼 수 있다.

4. 나가기

이 글에서는 무속을 타파되어야 하는 전근대적인 미개한 풍속으로 보는 데서 벗어나 여성의 눈으로, 여성 문화로 재해석하는 데 초점을 두고 무속을 살폈다. 초기 경전에서는 불교와 무속이 평화롭게 공존할 수 있었던 경전적 근거를 찾아보았다. 무속 서사에 대한 분석을 통해서는 가부장제 사회에 들어와서도 대모신 신직을 유지하는 바리데기부터 극히 모욕적인 방식으로 추락한 삼신에 이르기까지 무속 서사에서 여신의 지위를 살펴보았다. 마지막으로는 여성 언어로 무속 서사를 살펴보면서 고대 사회에서 무속 서사를 창조한 여성이 당대의 지식인 여성이었을 것이라는 추정과 함께, 어느 한쪽이 대상화되지 않고 당당하며 호탕하게 표현되는 성과 애정 묘사를 중점적으로 살펴보았다.

국민의 상당수가 불교, 기독교와 같은 고등 종교의 신자인 현대사회에서 무속이 공식적인 종교로 살아남을 전망은 밝아 보이지 않는다. 물론 불자이거나 기독교인이면서도 갑급한 위기 상황에 무당을 찾아가 점을 보고 굿을 하는 무속 신앙은 상당히 오랫동안 음지에서 지속될 것으로 보인다. 그러나 무속이 이러한 연명 외에 당당히 지속될 수 있는 길은 없을까?

러시아의 말갈족 우데게이 족의 유일한 샤먼(스탈린 때 샤먼을 완전히 숙청해 샤먼의 대가 끊길 뻔 했다)인 뚱가이 바실리 이바노비치는 1960년생인데 9년 동안 앓다가 바이칼 지역 브리야트 샤먼에게 가서 굿을 하고 제자가 된 후 병이 나왔다. 그는 현재 세계자연보호기금(World Wide Fund for Nature: WWF)의 지원을 받아 문화회관을 운영한다. 정규 학교에서 가르치지 않는 우데게이 말을 교육하고 자연보호 교육 프로그램을 운영하며 어린이들에게 사냥과 낚시하는 법을 가르쳐준다(김봉준, 2012: 119~120).

'열 세명 할머니 국제협의회'의 할머니 13명은 북미, 남미, 네팔, 티베트, 가봉(아프리카)에 사는 토착민들의 지혜를 전승하는 자기 부족의 영적 원로이자 치유가(medicine women)이다. 지구촌 환경문제, 토착민들의 인권 문제 등을 국제적 차원에서 다루기 위해 2004년에 창시되었다. 이들은 상호 관계를 구축하고 서로의 문화를 배우기 위해 6개월에 한 번씩 돌아가면서 각자가 사는 곳을 찾아가 모임을 가져왔으며 여성의 지혜와 내적 권위, 그리고 힘을 드러내는 역할을 해왔다. 또한 우리 가슴속에 전쟁이 없는 세상, 자연의 자궁 속에서 모두가 평등한 권리와 기회를 갖는 비전을 공유하며, 이 비전이 지구상에 널리 퍼져나갈 것이라는 신념을 가지고 활동 중이다.

산 자와 죽은 자를 천도하는 바리데기, 개인·국가의 안녕을 축원하는 것으로 끝맺는 우리의 무속 서사가 보여주는 정신세계와 지혜도 13명의 할머니들 못지않다. 우리 큰무당의 지혜와 연륜도 종교에 집착하지 않고, 러시아 우데게이 족 무당 뚱가이 바실리 이바노비치의 현대화된 생명문화적 실천 방식을 참조할 때 나아갈 길에 대한 암시를 받을 수 있다. 무속이 할머니들에게 여전히 주요한 신앙인 제주도의 경우 제주 방언을 모르는 아이들에게 제주 방언을 가르치는 프로그램이나, 예전 무당들이 여성의 삶을 바탕으로 무속 서사를 창조해왔듯이 아이들을 위한 무속 동화 쓰기 등 다양한 방식을 모색해볼 수 있다. 일반 여성들은 무속 서사를 읽는 모임을 가질 수 있으며 마을과 아파트 입구마다 지하여장군과 천하대장군을 세우고 수호신 정자목을 심는 문화 운동을 전개할 수도 있을 것이다. 오랜 문화 전통은 우리의 얼이다. 그 얼을 잊고 내팽개치는 문화와 구성원들은 영적으로 건강할 수 없다. 우리는 우리의 무속을 현대적 방식으로 존중하는 방안을 다양하게 고민해야 한다. 무당 역시 무속을 어떻게 현대의 환경 속에서 살아남게 할 수 있을지 고민이 필요하다. 그 고민을 풀 수 있는 유력한 방안 중 하나는 큰무당이나 그 제자들이 현대의 고등교육을 받는 것이라고 개인적으로 생각한다.

참고문헌

1. 원전

『쌍윳따니까야 1』(1999). 전재성 역주. 한국빠알리성전협회.
『쌍윳따니까야 5』(1999). 전재성 역주. 한국빠알리성전협회.
『한국고전문학전집 30: 서사무가 I』(1996). 서대석·박경신 역주. 1996. 고려대학교 민족문화연구소.

2. 국문 자료

김봉준. 2012. 『신화순례』. 미들하우스.
김정희. 2011. 『불교, 여성, 살림』. 모심출판사.
신용하. 2010. 『고조선, 국가형성의 사회사』(신용하 저작집 53). 지식산업사.
이능화. 1991. 『조선무속고』. 이재곤 옮김. 동문선. 1991.

3. 외국 자료

Lerner, Gerda. 1986. *Creation of patriarchy*. NY: Oxford University Press.

제8장

낙태아 천도재와 여성의 삶*

우혜란

1. 들어가기

현재 한국 사찰에서 광범위하게 행해지는 낙태아를 위한 천도재는 주 고객층이 여성이다. 낙태아 천도재는 이들의 욕구를 기반으로 등장하고 확산되었다는 점에서 일종의 여성 의례라고 할 수 있다. 그러나 낙태아 천도재가 과연 낙태를 경험한 여성을 위한 치유 의례로 기능하는가에 대해서는 다양한 이견이 존재한다. 이 글에서는 우선 한국에서 낙태아 천도재가 등장하게 된 과정과 그 현황을 살펴본다. 그다음 일본의 사례를 통해 해당 의례에 대한 학자들의 평가를 정리하고, 필자가 설문조사를 통해 수집한 한국 여성들의 낙태아 천도재 동참 소감을 이와 비교해 소개하려 한다. 끝으로 낙태아 천도재가 진정 여성을 위한 치유 의례로 정착되려면 어떠한 변화 또는 전제 조건이 요구되는지에 대해 논의의 장을 열고자 한다. 한국 여성 불자의 삶이 반영되지 않고 이들의 다양한 욕구와 의견이 수렴되지 않는 상황에서 새로

---

* 이 글은 필자가 발표한 논문(우혜란, 2009)을 수정·보완한 것이다.

운 여성 의례로서 낙태아 천도재를 논의하는 것은 공허한 학문적 담론에 그치기 때문이다.

2. 한국 낙태아 천도재의 역사와 현황

1) 한국 낙태아 천도재의 등장과 대중화

한국 불교계에서 낙태(아)에 대한 관심이 표면화되기 시작한 것은 1980년대 중반이다. 여기에는 '부모가 책임져야 할 중절아의 영혼'이라는 부제가 달린 『아가야 용서해다오』(1985)라는 책이 한몫을 했다고 한다. 이 책을 출판한 조계종 승려 석묘각은 1980년대 초 일본 불교 견학 당시 일본 사찰에서 행해지는 '수자(水子)'[1]를 위한 위령제에 깊은 인상을 받았다고 한다. 귀국 후 석묘각은 한국에서도 낙태아를 위한 의식이 필요함을 느끼고 '수자'에 관한 일본 서적을 번역해 여성 신도들에게 소개했으며, 이것이 큰 반향을 얻으면서 신도들이 계속 번역을 권해 책을 발간했다고 한다. 1997년에 7쇄까지 발행되었다(테데스코, 1997: 61~62; 김석란, 2004: 6). 이 책에는 원인 모를 고통을 겪던 (일본) 여성들이 자신이 낙태한 '수자'가 그 원인이라고 판단해 '수자공양'을 행한 뒤 불행에서 벗어난 사례들이 소개된다. 또한 중절아의 영장(靈障: 영혼이 일으키는 탈)이 강조되고, 아울러 이를 막는 방법들[참회, 사경(寫經), 사불(寫佛), 불공(佛供), 지장보살 모시기]이 제시된다. 묘각 스님 자신은 이 책이

---

[1] '수자'는 일본에서 보통 인공유산(임신중절수술)이나 자연유산된 태아나 사산아를 일컬으며 좀 더 포괄적으로는 '출산 후 얼마 지나지 않은 아이', '갓난아이'도 포함한다(「水子供養の文化と社會」硏究會, 2001; 김석란, 2003: 70).

출간된 직후 국청사(서울시 사당동 소재)에서 한동안 낙태아 천도재를 거행하기도 했으며, 일부 스님들이 그에게 직접 배우거나 그의 번역서를 통해 자체적으로 낙태아 천도재를 거행하는 가운데 한국에서도 낙태아 천도재가 시작되었다고 한다(테데스코, 1997: 61).[2] 한편 (쌍문동) 금강사 주지 강자우 스님은 자신이 이미 1987년에 '태아영가 천도재'를 시작했다고 진술했으며, 1995년에 『어둠의 빛으로 떠난 태아는 어디로 가는가』의 출판과 함께 '태아영가 천도'만을 위한 상설 법당을 개설했고, 현재까지 매월 첫째 일요일에 천도재를 봉행한다.[3] 이 밖에 낙태유산아 천도 전문으로는 최초 사찰이라고 홍보하는 (전남 보성군) 대원사의 전 주지인 현장 스님은 1993년에 한국 최초로 낙태아의 영혼을 구해준다는 '태안지장보살(胎安地藏菩薩)'을 경내에 봉안했다. 이는 '수자공양'을 거행하는 많은 일본 사찰이 경내에 재단을 조성하고 그 중앙에 대형 수자지장상(水子地藏象)을 봉안하는 것과도 맥을 같이한다(「水子供養の文化と社會」研究會, 2001). 현장 스님 또한 1980년대 말에 일본 불교를 견학하며 일본의 '수자공양'에 깊은 인상을 받고 낙태아 천도에 관심을 두게 되었음을 토로했다(현장, 1996: 26~27). 한편 낙태아 천도재의 정착에는 비구니들의 역할도 적지 않다. (상계동) 사천왕사 주지 성덕 스님은 1991년부터, (성남시) 구담사 주지 지율 스님은 1993년부터 낙태아 천도재를 행하면서 관련 의식을 정비하고 경전적 근거를 제시하는 등 자신의 위치를 확고히 하고 있다.

그러나 한국에서 낙태아 천도재가 대중화되기 시작한 것은 1990년대 후반

---

[2] 묘각 스님은 현재 전라남도 장성의 작은 말사의 주지로 '수자령 천도재'를 지속하고 있다고 한다(김석란, 2004: 6~7).

[3] 이러한 내용은 필자가 2009년 2월 1일에 개인적으로 행한 인터뷰 내용에 따른 것이며, 금강사의 천도재와 관련해서는 해당 사찰의 홈페이지(http://www.geumgangsa.or.kr/sub01/sub01_3.php)를 참고하기 바란다.

부터라고 할 수 있다. 이전에는 주로 조계종의 일부 승려를 중심으로 의례가 실행되었다면, 1990년대 후반에 이르러 태고종, 천태종, 조동종, 관음종, 법화종과 같은 타 종단은 물론이고 신종교 일부(원불교, 증산도, 법연원, 신불교 등)에서도 낙태아를 대상으로 천도재를 행했으며, 소수의 기독교(가톨릭, 개신교) 신자도 이러한 낙태아 천도재에 참가하고 있기 때문이다(渕上恭子, 2002: 185).[4] 한편 한국 불교

▍구담사 태아영가 천도재

에서는 음력 7월 15일을 '백중(百中)' 또는 '우란분절(盂蘭盆節)'이라고 하는데, 이미 음력 5월 하순에 법회가 시작(入齋)되어 7일마다 재가 올려지고 7월 15일의 일곱 번째 재(回向)를 마지막으로 49일간의 조상영가 천도재가 행해진다. 이 법회는 많은 사람이 동참해 진행되는데, 1990년대 들어 이들 조상영가들에 낙태영가의 위패가 섞여 보이기 시작하면서 현재는 낙태아 천도재를 따로 행하지 않는 사찰의 경우에도 대부분 우란분절에 낙태아를 포함하고

---

4 신종교의 경우, 증산도의 '영아 천도치성', 법연원의 '망태아(수자령) 천도기도', 선불교(仙佛敎)의 '천동제(天童祭)'를 들 수 있다. 필자의 관찰에 따르면 사찰에서 거행되는 낙태아 천도재에 참가하는 기독교 신자는 극소수이다. 그러나 익명성이 좀 더 보장된 경우 이 비율은 높아진다고 할 수 있다. 예를 들어 국내 최초의 사이버 사찰이라는 제목하에 사이버 커뮤니티를 중심으로 운영되고 있는 불타암(현재 무상사)의 경우, 매주 일요일에 거행되는 '낙태영가 천도재'에 의뢰자가 직접 참석하기보다는 의식에 등록하고 비용을 송금해 재를 위탁하고 있으며, 이들 중 기독교 신자가 20%를 넘는다고 한다(2008년 11월 9일 필자와 진각 스님의 비공개 인터뷰 내용).

있다. 이렇듯 낙태아에 대한 죽음 의례가 한국 불교계에 자연스럽게 받아들여지면서 낙태아 천도재를 '특화'하는 사찰(대원사, 구담사, 금강사)도 여럿 등장했고, 많은 사찰에서 이를 하나의 정기 의례로 상설하며 의례의 횟수도 증가 추세를 보이고 있다.[5]

현재 한국의 불교(조계종)에서 낙태아 천도재가 중요한 죽음 의례로 정착되고 있음은 필자가 서울 소재 조계사 사찰을 대상으로 진행한 전화 설문조사 결과에서도 확인된다. 전화 연결된 사찰(170곳)의 절반(78곳) 정도가 낙태아를 위한 천도재를 따로 행한다고 답했으며, 특별히 낙태아 천도재를 지내지 않는 경우(92곳)에도 대부분(80곳)이 우란분절이나 지장재일(地藏齋日, 매월 음력 18일) 등에 거행되는 합동 천도재에서 낙태아를 위한 기도를 올릴 수 있다고 답했기 때문이다. 한편 낙태아 천도재를 별도로 지낸다는 사찰(78곳)의 반수 이상(47곳)이 해당 의례를 단독(개인)으로도 합동(공동)으로도 행할 수 있다고 답했다. 합동 천도재를 거행한다는 사찰(60곳)의 경우는 대부분(50곳)이 이를 정기적으로 행한다고 답했으며 그 횟수는 매년 한 번이 가장 많았고(33곳), 그다음이 매월(9곳), 기타(9곳)의 순서였다. 기간에 대해서는 일정하지 않다는 곳(39곳)이 제일 많았고, 그다음으로 49일(19곳), 100일(2곳)의 순서였다. 비용의 경우 단독 천도재는 10만 원 이상부터 500만 원 미만, 합동 천도재는 5000원부터 100만 원 이상으로 그 편차가 매우 컸다. 단독 천도재의 경우는 90만 원에서 300만 원까지가 가장 많았고(65곳 중 43곳), 합동 천도재의 경우 5만 원에서 30만 원까지가 과반수(65곳 중 34곳)를 차지했다.[6]

---

5   예컨대 금강사와 무상사(전 토굴암)는 매월 첫째 일요일에 낙태아 천도재를 행하고 있다.
6   이 전화설문조사는 사찰넷(http://www.sachal.net)에 대한불교조계종 서울 지역으로 등록된 458개 사찰 중 전화 연락이 가능한 170곳을 대상으로 2009년 1월에서 5월까지 시행되었다(저자 비공개 자료).

2) 한국 낙태아 천도재의 특징

앞서 살펴보았듯이 낙태아 천도재는 한국의 사찰에서 이미 하나의 중요한 의례이자 수입원으로 자리 잡고 있다. 그러나 낙태아가 한국 불교에서 죽음 의례의 대상으로 새롭게 등장한 데는 일본 수자공양의 영향을 부인할 수 없으며, 이런 맥락에서 낙태아 천도재를 전문적으로 행하는 스님 대부분이 일본 불교를 견학한 사실을 밝히는 것은 놀랄 일이 아니다. 따라서 한국 불교계 일각에서는 낙태아 천도재를 일본 불교의 수입품 또는 한국 불교의 왜색화로 간주하는 부정적 시각이 존재하는 것도 사실이다. 이에 대한 해당 사찰 주지들의 의견은 크게 두 부류로 나뉜다. 즉, 일본 수자공양의 영향을 솔직히 인정하고 새로운 의례가 시대와 (여)신도들의 요구에 부응하는 것이라면 문제가 없다는 입장(예: 대원사), 일본의 수자공양을 참조한 것은 맞지만 의례 형식을 재정비하고 불교 경전에 의거해 이 의례의 교리적 근거를 새롭게 제시하는 등 한국적 특색을 갖추어간다는 입장(예: 구담사, 금강사)이 그것이다.

그렇다면 한국 낙태아 천도재와 일본 수자공양의 공통점과 차이점을 살펴볼 필요가 있을 것이다. 우선 공통점은 다음과 같다.

첫째, 일본에서는 낙태아를 위해 별도로 의식을 행하지 않는 사찰의 경우 수자공양이 흔히 '히강(彼岸)'[7]과 '오봉(お盆)'[8]에 행해지는데, 후자는 한국의

---

7 '히강'은 봄과 가을, 즉 '春の彼岸(はるのひがん)'과 '秋の彼岸(あきのひがん)'으로 나뉘는데 각각 춘분과 추분을 중심으로 한 일주일을 말하며, 일본의 조상숭배 사상을 전형적으로 보여주는 명절이다. 이 두 시기는 해가 정동에서 떠 정서로 지는 때로, 아미타 신앙에 따르면 사자(死者)가 이 시기에 해를 등대로 삼아 해만 바라보고 가면 서방 극락세계에 열린 동문으로 들어간다. 이 기간에 일본인들은 주로 절이나 묘지를 찾아 조상에 대한 참배를 한다.

8 '오봉'은 일본이 현재 음력을 쓰지 않기에 보통 8월 15일 전후의 약 3~4일을 말하며 공휴일로 정해져 있다. 오봉에는 조상의 영혼이 집으로 돌아온다고 믿으며, 일반적으로 13일에는

백중 또는 우란분절에 해당된다. 현재 대부분의 한국 사찰에서 우란분절에 낙태아가 조상과 '섞여' 함께 제례의 대상이 되는 것과도 동일하다.

둘째, 한국의 낙태아 천도재에서는 관음보살, 아미타불도 중시되지만 무엇보다 지장보살의 가피력(加被力)이 강조된다. 이는 모든 중생을 지옥의 고통에서 구해준다는 지장보살에 대한 신앙에 기반을 두고 있으나 일본 수자공양의 영향과도 무관하지 않다. 지장보살은 일본에서 특히 아이들의 수호신으로 인식되어 아이의 순산(子安地藏尊), 생육(子育て延命地藏尊) 등을 관장한다고 믿어진다. 따라서 수자공양을 행하는 일본 사찰의 경내에는 흔히 대형 지장보살상과 그 주위에 (의례) 의뢰자가 봉납한 중소형의 지장상이 배치되고 있다(「水子供養の文化と社會」硏究會, 2001). 이런 맥락에서 한국의 낙태아 천도 전문 사찰인 대원사 경내의 대형 지장보살상(胎安地藏菩薩像)[9]과 구담사 경내 의뢰자들이 봉납한 소형 지장상들을 설명할 수 있다. 이 밖에도 구담사는 낙태아를 돌본다는 '귀자모신(鬼子母神)'[10]의 상을 봉안하고 있는데 이 또

조상의 영혼을 맞이하는 의식(迎え火)을, 16일에는 영혼을 보내는 의식(送り火)을 행한다.

9   왼손에 아이를 받치고 있는 것이 한국의 일반 지장보살상과 구별된다.
10 귀자모신은 일본의 수자공양에서는 중요한 위치를 점하나 한국 불교에는 생소한 신격이다. 구담사 홈페이지에 소개된 설화는 『잡보장경(雜寶藏經)』 제9권의 '귀자모실자연'에 실려 있는데 그 내용은 다음과 같다. 귀자모는 야차녀(夜叉女), 즉 귀신으로 1만 명의 자식을 두고 있는데 인간의 아이들을 훔쳐 산채로 먹는 악행을 저지르자 사람들이 그녀를 두려워해 붓다에게 고한다. 붓다가 신통력을 사용해 발우 밑에 그녀의 막내아들을 감추자, 그녀는 아들을 찾아 7일간 천하를 헤맸으나 찾지 못했다. 그녀가 붓다를 찾아가 아들을 찾게 해달라고 부탁하자, 붓다가 너는 1만 명의 자식이 있는데 1명을 잃고도 그렇게 비통해하니 네가 살해한 아이들의 부모는 어떻겠냐고 하며, 삼귀의(三歸依) 및 오계를 받으면 아이를 돌려주겠다고 한다. 이에 그녀는 붓다의 말대로 행하고 다시 아들을 만날 수 있게 되었다. 즉, 무서운 귀자모신이 붓다에게 귀의해 자애로운 '애자모신'으로 변함으로써 불교권에서 안산(安産)과 육아의 신으로 기능하게 된 것이다. 구담사에서는 귀자모신을 태아영가의 수호신으로 소개하고 더 나아가 '애자모지장보살(愛子母地藏菩薩)'이라고 부른다(http://www.gudamsa.org/html/scrip

▎대원사 지장보살상　　　　　▎구담사 동자상

한 일본 수자공양의 영향이라 할 수 있다.

셋째, 무엇보다 가장 눈에 띠는 일본 수자공양의 영향은 일부 사찰(구담사, 대원사, 만불사 등)의 경내에서 낙태영가를 상징하며 여러 열로 조성된 작은 동자상(수자상)들이다.[11] 이 동자상들은 의례 참가자들이 해당 사찰에 의뢰해서 봉안한 것으로, 대원사와 만불사의 경우에는 빨간 모자가 씌워 있으며, 구담사의 경우에는 의뢰자가 자신의 동자상에 자발적으로 외투와 모자 등을

---

ture/scripture06.htm).

11　낙태아 천도재를 주재하는 스님 중에는 이러한 동자상에 대해서 비판적인 의견을 갖고 있는 이들도 많다. 우선 교리적인 면에서 천도해 떠나 보내야할 영가들을 상(象)을 조성해 돌봄으로써 결국 상에 집착한다는 점, 이들 상의 조성으로 사찰이 경제적 이익을 꾀하고 신도에게 부담을 준다는 현실적인 이유를 들 수 있다. 참고로 만불사는 동자상 봉안에 30만원을 받고, 구담사의 경우 낙태아 천도재 (연) 3회분 50만원을 완불하면 동자상을 봉안해준다.

제8장 낙태아 천도재와 여성의 삶　247

입히고 그 앞에 공물(과자, 신발, 장난감 등)을 놓아둔다.[12]

그러나 일본 불교의 영향에도 불구하고 대다수의 한국 사찰이 용어를 차용할 때 일본의 수자공양과는 의식적으로 거리를 두려 한다. 즉, 낙태아를 가리키는 일본 용어인 '수자'가 일본 민간신앙에서 유래된 용어이고, 무엇보다 불교 용어가 아니라는 이유를 들어 다른 다양한 명칭('태아영가', '타태아기령',[13] '태중수자영가', '낙태영가', '태아령', '태아인연영가', '망태아', '미생아 영가', '태중미생아', '태중영가', '수정영가', '태중고혼', '선태아애혼', '태자영가')을 차용한다. 또한 일본에서 일반적으로 제사를 뜻하는 용어인 '공양' 대신 좀 더 구체적인 목적을 나타내는 '천도재'를 사용한다.

그러나 일본 수자공양과의 차이점 또는 한국 낙태아 천도재의 특징은 의례 구성에서 좀 더 명확해진다.

(1) 의식주의(儀式主義: 의식의 형식과 절차를 중시)

간단한 독경(讀經)으로 끝나기도 하는 일본의 수자공양과 달리 한국의 낙태아 천도재는 조상 천도재의 형식과 절차를 기본으로 한 49재의 형식이 선호된다. 특히 의식의 시작과 종결인 입재(入齋)와 회향(回向)을 중시해, 적어도 이때는 의뢰자의 참석을 요구한다. 낙태아 천도재에서는 일반 천도재가 그러하듯 영가와 고혼에게 음식물과 법문으로 법식(法食)을 베푸는 의식인 시식(施食)이 그 핵심이며, 같은 맥락에서 영가를 정화하는 관욕(灌浴) 의식과

---

12 동자상에 옷을 입히거나 완구를 갖다 놓는 것은 일본 수자공양에서도 흔히 목격된다.
13 사천왕사의 성덕 비구니스님은 '수자(미즈코)'라는 일본 용어가 불교 용어가 아니라는 이유로 1990년대 초부터 『잡아함경(雜阿含經)』의 한 부분인 '타태경(墮胎經)'에서 '낙태'에 해당하는 '타태(墮胎)'를 차용해 낙태아 천도재를 '타태 아기령 천도법회'라고 부르고 있다(테데스코, 1997: 67).

영가와 고혼의 봉송(奉送) 절차인 회향식(回向式)이 행해진다.[14] 따라서 한국의 낙태아 천도재는 그 의례 구조나 기저에 깔린 사상(시식, 추선회양)에서 조상 천도재와 비교해 커다란 차이가 없어 보이며, 일부 사찰(용장사, 대성사)에서는 작은 규모이긴 하나 바라춤과 범패가 행해지기도 한다.

(2) 불전주의(佛典主義)

낙태아 천도의 필요성과 정당성을 관련 경전들을 인용해 제시하려는 경향을 말한다. 특히 『장수멸죄경(長壽滅罪經)』[15]은 낙태아 천도재에서 스님이 법문할 때 참석자들에게 흔히 읽히는 경전이며, 『타태경(墮胎經)』과 『아귀보응경(餓鬼報應經)』 또한 낙태의 무거운 과보에 대해 말할 때 대표적으로 언급하는 경전이다(渕上恭子, 2002: 190~191, 199).

---

14 회향식에서는 의식을 주재한 스님과 참석자가 모두 마당으로 나가 소대(燒臺)에서 낙태영가의 극락왕생을 기원하며 의식 기간 동안 영가의 천도를 위해서 영가의 위패와 옷(지의(紙衣))을 위시해 신도들이 사경(寫經) 또는 사불(寫佛)한 종이들이 태워진다.

15 일반적으로 『장수멸죄경』으로 불리는 『불설장수멸죄호제동자다라니경(佛說長壽滅罪護諸童子陀羅尼經)』은 어느 낙태한 여인(전도부인(顚倒婦人))의 이야기를 담고 있다. 이 여인은 가법(家法)상 아이를 낳는 것이 허용되지 않아 독약을 먹고 8개월 된 아이를 사산으로 낳았는데 이미 사람의 형태를 갖추고 있었다고 한다. 그 후 태아를 죽이면 지옥에 떨어진다는 말을 듣고 붓다를 찾아가 출가를 간절히 청했으나 보광정견여래(普光正見如來)가 태아를 죽인 죄는 참회를 해도 면하기 어렵고 무간지옥에 떨어져 그 과보를 받는 것이 당연하다고 하자 충격을 받고 기절한다. 이 여인이 깨어나 거듭 낙태의 중업에서 벗어날 방법을 묻자 보광정견여래부처는 불타, 승려에게 지성을 드리고, 삼보에 진심으로 참회하며, 『장수멸죄경』을 받아 이를 독경・사경해 십이인연의 이치를 깨닫고, 육바라밀을 행해 보살심을 행한다면 그 죄가 소멸될 것이라고 말한다. 이에 그녀는 자신의 뼈를 깎고 피를 먹물로 삼아 7일 만에 사경을 마치고 이것을 중생에게 유포할 것을 발원한다. 이에 불타는 임신할 때, 아이를 낳을 때, 아이가 병들었을 때 이 경을 칠일칠야(七日漆夜) 읽고 사경하면 중병이 낫고 전생업장의 소멸이 이루어질 것이라 설한다(渕上恭子, 2002: 196~197).

(3) 참회의 강조

일본의 수자공양이 수자(태아)도 세상을 떠난 선조와 다를 바 없다는 사고를 바탕으로 흔히 선조공양과 함께 행해지고 있다면(김석란, 2003: 80~82), 한국의 경우 낙태아 천도재를 주재하는 스님 대다수가 낙태아와 조상의 차이를 분명히 하고 낙태아 천도재를 조상 천도재와 분리해 별도로 지낼 것을 강조한다. 즉, 낙태아는 급작스럽고 폭력적인 죽음을 맞아 태어날 기회를 박탈당했기에 삶에 대한 집착과 원한이 매우 크므로 조상 천도재와 동일한 방식으로는 천도되기 어렵다는 것이다. 이런 맥락에서 이들 영혼의 원한 또는 원결(寃結)을 푸는 것이 무엇보다 중요시된다. 이를 위해 낙태를 자행한 부모의 참회가 강조되며, 이것이 의례에서도 중요한 부분을 차지한다. 즉, 대부분의 사찰에서는 참회 내용을 '발원문(축원문)', '참회문' 또는 이 둘이 결합된 '참회발원문'의 형식으로 낙태아 천도재의 마지막 부분에서 참가자들이 함께 낭송하게 한다.

(4) 집단 의례

일본에서도 물론 수자공양이 합동 의례로 행해질 때가 있으나 한국의 경우처럼 일반적이지 않다. 이러한 공동 천도재의 형식은 주로 가족·친지 단위로 행해지는 한국의 전통적인 조상 천도재와도 커다란 차별성을 보인다.

결론적으로 한국의 낙태아 천도재는 한국의 전통적 조상 천도재의 의례 구조 위에 새로운 요소가 추가되거나 대체되면서 하나의 새로운 의식으로 재구성된다고 할 수 있다. 예를 들어 낙태와 관련된 경의 독경이나 참회문 낭독과 같은 새로운 절차가 추가되고, 시식 의식으로서 영단(靈壇) 앞에 잔을 올리는 전통적인 헌다(獻茶) ― 실제로는 대부분 청정수 ― 대신 우유를 잔에 부어 올린다. 또 조상영가의 경우처럼 영단의 공양물로 일반 음식물(나물, 전, 탕)이 놓이지만 추가로 영단의 양옆에 '아이'를 위한 우유, 과자, 배내옷, 장난감, 인형 등이 바쳐진다.

3. 낙태아 천도재와 여성

한국 학계에서 낙태아 천도재에 대한 학문적 담론은 소수 불교학자들의 교학적 또는 호교론적 논의가 주를 이루어왔다. 따라서 해당 현상에 대한 객관적·경험적 조사는 물론, 이 의례를 소비·실행하는 실질적 주체가 여성임에도 해당 현상에 대한 여성학적 논의는 거의 진행되지 않고 있다. 반면 일본 수자공양에 대한 연구 결과는 상당량이 축적되어 있고, 특히 서구 학자들을 주축으로 해당 의례가 의뢰자인 여성에게 어떤 의미를 가지는지에 연구의 초점이 맞춰져 왔다.[16] 따라서 이 글의 주제인 한국의 낙태아 천도재와 여성의 삶을 논하기 앞서, 선행 연구에서 도출된 수자공양에 대한 평가를 살펴보는 것 또한 이번 논의의 출발점으로 유의미하다고 할 수 있을 것이다.

1) 수자공양에 대한 학문적 논의

(1) 부정적 평가

여성학적 시각을 분명히 하는 (여성)학자들은 수자공양 현상에 대해 대체

---

[16] 사실 수자공양에 대한 연구는 1990년대 말까지 왕성히 진행되다가 그 이후로 열기가 식었다고 할 수 있다. 이는 의례가 1970~1980년대에 피크를 이루다가 점점 쇠퇴의 길을 걷고 있으며, 현재 일본 사회에서 더 이상 주목을 받지 못하고 있다는 사실과도 맥을 같이한다.

로 부정적 시각을 유지하고 있다. 예를 들어 수자공양의 등장은 일본 사회에서 낙태에 대한 새로운, 즉 여성혐오적 인식을 보여주며 이 인식은 수자공양이 차용하는 '태아 중심적'[17] 담론을 토대로 한다는 것이다. 즉, 현대 의학의 태아 촬영 기술로 인해 태아가 마치 여성의 몸 밖에 존재하는 독립적인 인격체로 그려지고, 수자공양은 태아에 대한 이러한 페티시화(fetishized)된 이미지 때문에 일어나는 감정을 이용한다는 것이다(Hardacre, 1997: 3). 이러한 태아 중심적 담론은 모든 종류의 임신 중단을 여성의 살인 행위로 규정함으로써 낙태를 감행한 여성이 낙태령의 공격, 즉 징벌을 받을 수 있다는 발언을 가능하게 한다. 무엇보다도 이러한 담론은 젊은 미혼 여성에게 적용되어 이들의 '방종'하고 비생산적 성행위를 비난하는 데 활용된다. 이 밖에도 여성을 낙태아의 저주로 위협하고, 낙태에 대한 죄의식을 부가하며, 고착된 성 역할에 근거한 성차별적 시각을 강화하는 것 등이 지적된다. 특히 수자공양에서 낙태를 죄로 규정하는 것은 남성에게 여성과 여성의 성(sexuality)을 통제할 수 있는 하나의 수단을 제공해주는 것이므로 이 의례는 결국 부권 사회 체제에 의해 계획된 여성 지배의 장치로서 성차별을 재생산한다고 비판받는다(溝口明代, 1991). 이러한 부정적 시각을 가진 학자들은 수자공양의 등장과 확산의 큰 책임을 경제적 이익에 눈먼 종교 전문가들의 상업적 전술에 돌린다. 여성이 수자에 대한 공포로 의례를 행하게 만들어 결국 이들을 경제적으로 착취한다는 데 의견을 같이하는 것이다.[18]

---

17 태아를 수정의 순간부터 인간으로 취급해 태아에게 모든 인권을 부여하고, 더 나아가 태아를 어머니(의 몸으)로부터 분리해 이 둘을 대립적 존재로 위치 지어 전자의 권리를 후자의 그것과 구별하려 한다.

18 이러한 비난은 일본에서 수자공양이 소개될 때 많은 사찰이 분노에 차서 복수를 다짐하는 낙태아 그림과 함께 수자령의 해악을 열거하는 책자들을 배포하고, 이러한 문제를 해결해준

(2) 긍정적 평가

수자공양의 긍정적 효과를 부각하는 학자들은 해당 의례를 여성에 대한 감정적·경제적 착취로 초점을 맞추어 비난하는 데 이의를 제기한다. 낙태아 의례가 여성의 기본적인 (심리적·사회적) 욕구를 충족하지 못했다면 그 확산은 불가능했을 것이며, 낙태 경험과 관련된 여성의 고통 또한 해당 의례에 의해 새롭게 '창조'된 것으로 보기 어렵다고 말한다(LaFleur, 1999: 495; Moskowitz, 2001: 13 ff, 40 ff). 이들은 수자공양을 서구의 합리적 시각에서 비불교적·비종교적 또는 비윤리적이라고 비난하기보다 실용주의적 입장에서 이러한 (주술적) 의례가 내포한 치료적(therapeutic) 기능을 진지하게 고찰할 것을 제안한다(LaFleur, 1999: 397). 특히 죄의식과 관련해 이는 본질적인 인간성을 확인하는 데 매우 중요한 역할을 담당하므로 수자공양이 단지 낙태령의 징벌 때문이 아니라 자신의 행동(낙태)에 대한 죄의식으로 행해진다면 다분히 긍정적이고도 치유적인 효과를 가진다는 것이다(LaFleur, 1992: 197). 더 나아가 낙태로 인한 도덕적 딜레마를 해결해주는 하나의 효과적 장치로 보는 시각도 있다. 즉, 수자공양은 해당 부모가 낙태를 했어도 여전히 스스로 인간적이고 배려한다는 이미지를 갖게 함으로써 '낙태'라는 심각한 도덕적 문제를 좀 더 현실적으로 해결할 수 있는 길을 열어놓기 때문에 미국에서처럼 낙태에 대한 찬반 의견의 극명한 대립으로 사회적 분열이 야기되지 않는다는 것이다(LaFleur, 1992: 151~158, 217).

무엇보다 이들 학자는 의례 참가자인 여성을 외부 압력에 취약하며 종교 전문가의 도움에 의지하는 힘없고 수동적인 존재로 보는 시각에 반대한다.

다는 수자공양을 타블로이드판 신문이나 잡지에 대대적으로 선전했던 것과 맥을 같이 한다(溝口明代, 1991: 251~258).

흔히 낙태한 여성은 강한 죄책감을 느끼고 (아이가 내린다는) 재앙에 대한 미신을 믿음으로써 수자공양을 행한다고 설명되는데, 이는 이들 여성의 복합적인 의례 동기를 간과할 뿐 아니라 의례 참여가 태아의 죽음과 관련된 자신의 강한 감정을 처리하기 위한 적극적 시도이자 심사숙고를 거친 의식적인 행위, 즉 '선택'이라는 점을 등한시한다는 것이다. 이들 학자는 일본 여성이 낙태 후 경험한 상실감에 대해 종교 의례의 필요성을 표현하면서 다수의 일본 사찰이 수자공양을 시작하게 된 것을 지적하고, 여성들도 자신의 '문제'를 해결하기 위해 다양한 방법을 적극적으로 모색하고 있음을 환기한다(LaFleur, 1992: 287~291). 죄의식이나 (낙태령의 저주에 대한) 두려움으로 인해 행해지는 수자공양은 앞으로의 불행에 대한 자기방어라고 할 수 있다. 해당 의례를 (죽은 아이에 대한) 일종의 애도 과정으로 수용하는 경우 이를 통해 여성은 낙태 후 상실감, 슬픔, 공허, 후회 등과 같은 부정적 경험과 대면하면서 이를 객관적으로 보게 되고 결국 이를 수용함으로써 '치유'를 경험한다는 것이다. 나아가 해당 의례를 통해 — 낙태 경험이 철저히 사적인 성질의 것인 것에 반해 — 여성은 공적 영역인 사찰에서 자신의 감정을 외부로 표출할 수 있을 뿐 아니라 자신의 경험을 다른 여성들과 공유하고 유대감을 형성하면서 고립(감)으로부터 벗어날 수 있다는 것이다(LaFleur, 1992: 294~298). 더불어 여성은 해당 의례를 통해 (죽은) 아이의 부재를 애도하는 동시에 그 존재를 돌볼 수 있는 기회 — 아이에게 이름이나 불명(佛名)을 부여하며 지장보살의 모습을 한 동자상을 세우고 이를 돌보는 등 — 를 갖게 됨으로써 죽은 아이와의 관계를 재정립하고 어머니로서 자신의 위치를 재확인하게 된다는 것이다(Harrison, 1998: 108~117).

물론 수자공양의 긍정적 효과를 부각하는 학자들도 여성의 잦은 낙태는 개인적 차원이 아닌 사회적 차원에서 그 근본 원인을 찾아야 하며, 수자공양이 낙태 문제의 실질적 해결에는 기여하지 못한다는 데 동의한다. 이런 맥락에서 수자공양은 일본 여성이 가부장적 사회에서 살아남기 위한 하나의 '생존 전략'으로서 '도구적 유용성(instrumental effectiveness)'이 있다는 주장이 나온다. 이에 따르면 여성은 (어머니로서) 자신에 대한 사회적 기대와 이들 여성이 직면한 현실적 한계 사이에서 타협할 수밖에 없는 상황에 처해 있다. 해당 의례는 남성 중심적 사회에서 (자신의 의지로) 낙태를 감행한 여성이 참회와 사죄를 통해 다시 전통적인 어머니 역할로 '복귀'하는 데 긍정적인 역할을 하지만, 결국 자신을 기존의 사회적 권위 안에 재편입하는 결과를 가져온다는 것이다(Underwood, 1999: 750, 762~766).

앞서 보았듯이 수자공양은 개별 학자들의 접근 방법에 따라 긍정적 또는 부정적으로 평가되며, 이는 낙태아 의례에 대한 성급한 일반론적 평가가 지닌 위험성을 시사한다. 이런 맥락에서 개개의 낙태아 의례에 집중해 여성 의례 참가자들의 직접적인 경험에 주목할 필요가 있을 것이다.

2) 한국의 낙태아 천도재와 여성

현재 한국에서 대다수 사찰이 제공하는 낙태아 천도재는 '낙태'라는 여성 고유의 경험을 근간으로 (기혼) 여성을 주 고객층으로 삼고 있다. 그런 측면에서 이 의례와 여성은 불가분의 관계를 맺고 있으며, 실제로 필자가 참여 관찰한 대부분의 낙태아 합동 천도재에서 남성은 의례를 주재하는 스님(들)을 제외하면 극소수였다. 그렇다고 엄격한 의미에서 낙태아 천도재를 '여성 의례(women's ritual)'라고 할 수는 없다. '여성 의례'의 범주에는 남성과 독립적인 공간에서 행해지고 여성만 참여하면서 여성이 의례적 권위를 행사하는 의례가 포함되기 때문이다. 유사한 맥락에서 낙태아 천도재를 페미니스트적 '여성 의례', 즉 여성 고유의 (젠더) 경험을 매개로 여성에게 '힘을 부여하기

(empowering)' 위한 목적으로 고안된 의례라고도 할 수 없다. 낙태아 천도재는 일반적으로 남성 승려에 의해 주재될 뿐 아니라 여성만을 배타적으로 참여시키지도 않으며, 무엇보다 '구원'의 공식적 대상은 낙태의 주체인 여성이 아니라 '희생자'인 낙태아이기 때문이다(Berry, 2006: 273~288 참조).[19] 그럼에도 불구하고 한국 사회에 낙태아 천도재 같은 새로운 의례가 확산되는 것은 이 의례가 주 소비층인 여성의 특정한 '욕구'에 부응하고 있음을 시사한다.

(1) 낙태아 천도재 관찰기(구담사)

필자가 낙태아 천도재에 관심을 갖기 시작한 것은 우연한 기회에 구담사의 '태아영가 천도재'를 접한 후 학생들과 해당 사찰을 방문하고 주지인 비구니 지율 스님과 인터뷰를 하면서부터였다. 무엇보다 필자의 주목을 끈 것은 구담사가 낙태아 천도재를 행하는 다른 사찰들과 여러 면에서 구별된다는 점이다. 예를 들어 낙태아 천도재가 대부분 남성 승려에 의해 주재되는 데 반해, 구담사의 경우 비구니스님이 이 의례를 담당한다. 또한 다른 낙태아 천도재에서는 남성 참가자가 극소수인 데 반해 구담사의 경우 주지 스님이 천도재에 (낙태아의) 양 부모의 동참을 강조함으로써 남성이 평균적으로 참석자의 15~20% 정도를 점할 뿐 아니라 부부가 어린 자녀들을 동반한 경우도 관찰된다. 무엇보다 구담사에서는 비구니스님에 의해 의례가 주재되어 여성 의례 참가자들과 주지 스님의 높은 감정적 교감이 이루어지고 참석자들 또한 의례에 매우 적극적으로 임하고 있었다. 이러한 현상은 많은 낙태아 천도재에서 남성 스님(들)의 독경을 참가자들이 수동적으로 따라 하거나 경청하는 것과는 차이가 있다. 따라서 필자는 낙태아 천도를 '전문화'한 중대형 사

---

19 이에 대해 Berry(2006: 273~288)를 참조하기 바란다.

찰 중 유일하게 비구니스님이 의례를 총괄하는 구담사에서 여성을 위한 새로운 의례가 실험되지 않을까 하는 기대감을 갖고 조사에 임하기도 했다.

그러나 필자는 구담사의 낙태아 천도재에서 행해지는 주지 스님의 법문을 기록하면서 과연 낙태아 천도재가 '여성을 위한' 의례인지 의구심을 갖게 되었다. 사실 그녀의 법문 내용은 다른 사찰의 그것과 내용상 큰 차이가 없었으나 가끔씩 그녀의 강한 카리스마에서 나온 직설적 어법이 매우 위협적으로 들렸다. 지율 스님 법문의 주요 내용을 간추리면, 우선 낙태를 '살인'으로 규정하고 낙태를 한 의례 참가자가 스스로를 '살인자'로 인정하도록 요구한다. 같은 맥락에서 낙태아의 천도는 아이에게 용서를 빌고 진심으로 참회해야만 가능하다는 것을 강조한다. 또한 낙태에는 양쪽 부모가 다 책임이 있으나 어머니에게 낙태령의 원한이 더 많은 것은 결국 낙태를 행한 것이 어머니이기 때문이라는 것이다. 이어서 낙태아의 다양한 탈을 언급하고 특히 이러한 탈 또는 원결은 자녀의 수능 시험, 대학 입시 때 가장 많이 들어온다며 이로 인한 구체적인 학업 장애를 열거한다. 낙태아 천도재를 행함으로써 이러한 모든 문제가 해소되고 나아가 집안이 번창한 사례들도 언급한다.[20] 아울러 한 번의 천도재로는 영장(靈障)이 해소되기 어려우므로 여러 번의 천도재가 필요하다고 말한다.

이는 여성에 의해 주재되고 여성 고유의 경험을 매개로 하며 여성을 주 고객으로 삼는 의례라고 해서 필연적으로 여성 친화적 성격을 가지는 것은 아님을 시사한다. 낙태아 천도재를 행하는 한국 사찰에서 무엇보다도 자주 접

---

[20] 천도재를 하면 산 자에게 공덕이 돌아온다는 말은 사찰에서 자주 접하는 언설이다. 이와 관련해 "귀신을 잿밥을 공짜로 얻어먹지 않는다", "천도재를 지내면 그 공덕의 1할은 해당 영혼에게 가고 나머지는 재를 지낸 본인에게 돌아온다" 등이 있다(2008년 9월 23일 구담사 태아 영가 천도재 입재식).

┃구담사 동자상

하게 되는 언설은 수정(受精)이 되는 순간부터 '인간'으로 간주하는 불교의 생명관에 근거해 낙태를 '살인'으로 규정하고, 낙태를 한 이가 자신의 깊은 죄업(罪業) 또는 업장(業障)을 자각하도록 촉구하는 것이다. 이를 위해 흔히 낙태의 무거운 과보에 대해 말하는 경전들(『장수멸죄경』, 『타태경』, 『아귀보응경』)이 독경되는데, 이들 경전은 낙태아 천도의 필요성과 정당성을 제공하는 역할을 한다. 이런 맥락에서 낙태아에게는 태아(embryo/fetus)가 아니라 적어도 자신의 의지와 의사를 표현할 수 있는 어린아이(young child)의 이미지가 부여되는데, 이 존재는 (의뢰자의) 꿈에서 어머니에 대한 자신의 원망과 저주를 토로하기도 하고 경내에 봉안된 동자상을 통해 구체적으로 형상화되기도 한다. 물론 낙태아 천도재는 낙태령과의 소통을 전제로 하기에 이들 존재를 어느 정도 '인간화'할 필요는 있다. 그러나 낙태를 '온전한' 인간에 대한 살해와 동일시함으로써 여성 의뢰자가 필요 이상의 죄의식을 강요받는다고 볼 수 있다. 나아가 이러한 죄의식은 자녀를 보호하고 기르는 어머니의 '본래' 임무와 낙태 행위를 대비시키면서 더욱더 심화된다고 할 수 있다.

낙태와 관련된 '죄' 또는 '죄의식'은 낙태를 자행한 이에게 낙태아의 영혼이 '징벌'이나 '저주'를 내린다는 언설을 좀 더 설득력 있게 들리도록 만든다. 구담사 주지 스님도 낙태령을 원혼(冤魂)으로서 다양한 재앙을 가져오는 존재로 묘사하며, 원혼이 야기한다는 탈은 그 종류가 다양하고 영향의 범위도 매우 넓게 설정되어 있다. 예컨대 각종 신체적·정신적 질환, 불임과 잦은 유산, 부부 불화, 사업 실패, 자살과 살인, 자녀의 탈선, 학업 장애 등이 언급되는데, 이러한 탈이 낙태에 일차적 책임이 있는 부모뿐 아니라 자녀, 그리고 부모의 형제, 자매, 손자, 증손에게까지 미친다고 해서 낙태아의 탈이 7대를 거친다고 한다. 또한 낙태아의 탈에는 일종의 주기가 있는데 낙태 후 1년, 3년, 7년, 10년, 17년, 20년, 23년, 25년째에 해당(낙태한) 달이 지나 탈이 생기고, (천도를 하지 않고) 오래 두면 둘수록 그 탈은 심하며 집요하다고 전해진다. 한편 낙태아의 탈은 결코 벗어날 수 없는 것이라서 탈이 없는 것처럼 보여도 단지 이를 느끼지 못할 뿐이라고 하며, 생활고나 부득이한 이유로 낙태한 경우에도 낙태아의 처지에서는 어디까지나 일방적으로 살해당한 것이기에 사정이 어떠하든 영장이 있다고 말한다(대한불교조계종 구담사, 연도미상: 74~77; 석묘각 엮음, 1985: 135~137). 여기서 낙태령이 가족 구성원에게 다양한 재앙을 가져오며 그중에서도 자녀의 학업 장애를 가져온다는 언설에 여성은 예민하게 반응할 수밖에 없는데, 이는 여성이 통상 가족의 안녕을 책임지고, 가족 내 문제를 해결하며, 특히 자녀 교육을 자신에게 부여된 주요 임무로 인식하기 때문이다. 이런 의미에서 낙태아 천도재는 여성이 가진 낙태에 대한 (막연한 혹은 강요된) 죄책감, 그리고 가족이 받을 수도 있는 재앙에 대한 두려움을 주요한 자원으로 삼아 운영된다고 할 수도 있다.

또한 주목할 것은 낙태아 천도재에서 낙태령이 단지 참회와 천도의 대상이 아니라 살아 있는 아이와 마찬가지로 부모, 특히 모친의 지속적 위로와 돌봄이 필요한 존재로서 암묵적으로 인식된다는 점이다. 이는 여러 사찰이 낙태아 천도재를 일회성 의례가 아닌 평생 또는 반복해 행하도록 권한다는 점, (구담사의 경우) 경내에 봉안된 (아기) 동자상의 옷을 철 따라 갈아입히거나 그 앞에 과자와 장난감 등을 놓아두는 행위, 그리고 동자상을 목욕시키는 – 원래 '관욕(灌浴)'으로 정화의 의미를 가짐 – 행위 등에서 나타난다. 필자가 구담사에서 관찰한 바에 따르면 여성은 자신이 봉납한 동자상에 각별한 애정을 갖고 있었으며 심지어 자신의 동자상을 안고 어르는 광경도 목격할 수 있었다. 이러한 의미에서 혹자는 낙태아 의례에 대해 낙태아를 인격을 가진 아이로 간주해 돌보는 '의사적 육아(擬似的 育兒)'라고 평하기도 한다(「水子供養の文化と社會」硏究會, 2001).

(2) 사례연구: 구담사와 용장사의 설문조사 분석 결과

필자는 2009년 10월 31일 구담사 '태아영가 천도재'의 마지막 재일(齋日), 즉 회향식과 2009년 11월 4일 용장사 '망태아영가 천도재' 회향식에 참여해 의례 참가자들을 대상으로 설문조사를 실행한 바 있다. 두 사찰은 모두 조계종에 속하며 낙태아 천도재를 정기적으로, 그리고 비교적 큰 규모로 봉행한다는 공통점을 지닌다. (포천 소재) 구담사가 1990년대 초반부터 비구니 주지 스님의 주도 아래 '태아영가 천도도량'으로 이름을 알리면서 낙태아 합동 천도재를 49재 형식으로 일 년에 세 번(3, 6, 9월) 진행하고 있다면,[21] 용장사는

---

21 구담사는 태아영가 천도재가 대중의 인기를 얻어 그 규모가 커짐에 따라 포천에서 남양주로

능인선원의 수원 지원(支院)으로 비교적 근래에 문을 연 사찰이며 2005년부터 현재까지 7일간의 '망태아 (합동) 천도재'를 연 2회(봄, 가을) 거행하고 있다. 후자의 경우 스스로 낙태아 천도재 전문 사찰로 표방하지는 않으나 다른 사찰과의 차별성을 강조할 때 이 의례를 전면에 내세운다는 점에서 낙태아 천도재가 해당 사찰의 중요 의례임을 부인할 수 없다. 한편 앞서 언급한 두 사찰의 낙태아 천도재 회향식에는 비슷한 수의 인원(160명 정도 추산)이 참석했으나 필자의 설문조사에는 구담사의 경우 152명, 용장사의 경우 81명이 응했다.[22] 설문조사 문항은 낙태아 천도재 참석자들의 기본적인 배경을 파악하기 위해 ① 성별, 연령층, 교육 정도, 결혼 여부, 종교(소속)에 대한 질문과 함께 ② 의례 참가 동기, 의례 참여 횟수를 포함했으며, 좀 더 개인적인 내용으로 ③ 낙태 경험, 낙태 시기, 낙태 이유, 낙태에 대한 죄책감 등에 대해 답하도록 했다. 마지막으로 ④ 의례를 치른 후의 심경, 의례에 대한 평가를 알아보고, ⑤ 응답자가 원할 경우 의례를 치르면서 특히 인상에 남는 것을 추가적으로 자유롭게 기술하도록 했다.

이 글에서는 지면의 제한으로 사찰별·성별·항목별 자세한 조사 결과를 생략하고 설문조사의 주요 결과만을 제시하려 한다. 구담사와 용장사의 낙태아 천도재에서 참석자의 절대다수는 여성이며, 특히 중·장년층과 노인층의 기혼 주부가 대다수를 점유했다. 무엇보다 여성 참석자의 대부분은 인

확장 이전했다.

[22] 두 사찰의 참여율 차이는 해당 사찰 주지 스님의 협조도와 매우 밀접한 관계를 가진다. 즉, 구담사의 경우 비구니 주지 스님이 이 조사에 큰 관심을 보이며 참석자들에게 설문조사에 응할 것을 강력히 권하고 사찰 인력을 투입한 반면, 용장사의 경우 비구 주지 스님(지원장)이 재가여성 신도들을 대상으로 한 필자의 설문조사에 회의를 표명함으로써 해당 사찰의 (여성)운영위원장의 도움에 전적으로 의존해 조사를 할 수밖에 없었기 때문이다.

공 또는 자연 유산을 경험한 이들로서 특히 임신중절을 행한 여성의 수가 절대적으로 많았고, 임신중절과 자연유산을 함께 경험한 여성도 적지 않았다. 또한 높은 연령대에 비례해 대부분은 오래전(10년 이상 경과)에 낙태를 한 여성들이다. 따라서 이들의 낙태아 천도재 동참은 낙태 후 직접적인 심리적·감정적 고통에 기인한다기보다는 상당 기간이 지나 낙태나 이로 인해 희생된 낙태아(들)에 대한 막연한 죄책감에서 비롯된다고 할 수 있다. 흥미로운 점은 참석자의 과반수가 낙태 당시에는 특별히 죄책감을 가지고 있지 않았거나 이에 대해 특별히 생각해보지 않았다고 진술했으나, 현재는 그들의 절대다수가 낙태를 '살인'이라고 인식한다는 점이다. 이는 불교 성직자의 언설이 커다란 영향을 미친 것으로 보인다. 다시 말해 의례 참가자가 현재에 지닌 낙태에 대한 죄책감 또는 죄의식이 성직자나 의례 전문가에 의해 새롭게 '탄생'된 것이라 할 수는 없으나 상당 부분은 이들에 의해 새롭게 자각되거나 강화되었다고 할 수 있다.

이런 맥락에서 천도재 참가의 이유·동기로 가장 많이 언급된 것은 낙태아에 대한 미안함과 속죄하고 싶은 마음이었으며, 그다음으로 낙태아의 올바른 천도이었다. 물론 낙태된 아이가 탈을 일으킬까봐 이를 미리 차단하기 위해, 또는 여러 문제(자녀의 문제, 해당 여성의 건강 문제, 부부 관계의 문제, 남편의 사업 문제 등)를 해결하기 위함도 언급되었다. 그러나 응답 비율로 볼 때 이러한 현실적 문제의 해결은 천도재 참가의 주요 동기보다는 부차적 동기로 판단되었다. 이러한 조사 결과는 여성이 낙태령의 저주나 위협에 대한 두려움으로 낙태아 의례를 행한다는 많은 학자의 주장과는 거리가 있는 것이다. 다시 말해, 이들 여성은 자신이나 가정에 닥칠, 혹은 이미 닥친 다양한 문제를 낙태령의 부정적 영향이라고 판단해 의례를 통해서 해결하려 하기보다는 낙태아에 대한 막연한 죄책감과 염려, 즉 윤리적인 자기 성찰로 인해 천도재 참여를 결정한다는 것이다. 이들 참석자가 밝힌 의례 후 심경은 앞서 언급한 의례 동기를 뒷받침해준다. 즉, 가장 많은 응답자가 진심으로 참회할 기회가 주어진 것에 감사함을 표현했으며, 그다음으로 많은 응답자가 종교적·윤리적 삶을 다짐하고 있는 것 – "다시 죄업을 짓지 말고 부처님의 가르침에 따라 살겠다", "생명의 소중함에 대해 다시 깨달았다" – 은 낙태아 의례의 기능이 낙태아의 영장에 대한 실질적 해결보다는 '올바른' 삶에 대한 자기 성찰과 삶의 정화를 돕는 데 있음을 말해준다.

또한 참석자의 대다수는 낙태아 천도재를 다시 행할 의사가 있다고 밝혔는데, 이는 해당 사찰이 장기간에 걸친 의례의 필요성을 강조하는 것과도 관계가 있지만,[23] 여성이 낙태를 중대한 죄업으로 내면화해 이를 지속적인 의례로 소멸하려는, 즉 자기 정화의 기회로 생각하는 것과도 관계가 있음을 알 수 있다. 한편 낙태아 천도재를 여러 번 봉행한 이들 중 일부는 이를 전문으로 하는 유명 사찰들을 방문해 해당 의례를 반복하고 있음이 관찰되는데, 이러한 현상은 일종의 '낙태아 천도재 순례'라고 볼 수 있다.[24] 이를 가능하게 하는 요인 중 하나는 적정 수준의 합동 천도재 비용이라고 할 수 있다. 끝으로, 의례 참가자의 절대다수가 불자임에도 구담사와 용장사의 경우 각각 한 명의 가톨릭 신자가 참석한 것은 낙태아 천도재가 일종의 '열린 의례'로서 기능할 수 있음을 적게나마 시사한다.

여기서 한 가지 질문은 낙태아 천도재가 이 의례를 주재하는 불교 성직자

---

[23] 구담사의 경우는 태아영가 천도재(49재)를 3년간 7회 봉행하라고 권하고 있으며, 용장사의 경우 적어도 1년에 2회씩 3년 동안 행하라고 권한다.
[24] 필자가 구담사에서 참여 관찰을 진행할 때, 자유 시간에 참석자 중 일부가 어느 특정 사찰이 낙태아 천도재로 영험하다며 다음 기회에 해당 사찰을 방문하자는 대화를 나누는 것을 들을 수 있었다.

들의 소망대로 한국 사회에서 낙태에 대한 경각심을 불러일으키고, 나아가 낙태를 예방하는 효과를 거둘 수 있느냐는 점이다. 그러나 의례의 참석자 중 20대 여성은 전무였고, 30대 여성도 극소수였으며, 오히려 재생산 기능이 거의 부재한 중·장년층과 노년층이 절대다수였던 점을 고려할 때 이러한 의례의 낙태 예방 기능은 매우 제한적이라고 할 수 있을 것이다. 또한 의례 참석자 중 최근 또는 근래에 낙태한 여성의 참석률은 매우 저조한데, 이 경우 의례가 지녔다는 낙태 (직)후(post-abortion) 여성에 대한 심리적·정신적 치유 기능 또한 제한적일 수밖에 없다.

설문조사 결과에서는 기존 연구에서 흔히 접해온, 여성이 낙태령의 해악에 대한 두려움으로 낙태아 의례를 행한다는 주장은 의례의 주요 동기로 확인되지 않았으며, 오히려 과거에 행했던 낙태에 대한 새로운 인식 ― 여기에는 불교 성직자의 역할이 크게 작용 ― 이 이들을 의례로 이끄는 주요 요인으로 작용하고 있었다. 더불어 많은 여성학자의 주장, 즉 낙태아 의례가 여성의 성과 재생산을 통제한다는 것 또한 생산능력을 거의 상실한 중·장년층과 노인층이 의례 참가자의 절대다수를 구성한다는 점에서 뒷받침되지 않았다. 또 낙태아 의례가 여성을 경제적으로 착취한다는 여성학자들의 주장도 집합 의례(합동 천도재)가 주로 행해지는 한국에서는 대부분의 참가자가 의례 비용을 적절하다고 평가함으로써 설득력이 떨어진다고 할 수 있다.

그러나 필자는 조사 결과를 정리하면서 왜 오래전에 낙태를 경험한 중·장년층과 노년층이 이 의례의 주요 구성원인가 하는 질문에 부딪힐 수밖에 없었다. 즉, 어째서 많은 여성이 오래전 행해진 낙태에 대해 의례의 필요성을 느끼고 있느냐는 것이다. 물론 이에 대해서는 다양한 추측이 가능하다. 우선 한국 불교 신자들의 노령화를 들 수 있다. 또한 낙태 당시에는 느끼지 못했던 죄책감을 불교 성직자의 언설이나 대중 담론을 통해 새롭게 자각하는 것도 이유가 될 수 있다.[25] 그러나 이러한 것들은 필요조건에 해당될 뿐 어째서 나이 든 여성들이 의례를 통해 자신의 오래된 낙태 경험을 새롭게 대면하는가에 대한 정확한 설명을 제공하지는 않는다.

4. 진정한 여성 의례가 되기 위해서

여기서 한국의 낙태아 천도재는 진정 여성을 위한 의례인가라는 질문으로 다시 돌아갈 필요가 있을 것이다. 적어도 필자의 조사 결과에 따르면 한국의 낙태아 천도재는 낙태 경험이 있는 비교적 높은 연령의 기혼 여성이 낙태아에 대해 가졌던 막연한 죄책감과 미안함을 해소하는 데 긍정적인 기능을 수행하고 있었으며, 더 나아가 과거의 삶을 성찰하고 좀 더 윤리적인 삶을 살려는 의지를 강화하는 계기를 부여하고 있었다.

그럼에도 불구하고 한국 사찰에서 행해지는 낙태아 천도재를 여성 친화적이라고 결론지을 수 없는 것은 이 의례가 여성 고유의 매우 사적인 부분이라 할 수 있는 '낙태'를 다루고 있음에도 대부분 남성 성직자에 의해 주재되며, 이들이 불교의 기본 교리에 내포된 여성 비하적 시각을 종종 노출하고 있기 때문이다. 특히 불교 성직자가 낙태를 '살인'으로 규정하고, 이러한 발언을 여성 스스로 내면화하는 상황은 여성에게 필요 이상의 죄의식을 유발하는

---

[25] 일본 학계의 경우 이에 대한 다양한 이론이 제기되었다. ① 팽배한 임신중절로 인해 집합적인 부정적 경험이 축적되고 포화 상태에 이르면서 이것이 마침내 표출됨, ② 전쟁 중 또는 전쟁 직후 낙태한 여성들이 자신의 갱년기 장애를 수자의 탈로 인식함, ③ 생의 안정기에 접어들어 이러한 의례를 행할 경제적 조건이 조성됨(「水子供養の文化と社會」研究會, 2001; 김석란, 2003: 3~5).

결과를 낳는다고 할 수 있다. 한편 구담사의 경우처럼 낙태아를 구체화한 동자상의 존재는 해당 여성에게 '잃어버린' 아이에 대한 애틋한 감정을 불러일으켜 '아이'와의 감정적 고리를 형성하게 하고, 나아가 이들을 '돌보면서' 여성이 못 다한 어머니의 역할을 수행해 그동안 억압된 감정을 표출할 수 있는 장을 제공한다는 점에서 긍정적인 기능을 행사한다고 볼 수도 있다. 그러나 동자상을 둘러싼 이러한 행위는 엄격한 의미의 '천도' — 즉, 사자(死者)를 이 세상과 분리해 저세상으로 떠나보냄 — 와는 거리가 있으며, 이로써 여성이 자신의 낙태 경험을 극복하기보다는 오히려 과거에 함몰되는 부정적인 결과가 일어날 가능성도 무시할 수 없다.

또한 구담사와 용장사처럼 낙태아 합동 천도재가 봉행되는 경우, 익명성을 보장받으려는 다른 사찰의 여성 불자가 대거 참여함으로써 의례 공동체의 성격이 많이 약화된다는 점도 지적할 수 있다. 무엇보다 의례 종결 후 참석자들이 의례에 동참했던 다른 여성들과 (지속적인) 유대 관계를 형성할 기회를 제공받지 못한 채 일상생활로 돌아간다는 점을 고려할 때, 경험의 공유로 이루어지는 치유 효과는 크게 기대할 수 없어 보인다. 이런 의미에서 한국의 낙태아 합동 천도재는 여성 친화적 요소와 여성 억압적 요소를 동시에 내포한다고 잠정적으로 평가할 수 있을 것이다.

그렇다면 낙태아 천도재가 진정 여성을 위한 의례로 '진화'할 수 있을까? 다행히 낙태아 천도재는 신생 의례로서 동일한 형식으로 진행되고 있지 않으므로 상대적으로 유연한 구조로의 변화 가능성을 열어둔다고도 볼 수 있다. 특히 (여성) 의례 주재자의 의지와 협조가 전제된다면 그 가능성은 더욱 크다고 할 수 있다. 이런 의미에서 구담사의 비구니 주지 스님이 의례에 좀 더 많은 여성 친화적 요소를 수용할 의사가 있으며, 이를 위해 여성 불자와 학자들의 조언을 기대한다고 필자에게 토로한 점은 매우 고무적이라 할 수

〈표 2〉 현 낙태아 천도재의 문제점과 개선 방안

문제점	개선 방안
남성 성직자가 대부분 의례를 주재하며 성차별적 발언이 종종 표출된다.	낙태아 천도재를 위해 심리 치료를 전공한 여성 성직자를 양성할 필요가 있다.
낙태를 살인이라고 규정함으로써 낙태를 선택한 여성에게 과도한 죄책감과 두려움을 조장한다.	생명의 소중함과 이를 위한 공동체적 책임의 중요성을 강조한다.
의례 기간 중이나 그 이후에 여성 의례 참석자들 간 교류의 장이 제공되지 않는다.	의례 전후에 별도의 그룹 세션을 마련하거나 이를 의례의 한 부분으로 통합한다.
대부분 49재의 형식을 취하며 의례가 장기간에 걸쳐 진행되므로 참가자들이 의식의 시작(입재)과 종결(회향)에만 참가하는 경향이 두드러진다.	참석자들이 의식 전체에 참여할 수 있도록 의식 자체를 간소화한다.
이미 주어진 참회문을 참가자들이 의례 중에 다 같이 낭송하도록 한다.	낙태의 이유는 다양하므로 참가자들이 개별적으로 참회문을 작성하고 이를 의례 중에 낭송하게 한다.
낙태 후 높은 스트레스를 받고 있는 젊은 층이 오히려 해당 의례에 부재한다.	여성의 낙태에 대한 성직자의 일방적 비난과 강압적 언설을 지양하고 해당 여성에게 실질적인 도움을 제공한다.
낙태아 천도재가 비록 다른 종교의 여성에게도 열려 있다고 하지만 여전히 이들의 참여가 부진하다.	여성 불자만을 대상으로 하는 의례가 아니라 광범위한 여성층을 포함하는 치유 의례로 기능하길 원한다면 의례에 보편적인 언어나 개념을 차용해 불교적 색채를 어느 정도 희석할 필요가 있다.

있겠다. 이에 대한 여성 불교 성직자, 일반 신도, 학자들의 진지한 논의를 기대하는 가운데, 필자는 현 낙태아 천도재가 지닌 일련의 문제점과 개선 방안을 간단히 제시하면서 글을 마치려 한다.

참고문헌

1. 국문 자료

김석란. 2003. 「일본의 수자공양의 사례연구」. ≪일본문화연구≫, 8집, 69~86쪽.

_____. 2004. 「한국에 있어서 일본의 수자공양의 수용과 변용에 대한 고찰」. ≪일본문화학보≫, 20집, 327~338쪽.

대한불교조계종 구담사. 연도미상. 『엄마·아빠 나는 …… 왜?』(비매품).

석묘각 엮음. 1985. 『아가야, 용서해다오』. 창우사.

우혜란. 2009. 「낙태아 천도재와 여성」. ≪종교와 문화≫, 17호, 133~173쪽.

테데스코, 프랑크 M.(Frank M. Tedesco). 1997. 「불교사상을 통해 본 한국사회의 낙태문제 연구」. 동국대학교 대학원 박사학위논문.

현장. 1996. 『태아령 천도공양법: 대원사 안내』. 불교출판 연지문.

2. 외국 자료

溝口明代. 1991. 「水子供養と女性解放 宗教を利用した母性支配を撃つ」. 『「母性」を解讀する』(有斐閣選書). 有斐閣.

洌上恭子. 2002. 「韓國佛教の水子供養」. 日本宗教學會. ≪宗教研究≫, 76券 2号, pp.181~207.

「水子供養の文化と社會」研究會. 2004. 「誕生前の「死」: 現代日本の水子供養」. http://www. ne.jp/asahi/time/saman.

Berry, Jan. 2006. "Whose Threshold? Women's Strategies of Ritualization." *Feminist Theology*, Vol.14, No.3, pp.273~288.

Hardacre, Helen. 1997. *Marketing the Menacing Fetus in Japan*. University of California Press.

Harrison, Elizabeth G. 1998. "'I can only move my feet toward mizuko kuyō' Memorial Services for Dead Children in Japan." in Damien Keown(ed.). *Buddhism and Abortion*. London: MacMillan Press Ltd.

LaFleur, William R. 1992. *Liquid Life: Abortion and Buddhism in Japan*. Princeton University Press.

_____. 1999. "A Comment Concerning Abortion Rites in Japan." *Journal of Japanese Studies*, Vol.25, No.2, pp.493~495.

Moskowitz, Marc L. 2001. *The Haunting Fetus: Abortion, Sexuality, and the Spirit World in Taiwan*. Honolulu: University of Hawaii Press.

Underwood, Meredith. 1999. "Strategies of survival: women, abortion and popular religion in contemporary Japan." *Journal of the American Academy of Religion*, Vol.67, No.4, pp.739~768.

제9장

동아시아 불교의 여성 선사들*

조승미

1. 선불교와 여성

'선(禪)'은 가장 독창적인 불교 사상이자 가장 중국적인 불교로 평가받는다(이부키 아츠시, 2011: 11~30). 사상뿐 아니라 종교사적으로도 선불교의 위상은 동아시아에서 독보적이라고 할 수 있다. 깨달음을 향한 불교 수행의 길이 다양하게 제시되었고, 좀 더 대중적인 참여가 가능하도록 전개되었으며, 그리하여 수많은 성취자와 지도자를 배출해왔다.

그런데 이토록 찬란한 선불교 역사 속에서 왜 여성의 모습은 잘 보이지 않을까? 초기불교 문헌에서는 아라한을 성취한 많은 비구니가 소개되었고, 대승경전에서도 최고의 지혜와 수행력을 갖춘 여성 보살의 사례를 적잖게 볼 수 있다. 게다가 딴뜨라(tantra) 불교에서도 여성 구루(guru)의 활동과 성과가 역사적으로 확인되고 있는데 말이다.

선불교의 유구한 역사가 오직 남성에 의해서만 이루어진 것일까? 이것이

---

* 이 글은 필자가 발표한 논문(조승미, 2011)의 내용을 수정·보완한 것이다.

사실이 아니라면 여성의 모습이 무엇인가에 의해 가려졌다는 것을 의미할 것이다. 이것은 무엇일까? 여성 선사의 역사를 발굴하기 위해서는 이를 가려내는 것이 우선적으로 필요할 듯하다. 여기서는 크게 두 가지를 살펴보려 한다. 첫째는 선불교 이상형의 남성성이고, 둘째는 선불교의 강한 계보주의가 갖는 가부장성이다. 이러한 맥락을 이해하면서 여성 선사의 이야기를 새롭게 조명해보기로 하겠다.

1) 선불교의 '대장부' 모델

초기불교가 아라한으로의 길이고, 대승이 보살의 길이듯이, 선불교는 '대장부(大丈夫)'의 길로 표현된다. 선사들의 법문 속에서 '대장부'는 "장부의 기개가 필요하다", "대장부의 활개를 치라" 등의 형태로 수행자에게 주문되는 덕목이자 이상형이다. 선 수행을 하는데 필요한 물러서지 않는 용맹심, 생사를 초월하는 자세, 도를 구하는 굳은 의지와 결단력 등을 상징하면서 남성적 영웅인 '대장부' 모델이 제시된 것이다.

그렇다면 이러한 선불교는 여성에게 해방의 길인가? 아니면 여성성을 버리고 가야 하는 남성으로의 길인가? 여성 불교학자 미리암 L. 레버링(Miriam L. Levering)은 이에 대해 다음과 같이 비판했다.

> 선불교 전통은 겉으로는 평등을 주장하면서도 그 표현에서는 남성적 영웅주의의 표현 양식을 사용해, 여성 수행자가 붓다의 가르침을 진정으로 실행하려면 남성적 능력을 갖추어야 한다는 것을 내재적으로 보여왔다(Levering, 1992: 143).

이와 같은 선불교의 남성 영웅주의론은 남성 중심적인 사회문화 규범과 인식의 수용이라고 할 수 있다. 그리하여 이는 종교적인 성 평등론과 긴장 관계를 형성한다. 레버링은 선사들이 '대장부'라는 젠더 관련 은유를 계속 사용하는 것이 "궁극적인 레벨에서의 '젠더 차이 의미 없음'이 현상적인 단계에서 '차이의 중요성'에 대한 그들(남성 선사들)의 신념을 흔들지 않았다"고 강도 높게 비판했다. 즉, 진리의 평등론이 현상세계의 남성 중심론을 뛰어넘지 못한 것이며 그 한계적 표현이 '대장부'론이라는 것이다.

그렇다면 대장부 모델이 여성 수행자에게 문제가 되는 것은 무엇일까? 이 주제에 대해서는 다음 글을 참고할 수 있다.

> 많은 여성에게 '남자 영웅 같은 여자'의 이미지는 사실상 비현실적인 것이며, 실현 가능한 것도 아니고 바람직한 것도 아니다(Schireson, 2009: 10).

여성에게 선불교가 어떤 의미인지 물을 때는 이러한 비현실적인 남성 영웅이 선불교의 이상적 모델로 제시되어 있다는 점을 일차적으로 고려해야 할 것이다. 또한 선불교에서 그려낸 여성 선사의 이미지가 이러한 대장부론과 연관되어 있음을 이해할 필요가 있다.

2) 선종의 가부장적 계보주의

선종의 역사는 조사(祖師)로부터 등불이 전해지는 전등(傳燈)의 역사로 설명되곤 한다. 또한 그 흐름의 계보를 정리하는 것을 중시해왔는데, 이 계보가 배타적·가부장적으로 정립되면서 많은 부분이 배제·왜곡되기도 했다. 여성 선사들이 주변화된 것 또한 이러한 계보주의의 영향으로 추정된다.

선불교 역사의 첫 장은 대체로 보리달마(菩提達磨)에서 시작해 2조 혜가(慧可), 3조 승찬(僧璨), 4조 도신(道信), 5조 홍인(弘忍)을 거쳐 6조 혜능(慧能)으로 이어진 것으로 알려져 있다. 이는 선종 내부에서 신앙적이기까지 한 내용이지만, 오늘날 역사학자들의 연구에서는 달마의 초조(初祖)설도 선종 내부의 임의적인 위치 선정이며 전승 계보도 역사적 사실로 온전히 확인되지 않는다고 지적된다(이부키 아츠시, 2011: 32).

선종이 계보를 형성해 문헌에 기록하기 시작한 것은 북종선(北宗禪)의 신수(神秀, 미상~706)에 의해서였는데, 측천무후(則天武后)의 스승으로 존숭되면서 선종의 권위를 보이기 위한 것이었다. 선 사상의 형성과 선사들 간의 전승 과정은 사실상 매우 복잡했다. 기존 불교와 단절된 선불교가 아니었으며, 선종 내부에서 여러 종파가 경쟁하기도 했지만 긴밀한 인적 교류를 하는 등 폐쇄적인 구조가 아니었던 것이다.

또한 선불교에서는 깨달음의 체험이 이심전심으로 수십 대(代)를 거쳐 그대로 전승되었다고 믿기 때문에 조사들 간의 사상적 차이가 있다거나 역사적으로 선 사상의 변화가 있다는 점을 거부하는 경향이 있다. 그렇지만 실제 선불교는 매우 다양하게 펼쳐졌으며 사상적으로도 많은 변화를 겪으면서 전개되어왔다.

달마나 혜능의 전기처럼 우리가 일반적으로 알고 있는 선종의 여러 도그마가 확립되는 데 결정적 역할을 한 것은 11세기 송(宋) 대에 성립된 『경덕전등록(景德傳燈錄)』이라고 할 수 있다(이부키 아츠시, 2011: 174~175). 이 문헌은 먼저 황제에게 바쳐지고 대장경에 입장(入藏)하는 것을 허락받았는데, 기존에 전승되어온 각 계보설을 단일하게 정비하고 선사들의 전기와 기연을 정리해 선종과 그 계보의 권위를 국가적으로 인정받았다. 하지만 이로써 선종의 계보에서 실제로 복잡하고 다양했던 역사는 단순화되고, 정통과 방계의 관점에서 다시 우열로 구분되는 가운데 가부장적 성격이 강화되었던 것이다.

여성이 선불교의 역사 속에서 잘 보이지 않게 되었던 것은 선불교의 두 가지 요소, 즉 남성적 성격을 지닌 대장부의 길, 그리고 가부장적인 계보주의 때문으로 보인다. 그러나 여성의 모든 흔적을 다 제거하기란 불가능했다. 배타적 계보 속에서도 여성 선사들의 이름이 남아 있는 것을 확인할 수 있다. 그리고 남성 중심적 이야기의 맥락과 별도로 여성 선사들은 별도의 역사적 자취를 남겼다. 이들 여성 선사의 역사를 종합적으로 고찰하는 가운데 동아시아 불교에서 여성 선사의 의의를 다시 생각해보고자 한다.

2. 초기 선종사 속의 여성 선사들

1) 보리달마의 제자 총지 비구니

전등의 첫 장면으로 간주되는 곳에도 여성이 있다. 『경덕전등록』(이하 『전등록』)의 '달마전'에는 보리달마로부터 득법한 제자 4인이 등장하는데, 여기에 비구니 총지(總持)가 포함되어 있는 것이다. 따라서 『전등록』이 전하는 총지니의 모습을 살펴볼 것인데, 스승 달마대사가 제자들이 각각 얻은 바를 말하도록 한 자리에서 총지니와 달마의 대화는 다음과 같다(『景德傳燈錄』, 第3卷).

> 총지: 제가 보기에는 아난이 아촉불국을 볼 때 한 번 보고는 다시 보지 않음과 같습니다.
> 달마: 너는 나의 살을 얻었다.

소위 선가에서 꽤 유명한 달마의 피육골수(皮肉骨髓)론이다. 4명의 제자가 각각 가죽·살·뼈·골수를 얻는데, 총지니는 두 번째인 달마의 살(肉)을 얻었다고 평가된 것이다. 그리고 마지막에 혜가가 아무런 말을 하지 않은 채 절만 하고 돌아가자, 달마가 '골수'를 얻었다고 말하면서 법의(法衣)를 전한다.

『전등록』은 제자의 득법에 '심천우열(深淺優劣)'이 있다는 것을 보여주고, 왕위를 물려주듯 가장 핵심인 '골수'에게 법의 등불이 전해진다는 도그마를 형성했다. 그런데 이 장면을 실제 달마의 방에서 일어난 역사적 사실로 생각해서는 곤란하다. 오히려 『전등록』이 성립된 송 대 선사들의 의식이 반영된 가상 장면이라고 보는 것이 더 적합할 것이다.

그렇다면 총지 비구니는 누구일까? 비록 혜가의 전등을 더욱 극적으로 드러내기 위한 보조적 역할로 등장했지만, 달마의 주요 제자 4인 가운데 비구니 한 명이 포함된 것은 무척 흥미로운 부분이다. 총지 비구니는 달마와 관련한 그 이전의 다른 문헌에서는 전혀 보이지 않다가 『전등록』에서 갑자기 언급되었다는 특징이 있다.

그렇다면 이 역시 송 대의 상황과 연관이 있는 것이 아닐까 추측된다. 더구나 총지니에 대한 추가적인 설명을 볼 수 있는 『조정사원(祖庭事苑)』 역시 송 대에 성립한 문헌이므로 이러한 개연성은 더욱 크다고 생각된다.

비록 총지 비구니가 실제 달마의 제자였는지 여부는 확언하기 어렵지만 그녀가 가상이 아닌 실존 인물이었음을 보여주는 전거는 있다. 즉, 『조정사원』에서는 그녀가 양무제(梁武帝)의 딸이었으며, 그녀의 탑이 소림사 인근에 위치한다고 설명했다(『祖庭事苑』). 양무제와 소림사 모두 달마와 깊은 관련을 갖기 때문에 그녀가 달마의 제자였다는 이야기로 이어진 듯 보인다.

이런 정황이 달마와의 관련성을 논증하지 못한다 하더라도 소림사 부근에 그 탑이 남겨진 총지라는 비구니가 있었음은 역사적 사실이라 할 수 있을 것이다. 또한 총지 비구니가 정말 양나라 시대의 비구니였는지 몰라도, 초조 달마의 전등 장면에 이 총지 비구니를 포함시키려던 발상은 여성 선사들의 활약이 컸던 송나라의 시대 상황과 관련이 있는 듯 보인다. 이러한 관계는 송대뿐 아니라 명 대에서도 발견되는데, 뒷부분에서 더 살펴보기로 하겠다.

2) 혜능 그리고 무진장 비구니

혜능은 선종을 대표하는 선사임에도 혜능에 대한 역사적 사실은 거의 확정할 수 없다고 할 정도로 가장 많은 전기 개편이 이루어진 인물이다. 하택신회(荷澤神會)와 그의 제자들이 현재 알려진 혜능의 모습을 탄생시켰다고 추정된다(이부키 아츠시, 2011: 94).

그런데 『육조단경(六祖壇經)』(덕이본과 종보본)과 『전등록』에는 모두 비구니 무진장(無盡藏)에 대한 이야기가 수록되어 있다. 먼저 『육조단경』에서의 이야기는 이러하다. 혜능이 황매(黃梅)에 있는 홍인대사로부터 법을 얻고 돌아와 소주(韶州) 지방으로 오니 아는 사람이 아무도 없다가 당시 덕망 높은 인사 유지략(劉志略)을 만나 교우를 맺었는데, 그의 고모가 곧 무진장 비구니였다.

무진장니는 항상 『열반경(涅槃經)』을 독송했는데, 혜능은 그 독송 소리를 듣다가 뜻을 설해주게 된다. 그녀는 '글자를 모르면서 뜻을 아는' 혜능을 보고 놀라며, 마을 사람들에게 공양해 모실 것을 말해 절을 지어 한동안 머무르게 했다고 한다(『六祖大師法寶壇經』, 第48卷, No.2008: 355).

한편 『전등록』에서는 혜능이 무진장 비구니를 만난 것이 홍인대사 문하로 가기 전의 일이라 하는데(『景德傳燈錄』, 第5卷), 이후 일화는 앞의 내용과 거의 동일하다.

무진장 비구니가 독송했다는 『열반경』은 초기 선불교 사상에 많은 영향을 미친 지론종(地論宗), 남도파(南道派)에서 중시한 경전이었다. 혜능이 『금강경(金剛經)』을 듣고 출가의 발심을 하거나 오도의 계기가 되었다 하여 그의 선 사상은 『금강경』에 근거한 것으로 알려져왔다. 그런데 혜능이 『열반경』의 뜻에 대해 무진장 비구니와 법담을 나누었다는 이야기는 혜능이 『열반경』에서도 영향을 받은 것이 아닌가 생각되어 흥미롭다. 사실 역사적으로 『금강경』을 절대시했던 것은 그의 제자 신회(神會)였기 때문이다. 비구니 무진장과의 일화는 신회가 만들어놓은 혜능의 전기와는 다른 내용의 가능성을 열어주는 듯하다.

『전등록』에서 무진장 비구니는 앞서 총지 비구니의 경우처럼 혜능의 깨달음의 능력을 보여주기 위한 보조적 역할로 배치되고 있다. 하지만 그녀 역시 가상의 존재가 아니라 역사적 실존 인물인 것으로 보이는 근거가 남아 있어 주목된다.

현 광둥 성 샤오관 시(韶關市)에 있는 비구니 사찰 무진장암(無盡藏庵)에는 그녀의 모습을 조각한 석각도(石刻圖)가 남겨져 있으며, 고승들의 초상화를 수록한 문헌 『불조도영(佛祖道影)』에도 그녀의 초상화가 포함되어 있다(虛雲 和尙 重輯, 2000: 556~557).

한편 무진장 비구니와의 인연 외에도 혜능의 제자 중에는 비구니가 존재했을 것으로 추측된다. 『육조단경』은 그가 설법할 때 승니도속(僧尼道俗) 1000명이 운집했다고 전하기 때문이다(『六祖大師法寶壇經』(宗寶本), 第48卷, No.2008: 347~355). 이 표현을 문자 그대로 수용하기가 어렵다 하더라도 그 무리 중에 비구니와 여성이 배제되지 않았음을 알 수 있다.

더구나 『선등세보(禪燈世譜)』의 기록에 따르면, 혜능의 제자 계보도 중에 '정거니현기(淨居尼玄機)'라는 대목이 있어 주목되는데(『禪燈世譜』, 第1卷), 즉 정거사(淨居寺) 비구니 현기(玄機)가 혜능의 법을 이어받은 제자라는 것이다. 정거사는 중국 선종사 기록에 나타난 최초의 선종 비구니 사찰로 평가되기도 한다(曹洞宗尼僧史編纂会, 1955: 81~82).

뒤에서도 살펴보겠지만, 이 사찰은 송 대 비구니들에게 중요한 사찰이었다. 이 내용을 기록한 문헌 『선등세보』는 비구니 선사들의 전성기였던 명나라 시대에 성립된 것이라는 점이 그 맥락을 이해하는 데 도움이 될 것 같다. 아무튼 혜능과 비구니의 이야기는 남성 선사들의 단조로운 계보사와 다른 내용을 전하고 있어 초기 선불교를 좀 더 균형 있고 입체적으로 이해하는 데 도움을 준다.

3) 기타 여러 종파의 비구니 선사들

남종 계열의 선불교 외에 우두선(牛頭禪)이나 북종선 계통에서도 비구니 제자들의 이름이 확인된다. 대표적으로, 우두종의 혜충(慧忠, 683~769) 선사의 제자 중 명오(明悟)라는 비구니 제자가 있다(『景德傳燈錄』, 第4卷).

그리고 신라인 출신으로 정중선(淨衆禪)파를 개창한 무상(無相, 684~762) 선사에게도 많은 여성 제자가 있었다고 추정된다. 그의 설법과 수계 의식을 설명하는 글에는 "승니사녀(僧尼士女)를 소집하고 방등(方等) 도량을 설치하다" 라거나 "혹은 니중속인(尼衆俗人)의 부류" 등의 표현이 있어 문하에 많은 비구니와 사족(士族) 여성이 운집해 배웠음을 유추할 수 있다(『圓覺經大疏釋義鈔』).

북종선의 신수(神秀) 계열에서도 비구니 제자들의 활동이 확인된다. 신수 문하의 법완(法玩, 715~790) 선사 탑명에는 여러 명의 비구니 이름이 보이는데, 이 중 안국사(安國寺) 비구니 적연(寂然)이 가장 먼저 제자로 등장하고 마지막에 명전(明詮), 계일(契一), 지원(志元), 혜응(惠凝) 등이 나열되어 있다(曹

洞宗尼僧史編纂会, 1955: 82).

비구니 선사들의 적극적인 활약은 남종선(南宗禪)뿐만 아니라 북종선과 여러 분파의 선종에서 모두 이루어졌음을 알 수 있다. 특히 선종 오가(五家) 중 최초로 독자 선법을 펼쳤던 위앙종(潙仰宗)에는 걸출한 비구니 선사가 많이 배출되었는데, 가장 대표적인 선사는 유철마(劉鐵磨) 비구니이다. 초대 조사 위산영우(潙山靈祐, 771~853)와 그의 제자 앙산혜적(仰山慧寂, 802~887) 등이 그녀의 스승이자 법거량(法擧揚)을 나눈 선사들이었다.

유철마는 '철마', 즉 쇠맷돌로 불릴 만큼 일체의 경계를 여지없이 갈아 없앤다는 이름을 가졌는데, 그녀의 선기(禪機)가 어느 정도였는지 가늠하기 어려울 정도이다. 『벽암록(碧巖錄)』, 『종용록(從容錄)』, 『전등록』 등 선종의 주요 문헌에서는 그녀가 남성 선사들과 나눈 선문답이 화두로 제시되어 널리 전승되기도 했다.[1]

유철마는 선불교가 지향하는 대장부 스타일의 전형이라고 할 수 있을 것이다. 그녀가 고전 선 문헌에서 자주 회자될 수 있었던 것도 그녀의 강인한 이미지가 작용하지 않았나 생각된다. 이러한 현상에 대해 현대 여성학자들은 다음과 같은 의문을 던졌다. 즉, 유철마의 남성적 이미지는 여성이 선사의 지위를 얻을 수 있는 유일한 형태였는지, 그리하여 선이 '철마(鐵磨)'를 창조한 것인지, 아니면 철마와 같은 여성들만 선 수행에 이끌릴 수 있었던 것인지 말이다(Schireson, 2009: 16).

확실히 선가에서는 유철마의 남성적인 면을 강조하고 과장하는 측면이 있었다. 유철마는 남성 선사들이 선호하는 가운데 이상적으로 만들어낸 여성 대장부였다고 평가할 수 있을 것이다. 한편 위앙종에는 유철마 외에 중요한

---

[1] 『벽암록』 제17칙 · 제24칙, 『종용록』 제60칙, 『전등록』 제17권 등.

여성 선사의 사례가 또 있었는데, 바로 앙산혜적의 제자 비구니 묘신(妙信)이다. 위앙종 승려들은 이 종파의 주요 행정직인 해원주(廨院主)를 선출할 때 회의를 통해 묘신 비구니에게 이를 맡겼다. 그녀는 소임을 수행하면서 부재 중인 스승을 대신해 그 사찰에 방문한 승려들에게 선법을 전해주기도 했다.

이와 같은 묘신 비구니의 일화는 일본 도겐(道元, 1200~1253) 선사의 『정법안장(正法眼藏)』에서만 전해진다(보광, 2006: 322~323). 도겐이 어떤 자료를 인용했는지 밝히지 않아 출처가 불분명하다는 아쉬움이 있지만 도겐을 통해 기록되고 전해질 수 있었던 것에 의의가 있다. 묘신 비구니는 일본의 도겐 선사가 제자들에게 보여주고 싶었던 여성 선사의 모범이었던 것 같다. 도겐 선사의 남녀평등사상에 대해서는 뒤에서 더 살펴보기로 하겠다.

이 밖에도 위앙종에는 '남대(南臺) 낭자'라는 이름으로 유명한 정씨 성의 한 소녀가 있었는데, 어린 나이에 위산영우 선사에게 참문해서 많은 문답을 통해 날카로운 선기(禪機)를 표했고, 후에 출가해 대안(大安)의 법을 이었다(『禪林類聚』, 第4卷). 이처럼 위앙종에는 걸출한 비구니 선사가 많았는데 그 배경에는 위앙종 선승(禪僧)들의 열린 자세가 있었음을 빼놓을 수 없을 것이다. 어린 소녀와 선문답을 하는 노장 위산 선사의 모습뿐만 아니라 그의 제자 앙산이 비구니에게 종단의 중요한 직책을 맡기고 사람들을 지도할 수 있게 한 점 등이 그것이다.

3. 전등사 속의 여성 선사, 말산요연

말산요연(末山了然)은 선종 역사상 가장 독보적인 비구니 선사이다. 『전등록』에 여성으로서 자신만의 기록을 가졌으며, 남성 일변의 전등사 속에서 법의 전승을 인정받고, 또 나아가 실질적으로 법을 전하기도 했던 유일한 비구니이기 때문이다.

요연은 균주(筠州) 지역 말산(末山)에서 수행해서 '말산요연'이라 불렸다. 그녀는 달마 제10세 홍주(洪州) 고안대우(高安大愚)화상의 유일한 법손으로 기록되어 있다. 고안대우는 임제종의 개조 임제의현(臨濟義玄, 미상~867)을 깨닫게 만든 것으로 유명한 당(唐) 대의 대선사였다. 임제는 자신의 제자들에게 대우화상과 그의 제자 말산요연에 대해 이야기했던 것으로 보인다. 그리하여 임제의 제자 관계지한(灌溪志閑, 미상~895)은 요연니를 만나기 위해 말산으로 찾아갔다(『景德傳燈錄』, 第11卷).

"도에 부합하면 머물 것이요, 그렇지 않으면 선상(禪床)을 뒤엎을 것이오."

요연니는 상당(上堂)해 지한에게 물었다.

"상좌(上座)는 오늘 어디서 떠났습니까?"

"노구(路口, '길 어귀'라는 뜻의 지명)에서 떠났습니다."

"왜 덮어버리지 않소?"

지한은 말문이 막혔다. 그리하여 비로소 예를 갖춰 절하고 물었다.

"말산(末山, 지명이자 산의 정상. 여기서는 요연의 본성 의미)은 무엇입니까?"

"정상(頂上)은 드러나지 않습니다."

"말산의 주인은 누구입니까?"

"남자, 여자의 모습이 아니오."

지한은 이내 한소리 지르면서 말했다.

"왜 변하지 않는 것이요?"

"신(神)도 아니고 귀(鬼)도 아니니 무엇으로 변하겠소?"

▎관계지한 선사에게 법문하는 말산요연 비구니
자료: 중국 이춘 선도문화박람원.

지한은 이에 굴복해 요연 밑에서 3년 동안 원두(園頭) 소임을 맡았다. '말산의 주인에게 남녀의 상이 없다'는 그녀의 말은 남녀의 분별을 깨뜨리는 것이기도 하다. 그러나 거기서 멈추지 않았다. '없음'에 빠져 있는지 시험하는 지한의 고함 소리에 그녀는 '귀신이 아니라서 변할 수 없다'고 응수해 지한을 탄복시켰다. 이런 선문답을 통해 우리가 요연의 경지를 가늠하기란 쉽지 않다. 하지만 임제 밑에서 한 소식을 들은 지한이 바로 굴복하고 스승으로 모시는 모습을 보면서 그녀의 선지가 얼마나 높은 경지였는지 추측할 따름이다. 지한은 나중에 일가를 이룬 후 대중에게 이런 고백을 했다(『指月錄』).

내가 임제에게 있었을 때 반 국자를 얻고 말산에 가서 나머지 반 국자를 얻어, 한 국자를 가득 마신 것이 바로 지금까지 배가 불러 허기를 잊게 하였다.

지한의 고백에서도 알 수 있듯이 말산요연은 그에게 선법을 전해준 스승이었다. 『전등록』은 그녀가 대우화상의 법을 계승한 점은 언급했지만, 지한에게 법을 전한 스승으로서의 역사에는 침묵했다.

그러나 말산과 지한의 관계에서 우리는 당시 선가의 너무나 흥미로운 장면을 읽을 수 있다. 첫째는 비구니가 비구 앞에서 상당(上堂)하여 법문을 하는 장면이고, 둘째는 비구가 문답을 하던 중 비구니가 스승으로 인정될 때 예를 갖춰 절했던 점이다. 셋째는 비구 지한이 비구니 문하에서 함께 생활하며 직접 선법을 배웠던 점이고, 마지막으로 그가 이 사실을 숨긴 것이 아니라 제자 대중에게 널리 알렸던 점이다.

선의 황금시대에는 열린 태도로 여성 선사를 존중한 남성 선사가 있었고 그러한 행동의 중요성을 지한의 사례에서 충분히 느낄 수 있다. 할(喝)과 방(棒)을 사용해 '장군'으로도 비유되는 가장 남성적인 임제선(臨濟禪) 계열에도 이런 역사가 있었음을 기억할 필요가 있을 것이다.

그들의 '파격'은 이미 인식 속의 파격을 넘어 남성 우위의 전통 규범을 깨뜨려버리는 '파격'으로 확장되었던 것이다. 비구니 말산요연의 역사도 더없이 소중하지만, 관계지한 같은 비구 선사의 태도야말로 현대 선불교 문화에서 계승되어야 할 중요한 유산일 것이다.

4. 임제종 간화선의 비구니들과 여성 전승

간화선(看話禪)은 남송 시대 임제종 계열의 대혜종고(大慧宗杲, 1089~1163)

가 정립한 것으로, 공안(公案)을 가지고 의단(疑團)을 일으키게 함으로써 깨달음을 획득하게 하는 수행법이다. 이를 통해 대혜는 사대부를 포함한 많은 제자를 양성해 사회 전체에 큰 영향을 미쳤다(이부키 아츠시, 2011: 211).

그의 문하에는 여성 제자 또한 많았던 것으로 보인다. 『대혜보각선사어록(大慧普覺禪師語錄)』에는 묘도(妙道), 묘총(妙總), 진여(眞如) 등 많은 비구니의 이름이 확인되는데(『大慧普覺禪師語錄』, 第24卷, 第22卷, 第20卷), 이 중 무착(無著) 도인(道人)으로도 불렸던 묘총은 후대 비구니들에게 우상과 같은 존재였다(그란트, 2004: 241).

대혜 문하의 비구니들이 비구니 사이에서만 존중받았던 것은 아니다. 『대혜보각선사보설(大慧普覺禪師普說)』에는 제목 중에 '니자명대사(尼慈明大師)'라는 이름이 있는데(『大慧普覺禪師普說』, 第3卷), '도인'이라는 호칭과 함께 비구니가 '대사(大師)'로도 불린 사례를 볼 수 있다.

한편 이 종파의 문헌에는 두 여성 선사의 문답이 수록되어 있어 눈길을 끈다. 무제(無際)와 초종(超宗) 비구니가 그 주인공이다. 이들은 모두 '도인' 호칭으로 불렸는데, 무제 도인이 탑 주변을 청소하면서 게송을 읊자 초종 도인은 다음과 같은 답송을 불렀다(『雲臥紀談』).

> 탑은 본래 먼지가 없는데, 쓸어 없애는 것이 무슨 필요가 있는가(塔本無塵 何用去掃).
> 치우는 것이 곧 먼지가 생기는 것이니, 그리해서는 도달하지 못하네(掃即 塵生 所以不到).

초종 비구니의 시는 혜능의 그것을 연상시킨다. 이들의 선 사상이 혜능을 계승하고 있음을 알 수 있다. 그뿐만 아니라 앞서 언급했던 혜능의 제자 현기가 정거사의 비구니였던 것처럼 이 사찰의 비구니 선사들 사이에서는 선종사의 획기적인 사례가 창출되기도 했다.

바로 비구니가 비구니에게 선법을 전승한 것이다. 『선등세보』와 『오등전서목록(五燈全書目錄)』, 그리고 『속전등록(續傳燈錄)』 등에 이 같은 사실이 기록되어 있으며, 그 내용은 다음과 같다(『禪燈世譜』, 第5卷; 『五燈全書目錄』, 第9卷; 『續傳燈錄』, 第33卷).

> 정거사 비구니 혜온(慧溫) 선사의 법 계승자는 온주(溫州) 정거사 비구니 무상법등(無相法燈) 선사이다.

이는 기록상 임제종 법계에서 유일한 것으로 평가된다(曹洞宗尼僧史編纂会, 1955: 95). 이에 근거하면 혜온 선사는 법을 전승한 스승으로 명시된 선종 최초의 여성이며, 무상법등은 여성 스승으로부터 법을 전해받은 최초의 여성 전승자가 되는 것이다. 그리고 원저우(溫州) 지역의 정거사는 선종 최초의 비구니 선원이자 비구니들의 선 수행 중심지로서 전통을 지켜온 것으로 추측된다.

그런데 빼놓을 수 없이 중요한 요소는 이 사실을 기록한 문헌들의 시대적 배경이다. 송 대 선사들의 역사를 기록한 것이지만, 기록이 이루어지거나 문헌이 성립한 것은 명나라 때의 일이었다. 따라서 명말청초의 17세기는 비구니 선사들의 황금시대였다고 평가된다(그란트, 2004: 242).

이 시기 이름을 떨친 비구니 중에 대표적으로 계총행철(繼總行徹, 1606~1658)이 있었다. 원 대에도 유명한 비구니 선사들이 있었지만 임제선의 전법이 폭발적으로 증가한 시대는 명 말이었으며, 이런 배경 속에서 여성 선사들의 활약이 두드러졌던 것으로 보인다.

화려했던 송 대 여성 선사들의 역사가 기록된 것은 명말청초의 일이었다. 비록 계보에서는 주변화되었지만 초기 선종사 기술에 여성이 포함되기도 했던 것은 송 대 상황과 인식의 반영인 것으로 보인다. 명말청초 황금기의 비구니 선사들을 제대로 발굴하지 못하는 것은 현대 여성 선불교의 부진함을 보여주는 듯하다. 그리고 중국 여성 선사들의 이야기는 한국과 일본의 선불교에도 영향을 미치면서 전개되어왔다. 동아시아 여성 선사의 역사가 이어져야 하는 이유이다.

5. 일본 선불교와 여성

1) 도겐 선사의 비구니 제자와 남녀평등사상

일본 선불교 여성사와 관련해 빼놓을 수 없이 중요한 인물은 일본 조동종(曹洞宗) 창시자 도겐 선사이다. 그는 앞서 살펴본 중국의 유명한 여성 선사들의 사례를 매우 자세히 소개하면서 자신의 여성 제자들을 독려했다.

말산요연에 대해서는 "지한의 법부(法父)는 임제이고, 법모(法母)는 말산요연이다"라고 말할 정도로 그녀의 위상을 높이 평가했다(보광, 2006: 320). 그래서인지 그의 첫 번째 비구니 제자이자 일본 조동종 최초의 비구니 이름은 요연(了然)의 이름을 딴 료넨(了然)이었다. 이 밖에도 도겐은 많은 비구니 제자가 있었고, 여성차별을 강하게 반대하는 언급을 자주 했다. 그중 주목되는 구절은 다음과 같다(보광, 2006: 326).

주지나 수좌를 맡은 자의 자리가 비었을 때는 득법한 비구니를 청해야 한다.

비구 가운데 나이가 많고 연륜이 많다고 해도 득법하지 못했을 때는 무슨 필요가 있겠는가? 대중의 주인은 반드시 명안(明眼)에 의해야 한다. …… 여인은 전법의 사승(師僧)으로 예배할 수 없다고 하는 자도 있다. 이것은 알지 못하고 배우지도 못한 축생에 가까운 자들이니 불조(佛祖)와는 아주 멀다. …… 득도는 누구나 한다. 다만 모두 득법을 공경하고 존중해야 한다. 남녀를 논해서는 안 된다. 이것이 불도(佛道)의 극묘(極妙)의 법칙이다.

도겐의 양성평등사상에서 중요한 점은 그가 성불과 득도의 문제에 한정해 평등을 말하는 것이 아니라는 점이다. 여성 선사에게도 공경하고 예배하는 문화, 그리고 비구니에게도 주지나 수좌직을 부여할 수 있는 제도의 문제에까지 포괄적으로 평등을 적용했다. 이에 대해 '불조' 그리고 '불도의 극묘의 법칙'이라고 강하게 확신하는 태도를 보인다는 점이 특징적이다.

비구 선사들이 남녀 분별 관념을 깨뜨리고, 여성성불 또는 평등을 피력하는 경우는 종종 있었지만, 이처럼 여성차별의 관습을 강하게 비판하고 평등의 의지를 보이면서 변화를 실천했던 것은 동아시아 전체에서 도겐 선사의 경우가 매우 두드러진 사례라고 할 수 있다.

13세기 일본 가마쿠라(鎌倉) 시대의 불교는 이러한 분위기였다. 그리고 이런 생기에 찬 시대적 배경 속에서 일본 임제종 최초의 비구니 지도자가 세상에 나왔다.

2) 일본 임제종을 이끈 비구니 선사, 무게 뇨다이

현재 일본 교토(京都)의 호지인(寶慈院)이라는 사찰에는 목조로 된 비구니 좌상이 모셔져 있다. 이는 중세 가마쿠라 시대를 살다간 비구니 선사, 무게 뇨다이(無外如大, 1223~1298)의 조상(彫像)으로서 국가 지정문화재이다.

무게 뇨다이는 일본 최초로 임제 선법을 이어받은 비구니 선사였다. 일본 불교에서는 종파 지도자들의 조상을 조성해서 모시는 것이 전통인데, 당시 이 비구니를 임제종의 주요 지도자로 여겼으므로 그녀의 조상이 만들어진 것이다.

무게 뇨다이에 관한 기록은 일본의 전등록 문헌인 『연보전등록(延寶傳燈錄)』에 수록되어 있다(『延宝傳燈錄』, 第1卷). 그녀는 가마쿠라 막부 상급 무사의 딸로 태어나 막부 실세 호조(北條) 씨 집안과 혼인해 딸 하나를 낳았다. 당시 막부 권력층은 중국으로부터 새로운 불교인 선종을 적극적으로 들여오면서 직접 귀의하거나 후원하기도 했는데, 이런 배경에서 무게 뇨다이는 선불교를 접했으며 송나라에서 건너온 무학조원(無學朝元, 1226~1286)이 그녀의 스승이었다.

불광(佛光)국사로도 불리는 무학조원은 호조 도키무네(北条時宗)에 의해 초빙되어 1279년에 일본으로 왔다. 그는 가마쿠라 지역의 켄초지(建長寺)라는 사찰에 머물다가 1282년에 엔가쿠지(圓覺寺)를 창건하면서 이곳을 중심으로 임제 선법을 전하고 있었다.

사실 일본의 임제종은 무학조원 이전에 에이사이(榮西, 1141~1215)가 개창한 바 있었는데, 이는 순수한 선종이기보다는 천태·진언 밀교·염불 등 다양한 불교가 섞인 습합선(習合禪)이었다. 따라서 순수한 임제 선법에 대한 기대가 당시 일본 권력층에 있었으며, 무학조원이 그 역할을 맡았던 것이다.

무게 뇨다이는 남편과 함께 무학조원으로부터 직접 임제 선법을 배웠다. 그런데 당시 재가여성은 사찰 출입이 금지되었다. 기존 불교의 중심지였던 히에이 산(比叡山)이나 고야 산(高野山) 등에서는 일본 불교의 저 악명 높은 '여인금제(女人禁制)'라는 제도가 있었는데, 이런 여성 출입 금지는 교의상에서도 여성이 죄업 많은 존재, 깨달음에 이를 수 없는 존재라는 교설로 이어져 여성차별을 강화해왔다.

반면에 가마쿠라 신불교라는 새로운 불교가 여성관을 비롯해 기존 가치관과 문화를 바꿔가고 있었다. 도겐 선사의 조동종과 신란(親鸞)의 정토진종(淨土眞宗) 등이 여기에 해당된다. 무학조원의 임제 선종 역시 재가여성의 사찰 출입을 허용하고 여성을 제자로, 나아가 교단 조직의 일원으로 참여시키는 혁신에 앞장섰다(江靜, 2010). 즉, 무게 뇨다이는 보수적인 구불교 교단의 폐해를 극복하고 불교문화를 혁신하려는 신불교 운동의 수혜를 받았다고 할 수 있다. 이후 그녀의 불교는 이러한 새로운 문화적 에너지를 수용·발산하는 대표 주자가 된다.

무게 뇨다이는 일찍이 선법을 배워왔지만 남편이 죽고 딸이 장성하자 삭발 비구니가 되어 본격적으로 참선 수행에 전념했다. 그러나 참선의 결실은 금세 얻어질 수 있는 것이 아니었다. 그녀는 수년간 선을 닦았으나 깨달음이 없어 매우 낙담한다.

그러던 어느 날, 아주 우연한 일로 인해 무게 뇨다이에게 깨달음이 일어났다. 머물던 사찰에 홍수로 물난리가 나서 그녀가 물동이로 물을 바삐 퍼 나를 때였다. 그녀의 물동이는 아주 낡아서 닳아 떨어진 것이었는데, 문득 물동이 속에 비친 달을 바라보자 그 물동이의 바닥이 툭 터지면서 물이 사방으로 쏟아졌다.

그리고 달그림자도 함께 사라졌는데, 그 순간 무게 뇨다이는 "나라는 것과 이 세상의 모든 것, 이것이 물동이에 담긴 저 달과 같이 자신의 허상에 의한 것이고, 가짜 그림자에 지나지 않는다는 것을" 깨달았다. 그녀는 허상을 놓아버리고 다시 태어나게 되었다(Tisdale, 2006: 213).

무게 뇨다이는 스승 무학조원으로부터 깨달음을 인가받았다. 스승은 임종 무렵에 그녀를 법의 상속자로 지명하고 자신의 이름에서 무(無) 자를 따 '무외(無外)'라는 법호를 주었다. 이러한 정황이 무학조원의 『불광국사어록(佛光國師語錄)』에 기록되어 있어 비구니의 사법(嗣法)에 관한 역사적 사실을 확고하게 증명해준다(『佛光國師語錄』, 제9卷).

그러나 그녀의 상속은 순탄치 않았다. 무학조원 문하 비구승들의 저항이 있었던 것이다. 이후 그녀는 교토 북쪽에 새로운 사찰 게이아이지(景愛寺)를 창건한다. 자신이 스승으로부터 선법을 배우고 수행해왔던 가마쿠라를 떠난 것이다. 교토로 활동지를 옮긴 무게 뇨다이는 다섯 개 산 임제종 연합회를 이끌면서 실질적으로 임제종 지도자의 역할을 수행한다. 게이아이지는 그녀 생전에도 15개 이상의 말사를 거느렸으며, 그녀의 사후에 많은 주요 사찰이 추가되어 임제종 최대 연합체 아마데라고산(尼寺五山)의 핵심 사찰로 기능했다(山家浩樹, 1998).

무게 뇨다이 선사는 1298년에 76세의 나이로 생을 마감했다. 그녀는 일본에서 정식으로 선승의 자격을 얻은 최초의 여성이었다. 그뿐 아니라 종파를 실질적으로 이끈 유례없는 여성 선불교 지도자이기도 했다. 그녀를 기억하고 있는 교토의 한 목조 좌상은 불교 여성의 중요한 유산이다.

6. 한국 여성들의 선 수행 역사

한국 선불교 역사 속에서 비구니 제자들의 이름이 등장한 것은 고려의 진각국사 혜심(惠諶, 1178~1244)부터라고 추정된다. 혜심의 어록과 비문에 종민(宗敏), 청원(淸遠), 희원(希遠), 요연(了然) 등 비구니들의 이름을 확인할 수 있는데(김영미, 1999: 52), 이는 앞서 살펴본 일본의 도겐 선사와 무게 뇨다이 비구니가 살았던 시대와 비슷한 시기인 13세기의 일이었다.

그런데 최근 발표된 연구에 따르면 10세기 나말여초 시기에 당에서 선법을 전수하고 돌아온 법경(法鏡, 879~941)대사의 탑비에 왕실 귀족 여성들로 보이는 여성 제자들의 명단 기록이 나와 주목된다(김영미, 2012: 183). 고려의 재가여성들이 이후 선 수행에 지속적으로 참여했다고 보기는 어렵지만, 13세기의 혜심 이전에 재가여성이 선 수행을 했다는 것은 역사적 사실로 드러난 것이다.

이는 몇 가지 점에서 매우 중요한 의의를 갖는다. 문헌 기록에 따르면 한국에서는 비구니보다 재가여성이 먼저 선 수행에 참여했던 것으로 보인다. 또한 한국 여성의 선 수행 역사가 1000년이 넘는다는 사실을 뜻하는 것이기도 하다. 그런데 여성이 비교적 초기 선불교의 역사에서부터 참여했던 것에 비하면 한국 여성 선사에 대해 알려진 바는 너무나 부족한 것이 사실이다.

지금까지의 연구 성과에 근거해 개괄적이나마 역사 속 한국 여성 선사들을 간략히 살펴보면서 한국 여성 선 수행의 특징이 무엇이며 어떤 과제가 있는지 생각해보기로 하겠다.

1) 고려에서 조선까지

진각국사 혜심의 선 사상은 대혜종고에게 많은 영향을 받았는데, 이는 비구니 제자를 많이 두고 이들의 수행을 독려하는 태도에서도 반영되었다. 즉, 혜심은 비구니 제자가 수선사(修禪社) 하안거(夏安居)에 참여할 수 있게 했고, 여성 수행자를 '도인'으로 호칭했으며, 편지를 통해 제자의 수행을 직접 챙겨 지도하기도 했다. 또한 비구니뿐만 아니라 재가여성에게도 화두를 주어 수행하게 했는데, '왕도인'이라 불린 최충헌의 부인 진강후비(晉康侯妃)가 유명하다.

혜심은 비구니 제자 요연에게 같은 이름인 (말산)요연의 이야기를 해주며 깨달음을 독려했고, 여성 수행을 고무하기 위해 『승만경(勝鬘經)』을 강조하기도 했다. 이와 같은 혜심의 태도는 당시 고려의 다른 종파와 확실히 차별화된 획기적인 것이었다(김영미, 2003: 172). 이후 고려 말에는 더욱 많은 여성 선사의 적극적인 활동이 일어났다.

특히, 나옹(懶翁, 1320~1376), 태고보우(太古普愚, 1301~1382), 백운경한(白雲景閑, 1299~1375) 선사의 문하에 많은 비구니 제자가 있었다. 고려 말 선불교의 성행에는 인도승 지공(指空)의 영향이 있었는데, 이 지공 선사를 조사(祖師)로 모시면서 그의 사후 업적을 기리는 활동에 고려 비구니들이 적극적으로 참여했다.

나옹 문하에는 비구니 묘총(妙聰)이 있었는데, 이는 대혜 문하 비구니의 명칭과 동일한 이름이기도 하다. 나옹의 사리를 모신 신륵사 보제(普濟) 선사 사리 석종비에 그녀의 기록이 남아 있다. 그리고 많은 비구니가 당시의 굵직한 불교 사업들을 후원했는데, 가장 두드러진 행보를 보인 비구니는 묘덕(妙德)이었다.

그녀는 출가 전 안정군(定安君) 부인 임(任) 씨였는데, 그녀가 추진하거나 후원한 불사에서는 세계 최초 금속활자본으로 평가받는 『직지심경(直指心經)』과 이후 『백운화상어록(白雲和尙語錄)』의 출판이 있었다. 이 밖에도 윤필암(潤筆庵) 창건, 앞서 언급한 지공화상 부도비 건립에도 동참했다(김영미, 2001: 77).

왕실 및 귀족 출신의 비구니들은 국가로부터 세록(歲祿)의 혜택을 보장받았고 지배층 사족(士族) 여성도 재산 소유가 가능했기 때문에 고려 말 비구니들이 이러한 경제적 능력을 활용해 주요 불사에 적극 참여할 수 있었던 것으로 보인다. 또한 대중적인 수행법과 함께 여성 참여를 포함한 형태로 수용된 고려 말 선불교는 엘리트 여성들의 종교적 욕구와 만나 더욱 활기를 띨 수 있었던 것 같다.

한편 고려 말 여성 선 수행의 성행이 조선 시대까지 이어졌는지, 또 조선 시대 비구니 선사는 어떤 사람들이 있는지에 대해서는 별로 알려진 바가 없다. 비구니에 관한 교단 내부의 기록과 언급이 부재하기 때문이다. 반면 사대부의 문집에서는 비구니에 대한 내용이 종종 소개된다는 점이 대조적인데, 이를 통해 그 정황을 대략이나마 유추해볼 수 있다.

예를 들면 성종 대 김종직(金宗直)의 『점필재집(佔畢齋集)』에서는 비구니 선사 도원(道圓)에 대한 설명이 있다. 도원 선사의 속명은 득비(得悲)이고 향리의 아내였는데 남편이 죽자 절개를 지키다 만년에 출가했다. 가야산 승려 도엄(道嚴)에게서 선을 배웠으며 이후 정각암을 창건했고, 김종직이 말년에 잠시 해인사에 머물 때 서로 시를 교류했다고 한다(황인규, 2010: 270). 도원 비구니의 사례를 보면 조선 중기까지는 여성의 선 수행이 부분적으로 지속되었음을 확인할 수 있다.

조선 후기에는 도성 안팎의 비구니 사원들이 철폐되면서 비구니들의 중심지가 점점 산중으로 옮겨지게 되었는데, 특히 활발한 활동을 보인 곳은 금강산 일대였다. 조선 말기에 비구니들이 선 수행에 참여했는지 여부는 알 수 없다. 하지만 근대 선불교 부흥의 중심지였던 금강산의 주요 사찰을 중창하는 데 이들이 적극 기여했고, 이 지역을 중심으로 집단 공동체 생활을 하고 있었다는 점에서 그 가능성이 적지 않다고 본다. 그러나 여성의 선 수행이 본격적으로 대중화되면서 여성 선사가 등장하게 된 것은 근대 이후의 일이었다.

2) 근대부터 현대까지

일제 강점기에 조선의 선사들은 선 수행의 대중화를 통해 불교를 중흥시키려 했고, 그 운동의 영향으로 많은 비구니 제자와 재가여성 수행자가 배출되었다. 비구니 제자를 왕성하게 배출한 선사는 만공(滿空, 1871~1946)이었으며, 재가여성의 선 수행 대중화를 이끈 사람은 백용성(白龍城, 1864~1940) 선사였다. 이러한 양적 발전 외에도 깨달음을 인가받은 비구니가 나올 정도로 질적 변화가 일어났는데, 만공 문하의 법희(法喜), 만성(萬性), 본공(本空) 등의 선사가 대표적이다(전해주, 2007: 143~145).

한편 근대 선불교에서 가장 중요한 변화를 꼽는다면 일반 재가여성들의 참선 수행을 들 수 있을 것이다. 여기에는 백용성 선사의 공로가 두드러졌다. 1918년에 전북 무주 지방에서 그가 부인 선회(禪會)를 조직해 지도한 기록이 보이며, 1929년부터는 서울 대각사에서도 부인 선회, 부인 선원 등을 개설해 대중화에 힘썼다.

그리고 당시 비구 선승의 공식 중앙 기관이었던 선학원(禪學院)이 1931년에 다시 개원될 때도 재가여성 수행자의 위상은 매우 높았다. 이 무렵 개최된 '전국수좌대회'의 기념사진이 남아 있는데, 그 속에는 비구승들 뒤쪽으로 하얀 한복을 입은 여성 20여 명의 모습이 확인된다. 이들이 바로 선학원의 '부인 선우회(禪友會)' 회원인 것으로 추정된다.

부인 선우회는 비구 선승들과 함께 남녀 양 선우회로 불렸으며, 선학원 큰방에서 함께 참선을 할 정도로 선 수행자의 주요 축으로 간주되었다. 선학원 방함록에는 부인 선우회 여성들의 이름이 포함되어 있다. 1931년의 겨울 안거에는 비구승을 포함해 총 22인이 참여했는데, 이 중 서무량화, 이보현월, 정지혜월이라는 3명의 여성 이름이 있다. 이들의 이름이 기록에 남아 있는

▎1931년 조선 불교 선종 제1회 전국수좌대회
자료: 선학원.

것은 근대 한국 선 수행 역사에서 재가여성도 엄연히 동등한 주체였음을 보여주는 증거이다.

이 시기 금강산 표훈사에 개설된 부인 선원 또한 조선 불교 공식 선원 통계조사에 포함되었다(조승미, 2009: 159~172). 새로운 시대를 맞아 당시 선학원 지도층 선사들이 성·속과 남녀의 차별 없이 재가여성들을 당당히 선 수행의 주체로 인정하려 했던 것을 볼 수 있다.

재가여성의 선 수행 문화는 사회적으로도 그 의의가 부각되기 시작했다. 참선을 계기로 불교에 입문한 신여성들의 사례가 등장했으며, 대표적으로 김일엽(金一葉) 선사와 여성운동가 우봉운(禹鳳雲)이 있다.

근대 시기 여성 선 수행의 이렇듯 활발한 역사를 기반으로 한 현대 한국의 선불교는 출가·재가를 막론하고 여성의 참여가 매우 높다는 특징을 보여준다. 현재 한국에서는 비구 선원과 동등한 규모의 비구니 선원이 운영되며, 전국 수십 개의 선원에서 재가여성이 안거를 비롯해 다양한 선 수행 프로그램에 참여한다. 참선하는 재가여성의 숫자는 세계에서 유래 없이 광범위하며, 출가 수행자와 함께 같은 기간과 강도로 수행하는 등 그 열기 또한 매우 뜨거운 것을 볼 수 있다.

일상생활을 하다가도 선방으로 달려가 화두를 들고 좌선하는 한국 불교 여성들의 선 수행 문화는 매우 독특한 것이며 또 귀중한 것임에 분명하다. 그럼에도 그 가치는 높이 평가되지 못했다. 일반 재가여성의 선 수행이야말로 명백히 현대 한국 불교를 대표하는 특징이라고 할 수 있다.

한편 여성 선 수행의 역사에 관해 지금껏 살펴본 바에 따르면, 가장 성행한 시기에 과거를 기억하고 기록하며 그 역사를 정립해왔다. 그렇다면 동아시아 여성 선사들의 역사를 재정립해야 하는 것은 오늘날 한국 불교 여성의 과제가 될 것이다.

7. 나가기: 여성 선 수행의 현대적 과제

동아시아 비구니 선사들의 역사를 통해서 우리는 선종의 계보에 여성의 이름이 포함된 것을 보았다. 또한 비구니의 수행력과 함께 비구니가 중요한 지도자로 추앙받았던 사례도 확인했다. 그런데 이것이 남성 일변도의 기록 속에서 여성의 이름이 한두 명이라도 있다는 사실을 자긍심으로 삼자는 뜻은 아니다.

무엇이 이들 여성을 기록에 남게 했는지 주목할 필요가 있다. 아무리 보편 타당한 진리를 지향한다 할지라도 선불교 또한 역사의 산물이며, 여성 선사의 이름을 기록하는 시대적 환경은 새로운 문화양식에서 말미암은 것이기 때문이다. 선불교 역사 속에 여성이 포함되었던 것은 선불교가 시대의 새로운 문화로 기능했을 때였다. 즉, 새로운 시대는 늘 여성을 필요로 했고, 여성들은 새로운 문화의 에너지를 수용하면서 이를 꽃피워냈던 것이다.

그렇다면 오늘날의 모습은 어떠한가? 급변하는 시대와 종교 환경 속에서 선불교 지도자들은 새로운 에너지를 수용·발산할 마음가짐이 있는가? 한국의 간화선은 "육조 혜능 선사가 정착시킨 조사선의 흐름을 고스란히 이어받고 있는 조사선의 정맥"이라고 선언된다. 여기서 '정맥'이라는 한국 조계종의 자부심은 중국에서 여성 조사들이 상당 법문을 하고, 남성의 스승으로 존숭받기도 하며, 여성들 간에 법맥이 전승되기도 했던 임제 선종의 바로 그 '전통'도 계승할 수 있어야 할 것이다.

이를 위해서는 넘어야 할 산들이 있다. 한국 선불교는 이념적으로는 강한 '간화선 근본주의'에 빠져 있고, 정치적으로는 가부장적·배타적 '계보주의'에 갇혀 있다. 양적으로 세계 최다이자 역사적으로도 유례가 없는 여성들의 선 수행 에너지가 이 두 산에 막혀 그대로 방치되고 있는 느낌이다.

선불교는 강한 계보주의와 남성 영웅주의 문화로 인해 여성에게 가장 차별적이고 억압적인 것으로 여겨졌다. 그러나 실제로는 동아시아 여러 불교 종파 중에서 여성의 성취를 가장 명백하고 광범위하게 수용했으며, 여성차별적 규범과 제도를 파격적으로 깨뜨린 전례를 제일 많이 보여주었다고 할 수 있다.

이는 선 사상 본연의 내적인 힘에 의한 파격이라고 볼 수도 있지만 외적으로는 개방적 경쟁 시스템과 다양성의 공존 및 교류 등의 문화를 창출했을 때 시도되었고, 또 실현되었던 일로 분석된다. 즉, 선불교가 폐쇄적·권위적 분위기 속에 있을 때는 여성의 참여가 극소화되었지만, 선불교가 열린 태도를 가지고 있을 때는 선가에 여성 선사가 대거 등장하고 이들의 활동이 활발하게 드러났음을 볼 수 있다.

여성 선 수행자들에게 지도자의 지위를 적극적으로 부여하는 것은 현재 동아시아 선불교에 가장 필요한 과제일 것이다. 오늘날 서구의 여성 선사들은 스승의 위치에서 왕성하게 활동하면서 선불교를 대중화하고 있다. 그리고 그들은 선불교의 체험을 보다 새로운 해석으로 변화시켜가고 있다.

동아시아 선불교는 여성 선사들의 리더십을 끌어낼 수 있어야 한다. 그리고 여기에는 동아시아 여성 선사의 역사가 중요한데, 이는 동아시아 여성 수행자뿐 아니라 세계의 불교인, 나아가 모든 인류에게도 중요한 영적 자원이기 때문이다.

참고문헌

1. 원전

『景德傳燈錄』, 第11卷. 內『新脩大藏經』, 第51卷, No. 2076, p. 289.
_____, 第3卷. 內『新脩大藏經』, 第51卷, No. 2076, p. 218.
_____, 第4卷. 內『新脩大藏經』, 第51卷, No. 2076, p. 223.
_____, 第5卷. 內『新脩大藏經』, 第51卷, No. 2076, p. 239.
『大慧普覺禪師普說』, 第3卷. 內『卍正藏經』, 第59卷, No. 1540, p. 888.
『大慧普覺禪師語錄』, 第20卷. 內『大正新脩大藏經』, 第47卷, No. 1998, p. 894.
_____, 第22卷. 內『大正新脩大藏經』, 第47卷, No. 1998, p. 904.
_____, 第24卷. 內『大正新脩大藏經』, 第47卷, No. 1998, p. 915.
『續傳燈錄』, 第33卷. 內『大正新脩大藏經』, 第51卷, No. 2077, p. 697.
『六祖大師法寶壇經』(宗寶本), 第48卷, No. 2008, pp. 347~355.
『六祖大師法寶壇經』, 第48卷, No. 2008, p. 355.
『佛光國師語錄』, 第9卷. 內『大正新脩大藏經』, 第80卷, No. 2549, p. 242.
『禪燈世譜』, 第1卷. 內『卍續藏經』, 第86卷, No. 1601, p. 334.
_____, 第5卷. 內『卍續藏經』, 第86卷, No. 1601, p. 391.
『禪林類聚』, 第4卷. 內『卍續藏經』, 第67卷, No. 1299, p. 26.
『延宝傳燈錄』, 第1卷. 內『大日本佛教全書』, 第108卷, p. 260.
『五燈全書目錄』, 第9卷. 內『卍續藏經』, 第81卷, No. 1570. p. 374.
『雲臥紀談』, 第2卷. 內『卍續藏經』, 第86卷, No. 1610, p. 673.
『圓覺經大疏釋義鈔』, 第3卷. 內『卍續藏經』, 第9卷, No. 245, p. 533.
『祖庭事苑』, 第8卷. 內『卍續藏經』, 第64卷, No. 1261, p. 428.
『指月錄』, 第13卷. 內『卍續藏經』, 第83卷, No. 1578, p. 543.

2. 국문 자료

그란트, 베아타(Beata Grant). 2004. 「중국 원, 명, 청 시대의 임제계 니승들에 대하여」. 한마음선원 엮음. 『동아시아의 불교 전통에서 본 한국 비구니의 수행과 삶』. 한마음선원.
김영미. 1999. 「高麗時代 여성의 出家」. ≪이화사학연구≫, 25·26집, 49~74쪽.
_____. 2001. 「고려시대 비구니의 활동과 사회적 지위」. ≪한국문화연구≫, 1호, 67~96쪽.
_____. 2003. 「고려 진각국사 혜심의 여성성불론」. ≪이화사학연구≫, 30집, 171~186쪽.

_____. 2012. 「고려말 여신성불론과 그 영향」. ≪한국사상사학≫, 41집, 165~200쪽.
보광. 2006. 「禮拜得髓」. 『역주 정법안장(正法眼藏) 강의』. 여래장.
이부키 아츠시(伊吹敦). 2011. 『새롭게 다시 쓰는 중국 禪의 역사』. 최연식 옮김. 씨아이알.
전해주. 2007. 「한국 근현대 비구니의 수행」. 전국비구니회 엮음. 『한국 비구니의 수행과 삶』. 예문서원.
조승미. 2009. 『여성주의 불교수행론』. 은정불교문화진흥원.
_____. 2011. 「동아시아 선불교 여성과 소셜네트워킹의 화두」. ≪불교평론≫, 48호, 249~270쪽.
황인규. 2010. 「전·근대 비구니도량의 존재양상과 전개」. 한국비구니연구소 엮음. 『한국 비구니승가의 역사와 활동』. 한국비구니연구소.

3. 외국 자료

江靜. 2010. 「赴日宋僧無學祖元硏究」. 浙江大學 博碩士論文.
山家浩樹. 1998. 「無外如大と無着」. ≪金沢文庫研究≫, 第301号, 神奈川県立金沢文庫.
曹洞宗尼僧史編纂会. 1955. 『曹洞宗尼僧史』. 東京: 曹洞宗尼僧團本部.
虛雲和尙 重輯. 2000. 『(增訂)佛祖道影』. 香港: 香港佛經流通處.

Levering, Miriam L. 1992. "Lin-chi(Rinzai) Ch'an and Gender." in José Ignacio Cabezón(ed.). *Buddhism, Sexuality, and Gender*. State University of New York Press.
Schireson, Grace. 2009. *Zen Women: Beyond Tea-Ladies, Iron Maidens, and Macho-Masters*. Wisdom Publications.
Tisdale, Sallie. 2006. *Women of the Way: Discovering 2,500 Years of Buddhist Wisdom*. HarperOne.

찾아보기

인명·신명

ㄱ

간달파〔간다르바, 건달바(乾達婆)〕 28, 65, 196~197, 199, 216~217

계총행철(繼總行徹) 285

고따미(Gotamī) 119, 131~133, 135, 137~138, 140, 142

고안대우(高安大愚) 281

관계지한(灌溪志閑) 281, 283

광목천(廣目天) 28

구반다 28

김일엽(金一葉) 295

ㄴ

나가(Nāga) 24~25, 28~29

나옹(懶翁) 292

나찰(羅刹) 25, 28~29

남대(南臺) 낭자 280

ㄷ

달마 274~276

당금애기 229~235

대범천(Mahabrāhma) 27~28

대혜종고(大慧宗杲) 283, 291

도겐(道元) 280, 286~287, 289~290

도원(道圓) 293

ㅁ

마라(Mara) 26, 29, 154

마하비라(Mahavira) 21

만공(滿空) 294

말산요연(末山了然) 280~281, 283, 286, 292

묘덕(妙德) 292

묘신(妙信) 280

묘총(妙聰) 284, 292

무게 뇨다이(無外如大) 287~290

무상법등(無相法燈) 285

무제(無際) 284

무진장(無盡藏) 276~277

무착(無著) 도인 284

찾아보기 301

무쿤다(Mukunda)　24

무학조원(無學朝元)　288~290

ㅂ

바리데기　224~226, 228~229, 237

백용성(白龍城)　294

백운경한(白雲景閑)　292

범천(梵天)　26, 32, 125

법희(法喜)　294

보리달마(菩提達磨)　273~274

불광(佛光)국사　288

붓다(Buddha)　21, 23~24, 27~29, 31, 35~38, 120

브라흐마(Brāhma)　24, 26~27, 177

비사문천(毘沙門天)　29

비사카(Viśākha)　49, 54~55

비슈누(Viṣṇu)　26, 28, 34

빠라미따(Paramita)　24

쁘라자빠띠(Prajapati)　26

사천왕(四天王)　26, 28

차뚬마하라자(Catum maharaja)　26

ㅅ

사탄(Satan)　30

33천　28

3천　27

스깐다(Skanda)　24

시바(Śiva, Shiva)　28, 32, 34, 184~185

쑤자따(Sujātā, 玉耶)　58~62, 64, 68, 71

쑤자타(Sujata)　38

ㅇ

아난다(Ānanda)　35, 37, 117

앙그라 마이뉴(Angra Mainyu)　30

야마(夜摩)　29

야차〔夜叉, 약사(Yaksha)〕　24, 25, 28~29, 199, 216~217

약시(Yakshi, 나찰)　24

염라대왕(閻羅大王)　32

왕도인　291

요연(말산요연)　281~282, 286, 292

요연(了然, 혜심의 제자)　290, 292

유철마(劉鐵磨)　279

26층의 천　27

인드라〔Indra, 제석(帝釋), Sakka〕　24, 26~29

임제의현(臨濟義玄)　281

ㅈ

제석천　28, 32

증장천(增長天) 28

지공(指空) 292

지국천(持國天) 28

지한(관계지한) 282~283, 286

ㅊ

초종(超宗) 284

총지(總持) 274~277

ㅌ

태고보우(太古普愚) 292

텐진 팔모(Tenzin Palmo) 148

ㅎ

현기(玄機) 278

혜능(慧能) 273, 276~278, 297

혜심(惠諶) 290~292

혜온(慧溫) 285

용어

ㄱ

가르침 43~44, 49, 52, 54~55, 57~59, 62, 64, 66, 69, 72

가부장 문화 32

가부장 사회 31, 40

가부장성 39, 40

가부장적 관점 30, 34

가부장적 여성관 22, 34

가부장적 이데올로기 30

가부장제 31~32, 44, 55

간화선 283, 297

집 46, 69

계급신수설 112

계보주의 271~272, 297

계율 68, 70~71, 83, 87, 91~92, 96, 98, 101

고대 인도 대중신앙 23, 26

고대 인도 종교 20

고양이와 생쥐의 비유 181

고행주의 전통 21~22

공 사상 65, 77, 122~123

공의파 31

과거불 23

교단 공동체 82

구족계 133~135, 137

굽타 왕조 34

굿 213~214, 218

까마 178~181

꾸따가라쌀라 138, 140

ㄴ

낙태 240

낙태령의 저주 262

낙태아 천도재 240

남녀 불평등 문제 30

남녀의 불평등 35

남녀평등 35, 38

남성성 40, 148~153, 179, 188, 271

남아선호 사상 99, 101

니까야 44, 141, 174

니르바나 27

ㄷ

다라수향의 비유 178

대모신 222, 224, 227

대승경전 120, 122~123

대승불교 44, 70, 167

대장부 271~272

대중신앙 21~22, 25, 30

동자상 247

디감바라 31

ㅁ

마누 법전 34

마하 숲 138, 140

말리까향의 비유 178

모계사회 32

모성 40

모성 신화 98, 100~102

모신 24

모신 신앙 40

무당 217, 233, 237

무색계 27

무신론적 종교 23

미래불 23

ㅂ

바르나(카스트) 20, 23, 30, 33

바이샤 33

반페미니즘 111, 116, 123, 147

백의파 31

범보천 27

범아 110

범중천 27

법 43, 64, 70

베쌀리 138, 140

변성성불론 76, 121~122, 129

보디사뜨와 31

보리수 24

보살계 70

부인 선우회 294

부인 선회 294

부파불교 44

불교 20~23, 26, 29~30, 32~34, 39

불교 경전 31

불교 공동체 24~25

불교 교리 39

불교 만신전 23, 27

불교 문헌 26

불교 발생 19~20

불교 승단 31

불교 신들 27

불교여성주의 77, 79

불교와 여성 19

불교의 우주론 27

불성 96

붓다 개념 23

붓다 경지 31

붓다 시기 34, 37

붓다 시대 23

브라만 사제 22

브라만 사제계급 24, 30~32

브라흐만교 20~21, 24~25, 27, 30, 109~112, 115~116, 125

비구 36

비구 승단 37~38

비구교계사 138, 140~141

비구니 35~37

비구니 승단 37~38

빠알리 경전 38

빠알리어 대장경 117

ㅅ

사고 218

사무량심 89

사문 21

사문전통 20, 22, 30, 37, 40

사선 27

사성제 64, 119, 162~163

산신각 214~215

삼신할미 229

상좌불교 44

상징적 위계주의 76

색계 27

색계사선 27

생략에 의한 성차별 103

생로병사 56, 159, 162, 218

생리 84, 112, 184~186

샤먼 236

서낭당 220

선학원　294
섹슈얼리티　174~177, 182~183
수다원　49, 75, 85~87, 89, 95, 97, 99~100, 167, 180
수자　241
수자공양　242
수행자의 삶　30
슈라마나　20~22, 39
스웨땀바라　31
승가　24, 35~38
승단　30, 37~38, 40
승단 입문　39

ㅇ
아라한　27, 120, 126, 167
아리아인　21, 32~33
악령　29
악신　29
악의 존재　29
업　162, 196~197
업과 윤회　24, 33
업장　258
여성 교육　31, 33
여성 문제　23
여성 억압적 관습　34

여성 지위　35, 37
여성변성성불론　121
여성불성불론　76, 119, 129
여성성　40, 148~154, 179, 188, 271
여성성불론　122
여성에 대한 태도　19, 31, 34, 39
여성운동　102
여성을 위한 치유 의례　240
여성의 승가 입문　37
여성의 지위　31, 34, 39
여성의 해탈　31
여성의 해탈 문제　30
여성주의　77, 86, 97, 102
여성주의 영성　96~98, 102
여성즉신성불론　123
여성차별　37
여성출가성불론　118, 122~123
여신　221~223
여신 문화　221
여신 숭배　32, 34
여신 신앙　40
여인십악사　66
여인오장설　55, 123, 126
연기　65, 122, 148, 196
열반　27, 46, 125~126, 164~165, 167, 189

영웅주의　271~272, 297

영장　257

영혼 개념　24

오계　53, 68, 70, 134, 136~137, 178, 180~181, 246

욕계　27

우바이 십계　68, 70, 72

우파니샤드 사상　21, 24, 33

원결　250

원혼　259

위앙종　279~280

육바라밀　127, 249

윤회　113, 176~177

율장　135, 141, 174~176, 178, 182, 187~188, 191~193, 203, 206

음계　175, 178

음마장상　127~129

인도 고대 대중신앙　23

인도 고대 신앙　29

인도 문화　40

인도 사회　30~31, 34, 36, 39

인도 종교　31

인도 해탈전통　21

일곱 가지 보물　128

일여　111

일원론적 우주관　33

임신　112, 193~194, 197, 200, 252

임제종　285, 288, 290

ㅈ

자위행위　183, 186~187, 191, 193

자이나교　20~22, 26, 30~31, 33, 39, 135

자자　136~137, 183

전단향의 비유　178

절대 악　30

정·부정　111~112

정거사　278, 285

정등각자　120

제석본풀이　217

조로아스터교　30

종교 수행자　37

종교의 제도화　90

죄업　258

주술적 관행　24

죽음 의례　244

중부　26

즉신성불　122

지모신　32

ㅊ

참회 250

천도재 207

천상적 신들 24

초기 베다 시대 31~32

초기불교 19, 22~31, 34~35, 37, 39, 44, 59, 71~72, 114, 148

초기불교 경전 36

초기불교 승단 35

초기불교와 여성 30

초선 27

초전법륜 37

치유 의례 240

칠성각 214~215

ㅋ

카스트(바르나) 22, 25, 33, 39, 111, 135

크샤트리아 33

ㅌ

태아 중심적 담론 252

ㅍ

팔경법 131, 133, 135, 138, 140

팔고 218

팔정도 56, 64, 119, 126

페미니즘 147~148, 164

포살 133, 136, 183, 192

피팔 나무 24

ㅎ

해탈 35, 39

해탈의 추구 33

현재불 23

후기 베다 시대 32

희생제 109~110

희생제의 22, 24, 26, 28~29

힌두 사회 33

힌두교 26, 32, 34

힌두문화 34

문헌명

『경덕전등록(景德傳燈錄)』(전등록) 273~274

『디가니까야(Dīgha-Nikāya)』 44, 46, 54

『리그베다(Rig Veda)』 26~28, 111~112

『마하바라따(Mahābhārata)』 26

『맛지마니까야(Majjhima-Nikāya)』 112

『베다(Veda)』 21~22, 27

『불조도영(佛祖道影)』 277

『브라흐마나(Brāhmana) 26, 28

『선등세보(禪燈世譜)』 277~278, 285

『옥야경(玉耶經)』 45, 58~59, 62, 66, 68~71

『우파니샤드(Upanishad)』 21, 26

『육조단경(六祖壇經)』 276~277

『전등록』(경덕전등록) 275~277, 280, 283

『정법안장(正法眼藏)』 280

『조정사원(祖庭事苑)』 275

『증일아함경(增壹阿含經)』 45, 58, 62, 66, 71, 126

지은이

옥복연

미국 코네티컷 주립대학교에서 여성학 석사를 취득하고 서울대학교에서 여성학 전공으로 박사 학위를 받았다. 서울대학교 여성연구소 선임연구원, 국민대학교 강사를 지냈으며 현재 종교와 젠더연구소 소장으로 있다. 저서로『붓다의 길을 걷는 여성』(공저)이 있고, 논문으로는「한국불교 조계종단 종법의 성차별성에 대한 여성주의적 연구」,「붓다의 십대 재가여성제자에 대한 불교여성주의적 분석」,「불교 조계종단의 여성불자 참종권 배제의 정치학」,「불교신자의 성평등의식에 관한 성별 분석」,「불교경전에 나타난 여성혐오적 교리의 재해석」등이 있다.

전재성

독일 본 대학교에서 인도티베트학을 전공하고 동국대학교 인도철학과에서 박사 학위를 취득했으며 초기 경전인 5부 니까야를 한국 최초로 완역했다. 현재 빠알리성전협회(PTS)의 지역대표와 한국빠알리성전협회 대표, 서울대총동창회이사, 대불련총동문회고문을 맡고 있다. 저서로는『초기불교의 연기사상』등이 있고 빠알리대장경의 경장 오부니까야와 율장의 대부분을 번역했다.

류경희

서울대학교에서 철학(종교학) 박사 학위를 취득하고 서울대학교와 서강대학교 등에서 오랫동안 강의해왔다. 현재는 저술 작업과 대학을 포함한 여러 곳에서 강연과 특강을 하고 있다. 저서로는『인도의 종교와 종교문화』,『인도신화의 계보』,『요가, 초월을 향한 지향』,『인도여성: 신화와 현실』(공저) 외 다수가 있고 역서로는 W. D. 오플래허티의『다른 사람들의 신화』, J. G. 아라푸라의『불안과 평정으로서의 종교』등이 있다.

김정희

이화여자대학교에서 여성학 박사 학위를 취득하고 현재 (사)가배울 대표로 있다. 저서로는 『생명여성정치의 현재와 전망』, 『오늘의 사자소학』, 『풀뿌리 여성정치와 초록리더십의 가능성』, 『공정무역, 희망무역』, 『불교, 여성, 살림』, 『남도 여성과 살림예술』 등이 있다.

우혜란

독일 마르부르크 필리프스 대학교에서 종교학 박사 학위를 취득하고 현재 가톨릭대학교 종교학과 외래교수, 한국종교학회 '종교와 여성' 분과위원장, 한국신종교학회 연구이사 등으로 활동하고 있다. 저서로는 *Neue Religion Anders Denken, Religions in Focus* (공저), 『한국 여성 종교인의 현실과 젠더 문제』(공저), 『마음과 종교』(공저), 『신자유주의 사회의 종교를 묻는다』(공저) 등이 있다.

조승미

동국대학교에서 불교학 전공으로 철학 박사 학위를 취득했고 동국대학교 불교문화연구원 연구교수, 서강대학교 종교연구소 선임연구원, 서울불교대학원대학교 조교수를 역임했다. 저서로는 『여성주의 불교수행론』, 『한국 비구니승가의 역사와 활동』(공저), 『한국 여성종교인의 현실과 젠더문제』(공저), 『요가란 무엇인가』(공저) 등이 있고, 역서로는 『일본불교사 근대』(공역) 등이 있다.

한울아카데미 1864

불교와 섹슈얼리티
여성, 붓다를 만나다

ⓒ 종교와 젠더연구소, 2016

지은이 ǀ 옥복연·전재성·류경희·김정희·우혜란·조승미
펴낸이 ǀ 김종수
펴낸곳 ǀ 한울엠플러스(주)

편집 ǀ 정경윤

초판 1쇄 발행 ǀ 2016년 3월 23일
초판 2쇄 발행 ǀ 2017년 10월 25일

주소 ǀ 10881 경기도 파주시 광인사길 153 한울시소빌딩 3층
전화 ǀ 031-955-0655
팩스 ǀ 031-955-0656
홈페이지 ǀ www.hanulmplus.kr
등록번호 ǀ 제406-2015-000143호

Printed in Korea.
ISBN 978-89-460-5864-4 93220(양장)
ISBN 978-89-460-6106-4 93220(학생판)

* 책값은 겉표지에 표시되어 있습니다.
* 이 책은 강의를 위한 학생용 교재를 따로 준비했습니다.
  강의 교재로 사용하실 때에는 본사로 연락해주시기 바랍니다.